디지털 ESG 경영과 가치창출 전략

디지털 ESG 경영과 가치창출 전략

(사)사회적책임경영품질원 · ESG경영연구회 지음

자유아카데미

머리말

사회적책임경영품질원(이하 사경원)의 ESG경영연구회에서는 국내 기업들의 ESG 경영을 위한 가이드라인을 제시하고자 2021년에 『지속가능성장을 위한 ESG 경영전략』을, 2022년에 『포스트 코로나 시대의 ESG 경영과 미래발전 전략』을 펴낸 바 있다. 기업이 장기적으로 지속가능하게 성장하기 위해서는 ESG의 각 요소를 중요한 경영전략으로 삼는 것이 매우 중요한 시대가 되었다. 환경(E)에는 기후변화 대응·탄소배출 감소, 자원의 효율적 이용, 오염물질 저감, 청정기술, 친환경 제품 개발 등이, 사회(S)에는 고용 평등 및 다양화, 인권, 노동, 공정경쟁, 테러·억압, 사회적 공헌 등 기업의 사회적책임활동 등이, 지배구조(G)에는 주주 권리, 이사회 구성과 활동, 감사제도, 배당, 임원의 임금 관리, 의사결정의 투명성, 윤리, 반(反)부패 등과 같은 요소가 속한다.

2020년에 코로나19가 시작된 지 3년이 넘어가면서 우리 사회는 크게 변화하였다. 코로나로 인해 재택근무 방식, 비대면 회의, 비대면

교육 방식 등이 증가하면서 디지털 전환(digital transformation, DX)이 급속도로 이루어지고 있다. 또한 미 · 중 갈등 속에서 기업의 글로벌 공급망과 글로벌 가치사슬(global value chain)이 급속히 재편되고 있으며, 기후변화 문제를 해소하기 위한 글로벌 노력으로 탄소중립에 대한 요구가 급증하고 있다. 이와 같은 사회변화는 ESG 경영의 새로운 패러다임을 요구한다.

포스트 코로나 시대에 돌입한 지금 현시대의 특징적인 키워드는 디지털 전환과 새로운 가치창출이다. 현시대의 특징을 연구하고 미래 발전 전략을 모색하기 위해서는 '디지털 ESG 경영과 가치창출 전략'을 주제로 한 ESG 경영의 패러다임과 우리나라의 미래 발전 전략을 제시하는 가이드북이 필요하다고 판단하였기에 이 책을 출판하게 되었다. 이 책은 모두 5개의 장으로 구성되어 있다.

1장에서는 디지털 전환의 특징과 우리에게 주는 메시지를 살펴본다. 우선 디지털 전환의 의미, 디지털 플랫폼 정부가 나아갈 길, 디지털 전환을 위한 과학기술의 발전과 역할, 산업 분야에서의 디지털 전환, 우리 사회의 디지털 전환에 대하여 기술한다. 윤석열 정부도 '디지털 플랫폼 정부'를 지향하겠다는 국정철학을 내세운 바 있다. 정부와 기업을 포함한 모든 조직의 디지털화는 현시대의 필수적인 요구사항인 만큼 선도적으로 세계의 디지털화를 이끌 필요가 있으며, 특히 기업은 ESG 경영의 디지털화가 중요한 전략과제로 자리잡았음을 분명하게 인지해야 한다.

2장에서는 ESG 경영을 다시 상세히 조명하기 위하여 ESG 경영의 과거, 현재와 미래를 살펴본다. ESG 경영이 걸어온 길에 대해 정리하고 ESG 경영의 세계적 동향, 최근의 ESG 트렌드와 주요 이슈, 세계 주요 기업들의 ESG 경영활동, 우리 정부와 기업의 대응 방향 등을 중점적으로 제시한다. 그리고 디지털 전환 시대의 ESG 경영을 소개하면서 'ESG DX'에 대하여 기술한다.

3장에서는 ESG 경영 기반의 새로운 가치창출 전략으로 기후변화 대응 전략, 품질경영과 디지털 기술의 관계, 글로벌 공급망의 재편 상황, 협력사 상생 전략을 통한 가치창출 전략 등을 살펴본다. 이러한 전략을 통해 디지털 ESG 경영은 기업의 지속가능발전을 위한 가치창출 전략의 방향을 제시해 줄 것이다.

최근에는 반도체, 가전, 조선, 철강, 석유화학 등의 기존 산업 분야만이 아니라 우리나라의 미래 먹거리 산업으로 방위산업, 원전산업, 우주산업, K-문화산업, 데이터/소프트웨어 산업 등이 새로이 대두되고 있다. 4장에서는 이들 신산업 분야에서의 ESG 경영과 가치창출 전략에 대하여 살펴보기로 한다. 새로운 산업 분야에 대한 ESG 경영의 연구는 국내에서 처음이 아닌가 자부하고 있다.

마지막으로 5장에서는 세계 G4(4강) 국가를 지향하는 대한민국의 미래에 대하여 고찰해 보기로 한다. 우리나라는 현재 사실상 기로에서 있다고 볼 수 있다. 선진국(2021년에 진입)으로서 더욱 뻗어나가느냐 아니면 다시 후퇴하여 중진국으로 돌아가느냐의 변곡점에 와있는 것이다. 우리의 과거와 현재의 엄중한 상황을 진단하고, 국가경쟁력을 키워 2040년에 세계를 선도할 수 있는 G4 국가로 발전할 수 있는 전략을 모색해 본다.

이 책은 디지털 전환 시대인 지금 ESG 경영을 어떻게 하면 좋을지 논의하고 기업의 지속가능한 발전을 위한 가치창출 전략을 제시하는 내용으로 구성되어 있다. 아직 국내에 디지털 ESG 경영과 가치창출 전략에 대한 참고 서적이 거의 없는 현실을 감안하여 우리 ESG경영 연구회에서 서둘러 이 책을 출간하게 되었음을 밝힌다. 새로운 디지털 ESG 경영에 대해 알고 싶어 하는 모든 분들의 갈증 해소에 다소나마 도움이 되기를 바란다. 저자들은 디지털 전환 시대인 지금 모든 기업이 ESG 경영을 제대로 실천함으로써 지속적으로 성장 발전하여 우리나라 경제의 대들보 역할을 감당해 주길 진심으로 기원한다.

2023년 9월

사회적책임경영품질원 ESG경영연구회

차례

1장

디지털 전환 시대

01 디지털 전환의 의미

디지털 전환의 정의

디지털 트랜스포메이션이라는 개념은 2004년에 스웨덴 우메오 대학의 에릭 스톨터만(Erik Stolterman) 교수가 제창하였다. 그는 디지털 트랜스포메이션이란 '인간의 생활에 어떤 형태로든 영향을 미치면서 계속해서 진화하는 기술이며, 그 결과 인간의 생활을 더 나은 방향으로 변화시키는 것'이라고 하였다.

디지털 트랜스포메이션(Digital Transformation, DX)의 정의와 개념은 'IT의 침투가 사람들의 생활을 모든 면에서 더 나은 방향으로 변화시키는' 것이나, '기업 비즈니스 환경의 격렬한 변화에 대응하고 데이터와 디지털 기술을 활용하여 고객과 사회의 요구를 바탕으로 제품과 서비스, 비즈니스 모델을 혁신하고, 업무 자체나 조직, 프로세스, 기업 문화 풍토를 혁신하고 경쟁 우위를 확립'하는 것 등도 포함하고 있다.

트랜스포메이션은 trans+form, 즉 '형태를 바꾼다'라는 의미로 변화, 변환, 전환 등으로 번역되고 있다. 혁신은 일반적으로 속도에 따라 점진적 진화(evolution)와 급진적 혁명(revolution)으로 나누는데, DX는 '매우 빠른 변화'라는 점을 강조한다.

세일즈포스닷컴에서는 디지털 전환을 '변화하는 비즈니스 환경과 시장 요구를 충족하기 위해 디지털 기술로 기존의 비즈니스 프로세스, 문화, 고객 경험을 개선하거나 새롭게 창출하는 과정을 의미하며, 디지털 시대의 이러한 비즈니스 재구성을 디지털 전환이라고 한다'라고 정의하고 있다.

"뒤쳐지지 않고 제자리에 있고 싶으면 죽도록 뛰어라." 루이스 캐럴의 소설『이상한 나라의 앨리스』에서 붉은 여왕이 앨리스에게 한 말이다. 주변의 변화 속도가 워낙 빨라 아무리 열심히 뛰어도 앞서 나가지 못하고 간신히 제자리를 유지할 뿐인 상황을 뜻한다. 4차 산업혁명 확산에 힘입어 디지털 기술을 기반으로 한 경제 생태계가 급부상했다. 디지털 세계에는 국경이 없다. 디지털 경제를 주도하는 플랫폼 기업들은 국경을 넘어 온라인, 모바일 사업을 전개한다. 디지털 플랫폼이 개인의 일상은 물론 산업과 경제, 사회의 패러다임까지 바꾸는 디지털 혁신 시대를 맞고 있다.

초연결사회가 열리면서 사람들은 대면 커뮤니케이션 대신 디지털 방식의 비대면 커뮤니케이션으로 일상의 모든 것을 해결한다. 게다가 전 세계를 감염병 공포로 몰아넣은 2020년 코로나19 사태는 대면 접촉을 기피하는 언택트 현상을 확산시켰다. 분야별로는 △유통산업에서 온라인쇼핑 △금융권에서는 모바일 결제, 예금, 대출, 환전, 송금, 보험가입 △직장에서는 재택근무와 화상회의, 나아가 모바일오피스를 활용한 스마트워크(smart work) △채용시장에서는 화상, 인공지능 면접이 확산되었다. 특히 기업들 사이에 재택근무를 포함한 원격근무를 기본으로 하고 필요한 경우에만 사무실로 나오도록 하는 리모트 퍼스트(remort-first)라는 새로운 유행을 낳았다. 또한 △대학에서 온라인 강의 열풍이 일었고 △문화계에서는 온라인 콘서트, 오페라, 무용, 전시회 △종교계에서는 온라인 예배 등 디지털 방식의 각종 활동이 사회 전반에서 활성화됐다(홍기영, 2020).

디지털 전환의 발전과정

'데이터는 21세기의 석유'라고 불릴 만큼 데이터가 새로운 부를 창출해내는 원천이 되리라는 개념이 급속도로 퍼지자 전 세계에서 디지털 전환이 가속되었다. 이러한 움직임을 앞서서 이끈 것은 2011년에 독일이 제창한 Industrie 4.0이다. 이 정책에서는 독일의 제조업을 네트워크화하고, 대량 고객화를 실현하는 디지털 트랜스포메이션이라는 명확한 방향성을 제시했다. 구체적으로는 기계와 작업 공정을 스마트 네트워크화하여 제조업을 고도화함으로써 유연한 생산, 생산라인의 모듈화, 대량 고객화, 로지스틱스 최적화, 데이터 분석을 통한 제조 방법 개선, 제품의 라이프 사이클에 맞춘 재료 재활용 등을 포함하고 있다. Industrie 4.0 정책을 보급하는 데 있어 중요한 역할을 담당하는 곳은 크라운호퍼 연구기구이다. 해당 기구는 독일 각지에 72개의 연구소를 갖고 있으며, 대략 26,600명의 스태프가 활동하고 있다. 전체 연구비용의 30%가 연방정부 및 주정부에서 지출되며, 나머지는 민간 기업으로부터의 위탁 계약 및 공공재원에 의한 위탁 프로젝트로 충당된다. 해당 연구기구의 각 연구 시설은 독일 각지의 산업 클러스터에서 산 · 관 · 학 연계에 중심적인 역할을 담당하고 있으므로 Industrie 4.0에서도 기업의 새로운 연계를 창출하는 역할을 하고 있다.

이러한 움직임에 대응하여, 미국에서는 2014년에 인더스트리얼 인터넷 컨소시엄(IIC)이라는 민간 기업을 중심으로 하는 디지털 트랜스포메이션에 나서기 시작하였다. IIC는 IoT 기술, 특히 인더스트리얼 인터넷의 산업에서의 실장과 디팩트 스탠다드의 추진을 목적으로 하는 국제적인 규모의 단체이며, 모든 기업에 열려 있는 오픈된 자세를 취한다. 참가 기업은 220개 사가 넘는다.

독일이 쏘아 올린 디지털 트랜스포메이션에 대한 정책적인 대응은 유럽의 다른 국가들에도 퍼져나갔다. 프랑스에서는 2015년 4월에 IoT 활용에 관한 민간 추진 단체인 '산업의 미래 얼라이언스(Alliance Industrie du Futur, AIF)'를 설립, 2020년을 목표로 새로운 국가 전략 'Industry of the Future'를 추진하고 있다. 여기서는 미래의 산업과 9가지 분야에 초점을 맞춘 솔루션을 제시한다.

한편, 중국은 2015년 5월에 '중국 제조 2025'라는 산업 정책을 발표하였다. 여기서는 차세대 정보기술 및 신에너지 자동차 등 10가지 중점 분야와 20개의 품목을 설정하여 제조업의 고도화를 꾀하고 있다. 첫 번째 목표는 2025년까지 세계적인 제조 강국이 되는 것이다. 두 번째 목표는 2035년까지 중국의 제조업 수준을 세계적인 제조 강국들 사이에서 중간 정도로 끌어올리는 것이고, 세 번째 목표는 2045년 또는 건국 100주년이 되는 2049년쯤에 세계적인 제조 강국의 정상에 서는 것이다.

가까운 일본에서는 2015년 12월에 발표한 제5기 과학기술 기본계획으로 Society 5.0이라는 콘셉트에 따라 사이버 공간과 현실 세계가 상호 연계되는 미래 사회의 비전을 내걸었다. 여기서 구상하는 세상에서는 현실 공간의 센터를 통해 방대한 빅데이터가 사이버 공간에 집적된다. 인간은 AI가 분석한 빅데이터 결과를 전달받을 수 있으며, 그로써 산업과 사회 전반에 지금까지는 할 수 없었던 새로운 가치창출이 가능해질 것이다.

이처럼 디지털 전환을 리드하는 콘셉트 및 정책들이 추진되면서 IoT, AI, 빅데이터 등과 같은 디지털 기술이 모습을 드러내게 되었고, 디지털 트랜스포메이션은 그 개념을 이해하기만 하던 단계에서 나아가 실현되기 시작하는 단계로 접어들었다. 새로운 가치창출에 대한 시도가 실용화 수준에 이르러 디지털 기술의 활용으로 기존 프로세스의 효율을 향상시키는 것 이상의 효과를 기대할 수 있게 되었기에 디지털 트랜스포메이션에 대한 주목도는 점차 높아지고 있다.

국내에서도 코로나19 사태로 기업 경영환경이 불확실해지면서 디지털 트랜스포메이션을 통한 업무 프로세스 혁신과 새로운 비즈니스 모델 개발의 중요성이 커지고 있으나, 이를 적극 추진하는 국내기업은 10% 수준에 불과한 것으로 나타나고 있다(IRS 글로벌, 2020). 대기업에서는 적극적인 자세를 보이고 있지만, 중견, 중소기업에서는 대부분 상황을 지켜보고 있는 것이 현실이다.

디지털 전환과 기업의 대응

디지털 기술은 기회를 신속하게 포착하고, 혁신적인 대응을 시도하며, 유연한 비즈니스 활동을 구현할 수 있는 전략적 가치를 제공한다. 디지털 네트워크를 활용한 비즈니스는 추가적인 사용자에게 서비스를 제공할 때 별도의 비용이 거의 들지 않는다. 한계비용이 제로라는 얘기다. 또한 내부적인 인력이나 조직을 운영하는 대신에 외부 자원을 아웃소싱할 수 있으므로 가치창조에 있어서 장애요소가 적다. 디지털 비즈니스는 신속한 양적 성장이 용이하다. 단지 자동화된 알고리즘이 이끌어가는 운영시스템을 설계하고 감독하는 데에 초점을 맞추면 된다. 그러나 진입장벽이 낮아 새로운 경쟁자의 시장 진입과 도전이 끊이질 않는다.

디지털 전환은 기록, 신호, 음성, 정보 등 물리적 아날로그 자원을 디지털 자원으로 바꾸는 것을 뜻한다. 종이 서류를 전자문서로 바꾸는 것이 대표적인 예이다. 디지털화는 디지털 기술을 활용하여 제품 생산, 서비스 제공, 업무 수행 등을 개선, 효율화하는 것을 의미한다. 예를 들어 전자서류화된 정보를 활용해 모든 업무처리를 디지털 방식으로 바꾸는 것이다. 이보다 한 차원 높은 디지털 전환은 고객 경험을 제공하는 복잡하고 다양한 디지털 프로세스를 플랫폼적 사고 방식으로 통합하고, 디지털 역량을 활용해 이해관계 집단의 상호작용을 촉진해 새로운 고객가치를 만들어내는 혁신적인 변화를 말한다(정대형, 2019).

디지털 전환은 대부분 기업의 최우선 전략 과제로 떠올랐다. 디지털 전환은 더 이상 선택의 문제가 아닌 필수적인 과제이다. 치열한 생존경쟁 대열에서 누가 게임 체인저로 앞서가느냐, 지속가능한 성장동력을 확보하느냐가 기업 최대의 쟁점이 되었고, 규모와 속도, 타이밍의 전쟁이 벌어졌다.

디지털 전환의 핵심은 리스크 감소다. 지혜와 효과적인 운영 경험으로 충만한 상태로의 이행이다. 디지털 기업은 리스크 피해를 완화할 수 있도록 장벽을 세우고, 새로운 리스크를 만나면 정확한 데이터를 활용한 빠른 피드백으로 방향을 조정한다. 디지털 기업을 이끄는 경영자는 리스크를 감내하면서 정보기술로 얻을 수 있는 비즈니스 가치를 어떻게 극대화할 것인가에 경영 초점을 맞춘다.

전통적 기업이 디지털 서비스 플랫폼을 거쳐 디지털 비즈니스 플랫폼으로 전환하는 과정은 다섯 단계로 나누어 볼 수 있다(이성열, 양주성, 2019).

첫째, 디지털 혁신을 통해 가치사슬 중심의 사업에서 매출 증대나 원가절감을 도모해 실적을 제고한다. 둘째, 혁신활동을 통해 창출되는 새로운 데이터와 외부의 빅데이터를 이용해 디지털 서비스 플랫폼을 설계한다. 셋째, 디지털 플랫폼을 통해서 기존 가치사슬 중심의 사업에 디지털 서비스를 추가하여 경쟁력을 업그레이드한다. 넷째, 지속적으로 생성되는 데이터와 사용자를 활용해 디지털 비즈니스 플랫폼을 설계하여 신규 사업을 전개한다. 다섯째, 디지털 비즈니스 플랫폼에서 추가로 확보된 데이터와 사용자를 바탕으로 다양한 사업과 시장에 진출할 수 있다.

디지털 경제는 기본적으로 ① 사업장 없이 수익 실현이 가능하고 ② 무형자산 의존도가 높으며 ③ 데이터 및 사용자 참여가 가치창출에 기여하는 특징을 갖는다. 디지털 경제의 주역은 플랫폼이다. 디지털 플랫폼은 △디지털 역량을 바탕으로 △기술적 변화의 동인을 포착해 △고객의 문제를 해결하는 사업 주체다. 디지털 플랫폼은 기존 사업의 범위를 신속하게 확장하고, 제품과 서비스의 편의성을 증대시키며 경쟁자보다 빠르게 효율성을 높여 성과를 창출한다.

02 디지털 플랫폼 정부

디지털 대전환 시대를 맞아 정부가 추진하고 있는 대한민국 디지털 전략에 대해 알아보기로 한다.

18세기 영국에서 출발한 산업혁명과 20세기 미국에서 출발한 IT 혁명을 지나 현재는 '디지털 혁명의 시대'라고 말할 수 있다. 이전에도 기술혁신은 위기 극복과 변화 대응의 원동력이 되어 왔다. 18세기 영국, 20세기 미국이 그러했듯이 혁신을 선도한 국가, 즉 'Rule Setter'가 글로벌 리더 국가로 도약하게 될 것이다.

우리 경제는 제조업 기반의 성장이 정체되고 글로벌 리스크로 인한 고물가, 고환율, 고금리 등으로 복합적으로 어려운 상황에 직면해 있다. 이러한 상황에서 디지털 대전환은 새로운 기회이기도 하다. 디지털 대전환은 경제체질 혁신, 미래산업 창출, 패권경쟁 대응을 가능하게 하는 경제혁신의 원천이자 고령화 대응, 지역 활성화, 복지 실현을 통해 지속가능사회를 구현할 수 있게 하는 원동력이 된다.

대한민국 디지털 전략의 수립 배경과 전략

윤석열 정부는 "자유, 인권, 연대 등 인류의 보편적 가치를 위해 새로운 차원의 디지털 질서가 필요하다"는 대통령의 '뉴욕 구상'을 바탕으로 2022년 9월 '대한민국 디지털 전략'을 수립, 전개해 나가고자 노력하고 있다. 대한민국의 디지털 5대 전략은 다음과 같다.

첫째, 산·학·연 협력을 통해 한계를 뛰어넘는 세계 최고의 디지털 역량을 확보하는 것이다. 국가 디지털 교육체계를 전면 개편해 100만 디지털 인재 양성을 목표로 하고 있으며, 6G·양자 기술 등 최첨단 네트워크를 구축하고, 데이터·AI 등 신기술 창업생태계를 육성하는 것이다. 또한 OTT·메타버스 등으로 새로운 성장동력을 만들어 나가는 것을 계획하고 있다.

둘째, 경제 전 분야의 융합·혁신을 통해 디지털 경제를 확장해 나가는 것이다. 농축수산업, 제조업, 서비스업 등 산업 전 분야를 디지털·스마트화해 나감으로써 경쟁력을 강화하는 것을 목표로 한다.

셋째, 전 국민을 포용하는 따뜻한 디지털 사회를 실현하는 것이다. 디지털 권리는 지속가능한 디지털 국가로 나아가기 위해 보장되어야 할 국민의 권리이다. 안전, 복지, 환경, 지역균형 등 모든 국민에게 가까이 있는 디지털 사회를 만들어 가는 것을 목표로 한다.

넷째, 민·관이 함께 스마트한 디지털 플랫폼 정부를 구현하는 것이다. 정부의 일하는 방식을 혁신하고, 국민의 안전한 이용환경을 보장하도록 한다. AI · 클라우드 등 디지털 기반 플랫폼 조성으로 정

그림 1.1 윤석열 대통령의 뉴욕구상과 대한민국의 디지털 전략

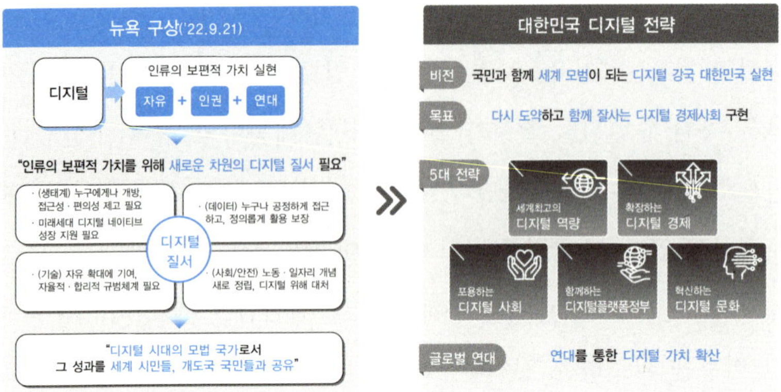

출처: 기획재정부, 2022. 11월

부를 혁신해나갈 계획이다. 이를 통해 국민의 편의를 증진하는 한편, 혁신기업들이 글로벌 유니콘 기업이 될 수 있도록 발판을 마련하고자 한다.

다섯째, 민간의 자유로운 도전과 창의를 북돋는 디지털 혁신문화를 조성하는 것이다. 인공지능기본법, 메타버스특별법 등 디지털 경제 5대 기반법을 제정하고, ICT 규제샌드박스 2.0 등 규제혁신을 통해 디지털 경제사회의 기반을 다지고, 나아가 국민, 기업, 지역이 자발적으로 연대 및 협력을 통해 도전하고 혁신할 수 있는 민간주도의 혁신생태계를 조성해나갈 계획이다.

2027년, 디지털로 달라지는 대한민국

디지털 대전환기를 맞아 우리나라는 변화해나갈 것이고, 변화해가야만 한다. 앞으로의 5년 동안 많은 변화가 일어날 것이다. 비단 국제 지표로, 수치상으로만 드러나는 것이 아닌, 민간이 주도하는 디지털 혁신을 통해 우리 국민과 기업들이 체감할 수 있고 함께 누릴 수 있는 디지털 경제를 만들어 가야 한다.

정부는 대한민국이 디지털 혁신의 모범국가로서 인류의 보편적 가치를 실현하고 우리 기업이 세계를 선도할 수 있도록 전력을 다해 지원해나가도록 해야 한다. 이를 위해 정부는 디지털 플랫폼 정부를 구축하고 디지털 인프라를 OECD 최상위 지위를 유지하도록 투자를 확대해 나갈 방침이며, 혁신역량을 제고하여 대한민국의 디지털 경

그림 1.2 '27년, 디지털로 달라지는 대한민국

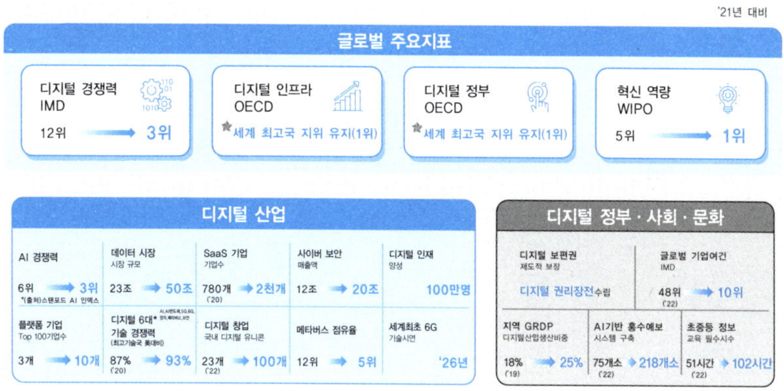

출처: 기획재정부, 2022.11월

쟁력을 2021년 12위에서 2027년 3위까지 향상시키기 위해서 다각적인 노력을 추진해나갈 계획이다.

03 디지털 전환을 위한 과학기술의 발전

산업 분야의 디지털 혁신 기술

경제·사회 전반의 디지털 전환(Digital transformation, DX)이 빠르게 전개되고 있다. 초격차·초연결 기술에 바탕을 둔 디지털 전환은 전(全) 산업부문의 혁신을 촉진하고, 국가 경쟁력을 높이는 데 훌륭한 원동력이 될 것으로 기대된다. 나아가 우리나라가 과학기술 5대 강국으로 도약하는 데도 촉매제 역할을 할 전망이다.

주요 산업 분야의 디지털 혁신은 ICBM 기술의 비약적 발전과 맥을 같이하고 있다. ICBM은 사물인터넷(IoT)과 클라우드(Cloud), 빅데이터(BigData), 모바일(Mobile)의 머리글자를 딴 말로, 정보통신기술과 기존 산업과의 융합을 활성화하기 위한 필수요소이자 미래지향적 신기술 개발의 키워드라 할 수 있다.

정부는 ICBM 기술개발과 산업 부문별 디지털 플랫폼 구축을 통해 새로운 먹거리를 발굴하고 정보·국방·교육 등 핵심 산업의 획기적인 발전과 도약을 꾀하고 있다. 특히 DNA(Data·Network·AI) 기반의 디지털 전환은 사회안전망을 한층 강화하고 국가 SOC 인프라를 고도화하기 위한 출발점이 될 것이다. 아울러 건실한 DNA 기반 구축은 디지털 경제 활성화를 통한 일자리 창출에도 필수요소가 될 전망이다.

산업 전반의 디지털 전환과 함께, 메타버스(Metaverse)와 스마트 모빌리티(Smart mobility) 등 혁신서비스의 급속한 발전도 예의주시해야 한다. 3차원 공간에서 다양한 사회·경제·문화 활동을 구현하는 메타버스는 가상세계와 현실세계의 벽을 허물며 우리 일상생활 깊숙이 스며들고 있다. 특히 메타버스는 가상현실(VR)·증강현실(AR)·혼합현실(MR)·확장현실(XR) 등 다양한 방식으로 활용할 수 있으며, 5G 상용화에 발맞춰 그 활용가치가 크게 높아질 것으로 예상된다.

5G 통신이 초고속·초연결·초저지연의 특성을 가진 만큼, 메타버스는 5G 응용서비스로서 효용성이 매우 크다. 이에 5G 인프라 기반 메타버스 서비스에 대한 수요는 지속적으로 증가할 전망이다. 언택트 사회가 확산됨에 따라 메타버스는 유용한 비대면 솔루션으로도 각광을 받고 있다.

스마트 모빌리티는 교통 혁신을 도모함은 물론, 국방 등 연관산업의 역량을 키우는 핵심 수단이 된다. 최첨단 충전·동력 기술이 융합된 소형 개인 이동 수단은 하루가 다르게 발전하고 있으며, 향후 더욱 지능화된 교통서비스로 빠르게 진화할 것으로 전망된다. 우리 주변에서 흔히 볼 수 있는 전기자전거와 전동킥보드, 전동휠 등 개인형 이동 수단은 스마트 모빌리티 기술의 발전과 서비스 활성화의 단면이다.

정부의 과학기술기본계획

과학기술정보통신부는 2022년 12월 국가과학기술자문회의 심의회의에서 「제5차 과학기술기본계획('23~'27)」(이하 '제5차 기본계획')을 발표했다. 제5차 기본계획은 「과학기술기본법」 제7조에 따라 과학기술 발전에 관한 중·장기 정책목표, 기본방향을 제시하는 최상위 계획으로 윤석열 정부의 과학기술 관련 국정과제 29개를 반영하였으며, 향후 5년간 40여 개 부·처·청·위원회와 함께 이행하게 된다.

제5차 기본계획에서는 향후 5년간의 중점 육성 기술로 12대 국가전략기술[1]을 제시하고 '임무중심 연구개발(R&D) 혁신체계'를 도입, 초격차 기술 확보를 목표로 정부와 민간의 역량을 결집할 예정이다.

1 ① 반도체·디스플레이 ② 이차전지 ③ 첨단 모빌리티 ④ 차세대 원자력 ⑤ 첨단 바이오 ⑥ 우주항공·해양 ⑦ 수소 ⑧ 사이버보안 ⑨ 인공지능 ⑩ 차세대 통신 ⑪ 첨단로봇·제조 ⑫ 양자

그림 1.3 12대 국가전략기술

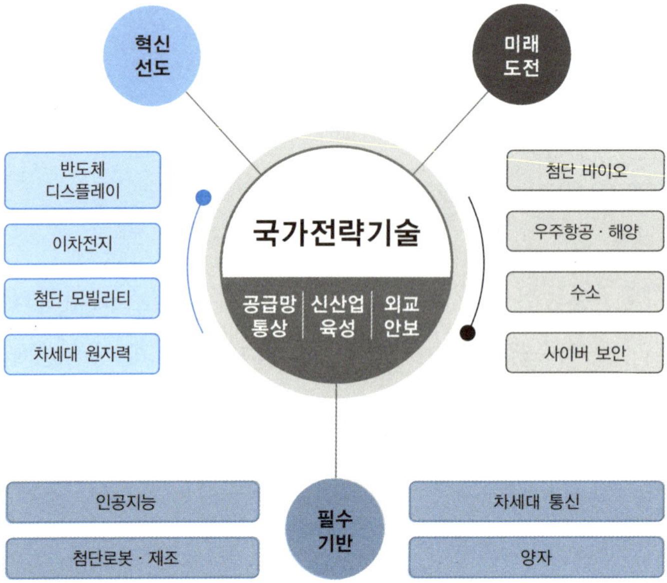

출처: 과학기술정보통신부

04 산업 분야에서의 디지털 전환

제조업

전통적으로 제조업 기술력이 강한 일본의 주요 기업들은 경쟁상대인 플랫폼 기업의 위협에 대응하는 전략을 다각도로 추진한다. 구체적으로 △전사적 가치사슬의 혁신을 통한 비용 절감 △고객 인사이트 제고 △연구개발 효율화 플랫폼을 활용한 융합형 신사업 개척 등 차별화된 전략 구사에 나선다(이지평,류상윤, 2018).

일본 기업들은 ① 가치사슬과 비용 절감 측면에서 디지털 기술을 활용해 전사적으로 가치사슬, 조직구조를 혁신하고 있다. 사물인터넷을 활용한 공장 자동화에 이어 인공지능, RPA(Robotic Process Automation)를 통한 업무 합리화, 응용프로그램 인터페이스 구축을 통한 분업 생태계 활성화가 중요한 과제다. ② 고객 인사이트 제고와 관련해서는 고객 데이터를 활용해 개별 고객에 대한 예측 능력과 제품 공감 능력을 제고하는 데 주력한다. 궁극적으로 사전에 개별 고객의 주문내용을 예측, 다품종 대량생산에 대응할 수 있는 역량을 키우는 데 초점을 맞추고 있다. ③ 연구개발 효율화 측면에서는 빅데이터, 인공지능을 활용한 기술의 고도화, 양자 컴퓨터 개발 등 계산 능력의 제고에 총력을 기울인다. ④ 일본 기업은 빅테크와 전면적인 경쟁에 나서기보다는 FANG(페이스북, 아마존, 넷플릭스, 구글)의 플랫폼을 활용하면서 응용프로그램 인터페이스를 통해 자체 소프트웨어나 플랫폼을 추가해서 차별화하는 전략에 나선다. 기존 비즈니스에서 사물인터넷, 인공지능, 서비스화 과정 중 축적한 노하우, 기술 등 경영자원을 다각적으로 활용해 신규 비즈니스를 개척하는 기업 노력이 돋보인다.

국가의 산업 정책 차원에서 큰 그림을 보면 제조혁신 생태계에서 플랫폼은 공급 산업과 수요 산업 간의 연결자 역할을 담당한다. 제조혁신 플랫폼이 성공하려면 우선 대기업과 중소기업 사이에 수평적이고 상생적인 네트워크 생태계가 조성되어야 한다. 그 다음으로 대기업과 중소기업 간 핵심역량의 양극화를 해소하고 기업의 스마트화, 서비스화를 촉진해야 한다. 기업규모와 업종별 칸막이식 연구개발 한계를 극복하고 크로스커팅(cross-cutting) 관점에서 신산업 핵심 공통기술을 개발해 새로운 시장을 창출하고 산업구조의 고부가가치화를 촉진하며 혁신역량을 확산시키는 플랫폼 비즈니스 모델이 구축돼야 할 것이다.

서비스업

월간 이용자 수 4,485만 명, 하루 평균 송수신 메시지 110억 건, 국민 메신저로 자리 잡은 카카오톡이 2020년 3월 출시 10년을 맞았다. 대한민국의 대화법을 바꾼 카카오톡은 정보통신기술 업계와 관련 기술 전반에 엄청난 파급효과를 가져왔다. 카카오는 그동안 세상을 편리하게 만드는 데 일조했다. 앞으로 카카오는 생활 플랫폼을 넘어 세상을 더 낫게 만들도록 선한 의지를 가지고 사회문제 해결에 나서겠다는 비전을 세웠다.

스타트업으로 출발한 카카오는 플랫폼 비즈니스 모델로 양적 성장, 스케일업(scale-up)에 성공했다. 2010년 인터넷 시대가 모바일 시대로 넘어간 순간, 네트워크 효과를 창출하는 기회를 잡았다. 카카오는 기업 인수, 합병, 사업 부문 분사로 100여 개 계열사를 거느린 대기업으로 성장했다. 카카오는 메신저 본연의 기능부터 게임, 뮤직, 커머스 등과 연계해 영역을 확장하여 경쟁력은 더욱 강해질 전망이다.

카카오톡은 출시 6개월 만에 가입자 100만 명, 1년 후 1,000만 명, 2012년 4,000만 명을 넘을 정도로 폭발적인 성장 속도를 보였다. 출시 하루 만에 애플 앱스토어 소셜네트워킹 서비스 1위에 오를 정도로 속도의 안정성과 기능의 편의성을 갖춘 메신저로 흥행 가도를 질주했다.

카카오는 초창기 과제였던 흑자전환 문제를 파트너와의 상생으로 해결했다. 이용자에게 불편을 주지 않으면서 돈 가치가 있는 상품 위주로 게임, 선물하기, 이모티콘 등 유료 서비스를 하나둘씩 끼워넣기 전략을 도입했다. 상생 전략은 게임 서비스에서 가장 먼저 꽃을 피웠다. 2012년 시작한 게임 유통으로 매출이 급증하며 카카오는 첫 흑자를 달성했다.

카카오는 모바일 채팅의 전성시대를 여는 데 그치지 않고 쇼핑, 결제, 음악, 캐릭터, 운송, 인공지능 등 다양한 분야로 서비스 영역을 확장해 나갔다. 특히 카카오는 국내 양대 포털 중 하나인 다음, 국내 최대 음악 서비스 멜론 인수 등 빅딜에 성공했다. 카카오는 2014년 국내 최초의 간편결제 서비스인 카카오페이를 선보여 이용자 누구나 신용카드 정보와 결제 비밀번호만 등록하면 빠른 결제가 가능해지도록 만들었다. 카카오페이는 2019년 기준 가입자 수 3,000만 명을 돌파했다. 2017년 두 번째 인터넷 전문은행으로 출범한 카카오뱅크는 저축은행, 카드, 증권사 등 타 금융회사가 개발한 금융 상품을 대신 판매해 주고 수수료를 받는 금융 플랫폼 사업은 본궤도에 올랐고 증권 시장에서도 혁명을 일으킬 기세다.

카카오는 비즈니스 파트너를 연결하는 사업 도우미다. 카카오톡 채널은 카카오톡 내에서 광고주와 이용자를 연결하는 모바일 비즈니스 모델이다. 2019년 기준 총 채널 수는 167만 개 이상으로, 전체 친구 수는 5억 6,000만 명을 넘었다. 카카오모빌리티는 카카오 T 앱을 기반으로 플랫폼 운송기업 1위를 질주한다. 카카오는 인공지능과 데이터 기술 시대를 준비하고 있다. 이용자들이 생활 속 어느 순간에서도 퍼스트 윈도(First Window)로 신뢰할 수 있는 슈퍼 앱으로 성장해나갈 전망이다.

농업

스마트팜(smart farm)은 정보통신기술(ICT)을 활용해 '시간과 공간의 제약 없이' 원격으로, 자동으로 작물의 생육환경을 관측하고 최적의 상태로 관리하는 과학 기반의 농업방식이다. 농산물의 생산량 증가는 물론, 노동시간 감소를 통해 농업 환경을 획기적으로 개선한다. 빅데이터 기술과 결합해 최적화된 생산·관리의 의사결정이 가능하다. 최적화된 생육환경을 제공해 수확 시기와 수확량 예측뿐만 아니

그림 1.4 스마트팜의 운영원리와 적용분야

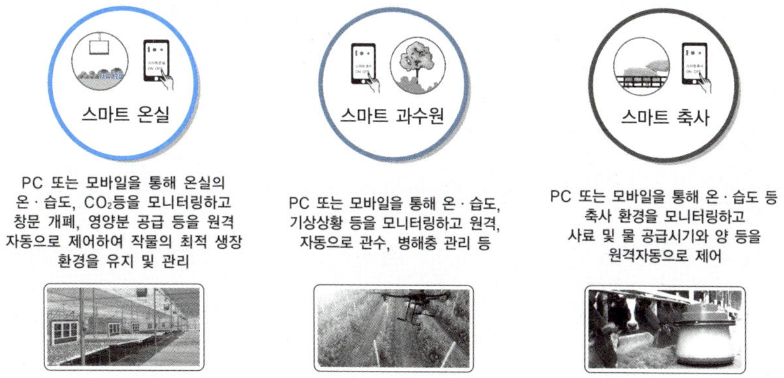

출처: 스마트팜코리아

라 품질과 생산량을 한층 더 높일 수 있다.

유럽, 미국 등은 적극적인 정부 지원으로 자체 개발 시스템을 적용하였으며 생산성 향상과 경비 절감에 초점을 맞춰 스마트팜 시장을 선도하고 있다. 유럽연합(EU)은 정밀농업 분야에 대한 연구역량과 회원국 간의 연구협력 네트워크를 강화하고, 농업과 정보통신기술(ICT) 융합 연구개발의 효율성 높이기 위해 국제공동 연구 프로젝트(EU ICT-AGRI 프로젝트)를 2009년부터 2017년까지 진행했다. 그 중, 세계 원예산업을 주도하고 있는 네덜란드는 원예산업 산학협력지구를 조성해 기업, 연구기관, 정부가 산·학·연 협업을 이루며 기술혁신을 추진하고 물류를 비롯한 기반 시설을 제공했다. 네덜란드는 생육분석 플랫폼, 영상분석 등 데이터 기반 생산기술과 자동화, 생산·품질관리, 수출까지 전 과정에 과학영농을 실험하고 있다. 네덜란드 테르누젠시는 지속가능한 온실 사업 중 하나로 남은 열을 활용하는 프로젝트(heating network)를 구축하여 원예 분야에서 가장 주목받고 있다.

미국의 경우, 90년대부터 장기적으로 지속가능한 농업 및 환경 촉진을 주요 전략으로 설정했다. 그 영향으로 미국 농업은 영농규모가 크고 첨단기계의 사용이 활발해졌고, 농산물 생산량과 교역량 측면에서 세계적으로 높은 비중을 차지하고 있다. 농무부를 중심으로 농업-ICT 융합 연구개발 정책을 추진 중이며 주로 장기적이고 고위험·고수익(Hish Risk, High Return) 과제를 추진하고 있다.

한국의 경우 농림축산식품부는 2017년 11월 스마트팜 확산을 혁신성장 핵심 선도사업의 하나로 선정했다. 2018년 4월에는 관계부처 합동으로 스마트팜 확산방안을 마련했다. 2022년까지 스마트팜 7,000ha, 축사 5,750호의 농가 보급과 「스마트팜 혁신밸리[2]」 4개소 구축을 목표로 삼았다. 기존 농가 단위의 스마트팜 보급 전략을 보완하고, 정책 대상을 청년 농업인, 전후방 산업으로 확대하고, 집적화된 확산거점을 조성하기로 했다.

농촌진흥청은 고도화된 스마트팜 기술로 농업을 과학화하고 농업 혁신의 토대를 마련하기 위해 3단계[3] 기술 개발 전략을 추진하고 있다.

1세대 스마트팜 기술은 영농의 편의성 향상과 생산성을 높이는 데 큰 효과를 나타냈다. 그러나 모든 농사 환경을 농업인이 직접 설정하고 조작해야 하기에 기술을 사용하기 위해서는 데이터를 이해하고 분석할 수 있는 ICT 역량이 요구되었다. 따라서 경험이 부족한 젊은 농업인이나 귀농인, 농사 지식은 있지만 ICT가 익숙하지 않은 고령 농업인은 접근이 쉽지 않았다.

한국형 스마트팜 2세대 기술은 빅데이터와 인공지능을 기반으로 작물의 생산을 최적화하는 시스템이다. 인공지능이 데이터와 영상 정보로 생육을 진단하며 의사결정을 돕는다. 인공지능으로 작물의

2 스마트팜 혁신밸리: 청년창업-기술혁신(R&D)-판로개척 기능이 집약된 농업인-기업-연구기관 간 시너지를 창출하는 거점. 농업인은 생산을, 기업은 연구·개발을 담당하게 되고, 특히 중소기업이 참여하여 개발한 신제품과 기술을 향후 농촌에 널리 보급하는 방식.

3 (2016) 1세대: 편이성 향상→(2018) 2세대: 생산성 증대→(2020) 3세대: 수출형

그림 1.5 스마트팜 혁신밸리 조감도

출처: 대한민국 정책브리핑, 2018.4

성장과 생육, 질병 상태를 진단할 뿐만 아니라 인공지능 기반의 음성지원 플랫폼 '팜보이스'와 재배 전 과정에서 적합한 의사결정을 돕는 '클라우드 플랫폼'을 지원한다. 농사 경험이 적은 젊은 창농인이나 ICT에 미숙한 고령 농업인도 큰 도움을 받을 수 있다.

한편, 3세대 모델은 편의성을 향상한 1세대 모델과 생산성을 향상한 2세대 모델이 기반이다. 재배와 생산에 소요되는 에너지를 최적화하고, 농업 로봇을 활용한 무인, 자동화 기술을 적용해 스마트팜 생산 전 과정을 통합 제어하는 모델이다. 제품과 서비스에 국제규격을 적용함으로써, 글로벌 시장에서 우리나라가 농업 선진국으로 자리매김하는 디딤돌 역할을 할 것으로 기대를 모으고 있다.

주요 추진사항을 정리해 보면 다음과 같다.

① 청년 스마트팜 창업 생태계 구축

- 2019년부터 스마트팜 '청년창업 보육센터'(이하 '보육센터') 4개소 지정, 전문 교육과정을 통해 2022년까지 전문인력 500명 양성
- 보육센터 수료 청년 농업인이 초기 시설투자 없이 적정 임대료만 내고도 스마트팜 창업이 가능하도록 '청년 임대형 스마트팜' 조성
- 스마트팜 창업 또는 승계받거나 규모 확대를 원하는 청년에게도 정책자금, 농지 임대, 투자유치 관련 프로그램 지원

② 스마트팜 산업인프라 구축

- 전후방 기업의 실증연구, 제품테스트, 창업 · 전시 · 체험 기능 갖춘 '실증단지' 조성
- 연구개발(R&D)이 현장에서 조기에 성과 창출되도록 부처 간 연계와 협업(과기부, 산업부, 농진청 등)을 강화하고 민관 공동연구 추진
- 스마트팜 빅데이터(온 · 습도 등 환경정보, 생육정보) 수집 · 분석 체계 개선, 기자재 표준화 가속화
- 스마트팜 기자재 기업의 해외시장 개척 적극 지원

③ 스마트팜 혁신밸리 조성

- 생산 · 교육 · 연구 기능이 집약된 첨단 융복합 지구(클러스터)로, 2022년까지 전국에 4개소를 조성

05 사회의 디지털 전환

챗GPT 열풍

오픈에이아이(Open AI)가 2022년 11월 30일 공개한 대화 전문 인공지능 챗봇으로, Open AI에서 만든 대규모 인공지능 모델인 'GPT-3.5' 언어 기술을 기반으로 한다. 챗은 채팅의 줄임말이고 GPT는 'Generated Pre-trained Transformer'의 앞 글자를 딴 것이다. 챗GPT는 사용자가 대화창에 텍스트를 입력하면 그에 맞춰 대화를 함께 나누는 서비스로, 공개 단 5일 만에 하루 이용자가 100만 명을 돌파하면서 돌풍을 일으키기 시작했다. 특히 질문에 대한 답변은 물론 논문 작성, 번역, 노래 작사 · 작곡, 코딩 작업 등 광범위한 분야의 업무 수행까지 가능하다는 점에서 기존 AI와는 확연히 다른 면모를 보이고 있다.

챗GPT의 제작사 오픈AI는 일론 머스크 테슬라 CEO, 샘 올트먼 와이컴비네이터 사장(현 오픈AI CEO) 등이 인류에게 도움이 될 디

그림 1.6 챗GPT 이미지화면

출처: 네이버

지털 지능 개발을 목표로 2015년 설립한 비영리 법인이다. 그러다 2019년 영리 추구를 위한 자회사를 추가 설립하면서 AI 사업을 본격화했는데, 그동안 △인공지능 언어모델 '지피티-3'(GPT-3) △그림을 그리는 인공지능 '달리2'(DALL-E2) △다국어 음성인식 인공지능 '위스퍼(Whisper)' 등을 선보여 왔다. 특히 언어에 특화된 인공지능인 GPT의 경우 2018년 GPT-1 출시 이후 2019년 GPT-2, 2020년 GPT-3에 이르기까지 버전을 높여 왔으며, 2022년 11월에는 GPT-3.5에 해당하는 챗GPT를 공개하면서 화제의 중심에 섰다. GPT 성능은 매개변수(파라미터) 개수가 중요한데, GPT-3은 GPT-1보다 1500배 많은 매개변수(1750억 개)를 활용한 것이다. 챗GPT는 이 GPT-3에 강화학습을 적용해 더욱 업그레이드한 GPT-3.5를 기반으로 개발됐는데, 오픈AI는 2023년 인간의 시냅스 수와 비슷한 수준의 100조 개 매개변수를 갖춘 GPT-4를 내놓는다는 계획을 공개한 데 이어 GPT-4를 2023년 3월 14일 공개했다.

챗GPT는 인간과 비슷한 대화를 생성해 내기 위해 수백만 개의 웹페이지로 구성된 방대한 데이터베이스에서 사전 훈련된 대량 생성 변환기를 사용하고 있다. 이는 사람의 피드백을 활용한 강화학습(Reinforcement Learning)을 사용해 인간과 자연스러운 대화를 나누고 질문에 대한 답변도 제공한다. 대화의 주제는 지식정보 전달은 물론 창의적 아이디어에 대한 답변, 기술적 문제의 해결방안 제시 등 매우 광범위하다. 또 대화의 숨은 맥락을 이해하거나 이전의 질문 내용이나 대화까지 기억해 답변에 활용하는 등 기존의 챗봇과는 확연한 차이를 보이고 있다.

무엇보다 오픈AI는 챗봇의 차별·혐오 발언을 차단하기 위해 챗GPT에 AI 기반 조정 시스템인 '모더레이션API(Moderation API)'를 사용했다. 이에 챗GPT는 허용되지 않는 내용의 질문이 나올 경우 '차별적·공격적이거나 부적절한 질문, 여기에는 인종차별적, 성차별적, 동성애 혐오적, 성전환자 혐오적 또는 기타 차별적이거나 혐오스러운 질문이 포함됩니다'라고 답변한다. 다만 챗GPT는 가끔 잘못되거나 편향적인 정보를 제공할 수 있으며, 2021년 이후의 지식은 제한돼 있다는 한계도 있다.

투자은행 UBS는 2023년 2월 1일 보고서를 통해 챗GPT가 2023년 1월 월간 활성 사용자 수(MAU) 1억 명을 돌파한 것으로 추정된다고 밝혔다. MAU는 월 단위로 한 번이라도 접속한 사람 수로, 1억 명 돌파는 오픈AI가 챗GPT를 출시한 지 단 2개월 만에 나온 기록이다. 또 이 기록은 다른 소셜네트워크서비스(SNS)보다 훨씬 빠른 것으로, UBS 보고서에 따르면 1억 MAU 달성에 든 기간은 △우버 70개월 △스포티파이 55개월 △인스타그램 30개월 △틱톡 9개월이었다.

2022년 11월 공개된 챗GPT는 출시 일주일 만에 사용자가 100만 명을 넘기는 등 획기적 성능으로 화제를 모으면서 큰 주목을 받았다. 이에 정보기술(IT) 업계에서는 챗GPT가 △웹 브라우저(1994년) △구글 검색엔진(1998년) △아이폰(2007년)에 이은 게임 체인저가 될 수 있다는 전망까지 나온다. 특히 현재 글로벌 검색시장을 주도하고 있는 구글에 위협이 될 것이라는 전망이 높은데, 2022년 말 영국《인

그림 1.7 월간 사용자 수 1억 명 돌파에 소요된 기간

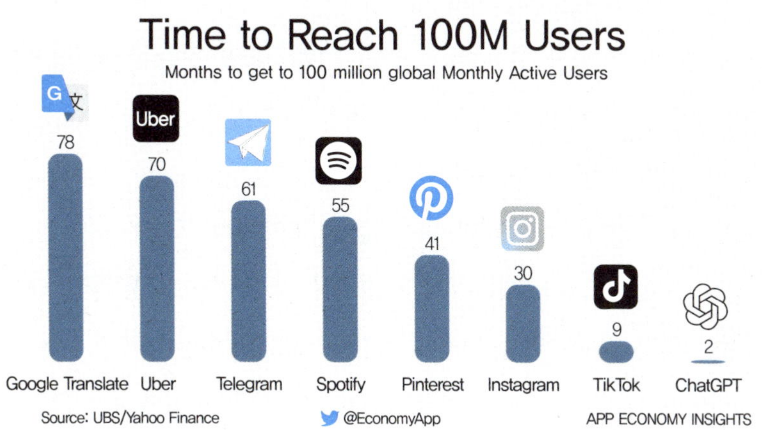

출처: UBS 보고서, 2023.2월

디펜던트》는 'Google is done(구글은 끝났다)'이라는 제목의 기사를 통해 챗GPT로 대표되는 대화형 인공지능 검색이 구글을 대체할 수 있다는 보도를 내놓기도 했다. 이에 위기감이 높아진 구글은 2023년 2월 6일 챗GPT 대항마로 대화형 AI 서비스 '바드(Bard)' 출시를 공식화했다. 그런데 다음 날인 2월 7일에는 마이크로소프트(MS)가 자사의 검색 엔진 빙(Bing)에 챗GPT 기반 언어모델을 장착했다고 발표하면서 생성 AI와 결합한 검색시장 주도권을 차지하기 위한 글로벌 경쟁이 본격화됐다는 분석이 제기됐다.

챗GPT는 미국의 명문 경영전문대학원(MBA)인 펜실베이니아대의 와튼스쿨에서 치러진 필수 과목(운영관리)의 기말시험에서 평균 이상인 B−에서 B 사이의 성적을 받은 것으로 알려졌다. 또 미국 미네소타주립대 로스쿨 시험에서는 C+ 점수를 받으며 과목을 수료할 수 있는 성적을 거뒀고, 캘리포니아 마운틴뷰의 의료기관인 앤서블헬스 연구진이 챗GPT를 대상으로 실시한 미국 의사면허시험에서 50% 이상의 정확도를 기록했다. 이처럼 챗GPT가 MBA · 로스쿨 · 의사 면허시험까지 통과하면서 화이트칼라 일자리 분야에도 충격을 일으킬 것이라는 전망이 나오기도 했다.

챗GPT는 공개 이후 특히 교육 · 연구 분야에서 뜨거운 논쟁을 일으키고 있는데, 이는 챗GPT가 기존 챗봇과 달리 방대한 양의 전문지식을 담은 에세이와 논문을 순식간에 써 내려가는 능력을 갖춘 것이 확인된 데 따른 것이다. 실제로 미국의 교육 현장에서는 학생들이 챗GPT가 작성한 글을 숙제로 제출하는 일이 속출했고, 이에 뉴

욕과 시애틀의 공립학교에서는 교내 와이파이망과 컴퓨터를 통한 챗GPT 접속을 차단하도록 조처하기도 했다. 또 미국 일부 대학에서도 챗GPT로 작성된 에세이를 제출한 사례가 적발됐으며, 이에 일부 대학에서는 AI를 이용할 수 없는 구술시험 및 그룹 평가를 늘리고 학내 규정에 'AI를 활용한 표절'을 포함시킨다는 방침이다. 여기에 미국 노스웨스턴대 연구진은 2022년 12월 27일 논문 사전공개 사이트인 바이오아카이브에 챗GPT로 작성한 의학 논문 초록 50편이 표절 검사 프로그램을 모두 통과하고 의학 전문가들마저 제출된 초록의 32%를 걸러내지 못했다는 연구 결과를 내놓기도 했다.

비대면과 원격 디지털 사회

최근 언택트 문화의 확산으로 많은 일들이 온라인으로 이루어지고 있다. 물건을 사고파는 일에서부터 재택근무, 국제회의와 교육, 공연, 관광 등 거의 모든 분야가 온라인으로 이루어지고 있으며 특히 코로나19로 인해 더욱 빠른 전환이 이루어지고 있다. 다양한 쇼핑몰에서 진행하는 방법도 편리한 방법의 언택트이다. 현재 다양한 분야에 언택트, 즉 비대면 분야가 확장되고 있으며 새로운 소통방식으로 산업의 흐름이 바뀌는 추세이다.

비대면에서 가장 다양하게 활용되는 부분은 AI(인공지능)이다. 그 이유는 모든 언택트 사업의 핵심엔 AI가 활용되기 때문이다. 생산과 유통, 제조 분야와 의료 등 비대면으로 이뤄지는 부분에 AI 기술과 빅데이터를 활용해야만 질 높은 서비스를 효율적으로 소비자에게 제공할 수 있다.

홈쇼핑과 온라인쇼핑은 언택트 초기부터 이미 이뤄지던 사업이며 오프라인이 따라가지 못할 정도의 성장 속도를 보이고 있다. 언택트 쇼핑산업이 발달하면서 VR, AR을 이용하여 매장에서 직접 보는듯한 현장감을 보여주는 시장이 확대되고 있으며, 메타버스 쇼핑도 신생, 활성화되고 있다.

2020년 5월 한국의 대기업 최초로 진행한 비대면 방식의 삼성그룹 공채 필기시험이 시행되었다. 낯설지만 익숙한 비대면 활동 비대면 방식은 과거부터 지속적으로 발전해온 현상이며 우리에게 친숙한 비대면 방식은 '온라인쇼핑'이다. 최근에는 당일 배송, 새벽 배송, 신선 식품 배송 등 좀 더 다양한 온라인 서비스가 등장하고 있다.

비대면의 주요 사례

1. 키오스크(KIOSK)

최근에는 공공장소에서 무인·자동화를 통해 주변 정보 안내나 버스 시간 안내 등 일반 대중들이 쉽게 이용할 수 있는 무인 정보단말기를 지칭하기도 하는데, 그 단말기를 활용한 마케팅이 키오스크다. 공공장소에 주로 설치된 터치스크린 정보전달 시스템을 이용한 마케팅으로, 원래 옥외에 설치된 대형 천막 등을 뜻하지만 간이 판매대나 소형 매점을 의미하기도 한다.

최근 높은 인건비를 대체하는 키오스크 사업이 새로운 트렌드로 급부상한 것도 비대면의 중요한 사례라고 할 수 있다. 키오스크는 대표적인 언택트 방식 중 하나로, 패스트푸드점을 비롯한 음식점은 키오스크라는 기계를 사용함으로써 직원과의 대화 없이 주문과 결제를 마치는 시스템을 정착시켰다. 즉, 얼굴을 보지 않고 셀프로 주문과 계산을 한 번에 할 수 있는 비대면 서비스인 것이다. 이제는 은행 계좌 개설도 스마트폰으로 직원 상담 없이 할 수 있는 시대가 되었다.

2. 스타벅스의 사이렌 오더

언택트 마케팅으로 가장 성공한 사례 중 하나로 손꼽히고 있다. 앉은 자리에서 모바일 어플로 간단하게 주문과 결제를 한 후 음료가 완성되었다는 알림이 올 때까지 기다리기만 하면 된다. 줄을 설 필요 없이 휴대폰만 보다가 주문한 음료가 나오면 카운터에서 가져오면 되니 한층 편리해졌다고 할 수 있다.

3. 라이브커머스

당일배송이 많아질 정도로 많은 사람이 이용하고 있는 비대면 쇼핑이다. 여러 대기업에서 참여하는 사업군 중 하나이며, 규모는 점점 확장되고 있다. 화면을 통해 판매자가 직접 시청자에게 물건을 소개하고 판매하는 새로운 이커머스로서 홈쇼핑과는 달리 채팅으로 직접 대화가 가능하여 소비자친화적이라는 평가를 받는다.

궁금한 점은 판매자에게 직접 물어볼 수 있기에 매장에서 점원과 이야기하는 느낌을 받을 수 있다. 한 번 라이브커머스에 빠진 소비자는 알림이 뜰 때마다 계속 들어가게 되는데, TV 화면에 홈쇼핑을 틀어놓고 좋은 제품이 나올까 계속 틀어놓는 경우도 있다.

4. 비대면 수업

학교, 학원, 과외 등 언택트 교육 방식이 점차 확대되고 있다. 특히 어학, 상담, 취미, 수업 등 비대면 사업이 무섭게 성장 중이며 건강관리로까지 분야가 확장되고 있다. 헬스장, 요가, 체육관 등 다양한 운동 수업이 비대면으로 진행되고 있으며 언택트 건강 프로그램의 유튜브 인구가 점점 늘어나고 있다.

5. 무인 매장 시스템

편의점 업계 및 대형마트는 인건비 절감을 위해 무인시스템을 적극적으로 도입하고 있다. 롯데마트는 가장 규모가 큰 서울 잠실점을 미래형 매장으로 리뉴얼하여 비대면 스마트 결제 시스템을 도입했다. 최근 국내 편의점 업계에서 무인상점 운영이 증가하고 있으며 이마트24는 서울 코엑스 스타필드에서 AI, 컴퓨터비전, 센서퓨전, 음성인식, 클라우드 POS 등 자동결제 기술을 구현한 완전 무인매장을 선보였다. 심야 시간대에 무인으로 운영하는 이마트 24의 하이브리드 매장은 어느새 1,000여 개로 늘어났다. 세븐일레븐의 무인 편의점인 세븐일레븐 시그니처는 완전 무인매장과 하이브리드 매장 등이 200여 개이다. 향후 소비자의 편의성 증가와 인건비 등 고정

비용이 절감된다는 점에서 무인매장이 더욱 늘어날 것으로 전망하고 있으며 AI 기술로 편의점 업계는 무인 편의점의 규모가 크게 성장할 것으로 예상한다.

2장

ESG 경영의 과거, 현재와 미래

01 ESG 경영이 걸어온 길

경영패러다임의 변화

ESG(Environmental, Social, Governance) 개념의 등장은 기업의 경영패러다임이 지속적으로 변화하고 발전해온 결과라 할 수 있다. 이러한 관점에서 먼저 기업 경영패러다임의 변화과정을 살펴보기로 한다.

1. 전통적 경영패러다임의 시기(1900~1950)

전통적 경영패러다임은 20세기 초부터 1950년대까지 기업의 경영방식을 의미한다. 이 시기에는 기업이 이익을 추구하는 것이 경영의 핵심이었으며, 이를 위해 다양한 전략과 방법이 사용되었다. 이 시기 기업의 경영패러다임은 다음과 같은 특징을 가지고 있다.

① 이익 중시

경영패러다임에서는 기업이 이익을 가장 중요시했다. 이익 추구를 위해 비용 절감과 생산성 향상을 중요시하였으며, 기술혁신과 과학기술의 발전을 촉진했다.

② 계층적 조직구조

계층적인 조직구조가 일반적이다. 조직 내에서 상위자와 하위자 사이의 명확한 권한 구조와 역할 분담이 이루어졌으며 조직의 효율성을 높이는 데 최적화된 구조를 구성했다.

③ 공장의 생산방식

대량생산과 표준화를 통한 생산성 향상이 공장 생산방식의 주류를 이루었다. 이러한 방식은 제품생산과정에서의 일관성과 효율성을 높여 대량생산을 가능하게 했다.

④ 전통적 경영방식

일관된 방식으로 기업을 운영하고 관리했다. 이는 경영에 대한 고정적인 관점과 방식을 적용한 것이며, 새로운 아이디어와 변화를 수용하는 능력은 상대적으로 부족했다.

이러한 전통적 경영패러다임은 당시의 경제 상황과 환경에 맞게 발전하였으나 지금과 같이 지속가능한 경영을 추구하는 시대적 요구와는 맞지 않는 모습을 보인다.

이 시기의 기업들은 사회적책임보다는 기업의 경쟁력과 이익 창출에 초점을 맞추었다. 그러다 1950년대 후반부터 1960년대에 이르러서 기업들은 사회적책임에도 관심을 두게 되었다. 이러한 인식 변화는 다음의 세 가지 계기로 인한 것이다.

첫째, 1950년대 후반부터 1960년대 초반까지의 경제성장으로 인해 기업의 사회적 영향력이 증대되었고 이에 따라 기업의 사회적책임에 대한 인식이 높아졌다.

둘째, 1960년대에는 미국에서 시민운동이 활발해졌는데, 이를 계기로 인종차별, 환경문제 등 사회적 이슈들이 대두되었다. 이러한 이슈들은 기업들이 사회적책임을 갖고 대처해야 하는 문제들이었다.

셋째, 1960년대 후반부터는 기업의 사회적책임에 대한 연구와 논의가 활발히 이루어지기 시작했다. 이러한 연구와 논의를 통해 기업의 사회적책임이 기업 경영과 더불어 고려되어야 한다는 인식이 강화되었다.

이러한 변화로 인해 사회적책임을 갖는 기업의 개념이 등장하면서, 기업의 사회적책임은 경영에 필수적인 요소가 되었다.

2. 사회적책임이 부각되는 시기(1950~1970)

1950년대부터 1970년대 초반까지는 기업의 사회적책임이 경영패러다임에 크게 반영되기 시작했다.

첫째, 전쟁과 경제성장으로 인해 대규모 산업화가 이루어진 시기였다. 대규모 산업화로 기업들은 더 많은 이익을 추구하게 되었고,

이에 따라 기업들이 사회적책임보다 이익 추구를 우선시했다.

둘째, 기업의 규모가 커지면서 기업이 사회에 미치는 영향력도 커졌다. 이에 따라 기업들은 사회적책임을 가질 필요가 있다는 인식이 생겨났다.

셋째, 기업이 사회에 미치는 영향력을 통제하기 위한 법적 규제들이 나타나기 시작했다. 예를 들어, 1964년 미국 연방 민권법(Civil Rights Act of 1964, CRA)[1]이 제정되어 인종차별을 금지하였으며, 1969년에 환경보호법(National Environmental Policy Act)이 제정되어 환경보호를 강제하기 시작했다.

넷째, 기업이 사회적책임을 다하면서도 이익을 추구할 수 있는 방법들이 연구·개발되기 시작했다. 예를 들어, 1953년 미국의 경제학자 Howard Bowen이 「기업의 사회적책임」이라는 논문을 발표하면서 기업의 사회적책임이 이익 추구와 어떻게 조화를 이룰 수 있는지에 대한 연구가 이루어졌다.

이러한 변화로 인해 이 시기는 기업의 사회적책임이 경영패러다임에 크게 반영되는 시기로 인식되었다. 이후 1970년대부터는 CSR(기업의 사회적책임) 개념이 더욱 확산되어 현재까지 이어져 오고 있다. 사회적책임이 부각되는 이 시기에는 ESG(환경, 사회, 지배구조)와 관

1 미국 연방 민권법은 1964년 제정된 미국의 연방법이다. 이 연방법을 통해 과거부터 흑인차별을 법제화한 주정부들에 대하여 압박을 가함으로써 노예해방 99년만인 1964년, 미국 전체에서 짐크로우법 등 인종분리법안과 인종차별이 법적으로 철폐되었다.

련된 문제들이 이미 나타나고 있었다.

이를테면, 환경 관점에서는 대규모 산업화로 인해 대기 오염, 수질 오염 등의 문제가 발생하였고, 이에 따라 환경보호에 대한 인식이 필요해졌다. 미국에서는 1969년에 환경보호국(US EPA)이 설립되었으며, 1972년에 유럽에서는 첫 번째 환경보호법(European Union Birds Directive)이 제정되는 등 환경보호에 대한 법적 규제가 강화되는 추세였다.

사회 관점에서는 인종차별, 노동 환경, 고용 등의 문제가 대두되었다. 특히, 1960년대 미국에서는 인종차별과 고용차별을 금지하는 CRA가 제정되었다. 이에 따라 기업들은 인종차별과 고용차별 문제를 다루는 데 집중하게 되었다.

지배구조 관점에서는 기업의 이사회 구성과 같은 문제가 제기되었다. 이 시기에는 기업의 이사회가 경영에 중요한 역할을 맡았으며, 다양한 이해관계자의 의견을 반영하는 데 관심을 기울였다. 이러한 문제들은 ESG 개념이 등장하기 이전부터 이미 존재하고 있었지만, 이 시기부터 기업의 경영패러다임에 크게 반영되기 시작했다. 이후 ESG 개념이 등장하면서 이러한 문제들을 보다 체계적이고 포괄적으로 다루기 시작하게 되었다.

3. 환경문제가 대두되는 시기(1970~1990)

1970년대 중반부터 1990년대 중반까지는 환경문제가 대두되면서 이것이 경영패러다임에 반영된 시기이다. 이 시기에는 기업이 환경문제를 중요한 사회적책임으로 인식하였다. 또한 환경문제를 예방하고 해결하는 것이 경제적 이익 창출로 이어진다는 방향으로 인식이 전환되어 경영패러다임도 변화하였다.

이러한 경영패러다임의 전환은 다음과 같은 변화를 가져왔다.

첫째, 기업의 사회적책임의 범위가 넓어졌다. 이전에는 기업의 책임은 이익 창출과 주주의 이익을 보호하는 것으로 인식되었다. 하지만 이 시기에는 기업이 사회적책임을 다하고, 공익과 환경문제를 해결해야 한다는 인식이 확산되었다.

둘째, 환경문제를 예방하고 해결하는 것이 경제적 이익 창출로 이어진다는 인식이 확산되었다. 예를 들어, 환경 오염을 방지하고 에너지 절약 등의 환경경영을 실천하는 기업은 환경비용을 절감할 수 있고, 이것이 곧 경제적 이익으로 이어진다는 생각이다.

셋째, 정부와 국제기구 등의 환경규제가 강화되자 기업들은 환경규제에 대한 대응을 강화하였다. 이러한 환경규제에 대한 대응으로 기업들은 환경경영체계를 강화하고, 환경보고서를 발행하며, 환경문제에 대한 대응 능력을 강화하는 등의 노력을 기울였다.

넷째, 환경문제에 대한 대처방안으로 기술 개발이 활성화되었다. 새로운 환경 기술을 개발하고 도입함으로써 기업은 경제적 이익을 창출할 수 있는 동시에 환경문제에 대한 해결책을 제공하게 되었다.

이러한 변화는 기업이 환경문제에 대한 책임을 지도록 하고, 환경문제 해결이 경제적 이익 창출로 이어진다고 인식하게 했다. 환경문제의 대두와 함께 사회적책임을 인식하는 경영패러다임은 지속되고 있다. 그리고 이러한 인식 변화는 지속가능성의 개념으로 확대되었다. 이는 다음과 같은 계기로 이루어졌다.

첫째, 1987년에 발표된 '브룬트란트 보고서'에서 지속가능한 발전에 대한 개념이 처음 등장했다. 이 보고서는 경제발전과 자원 보존, 환경보호, 사회복지 등의 균형을 추구하는 개념으로 지속가능한 발전의 필요성을 강조하였으며, 환경문제뿐 아니라 경제, 사회적 문제 등 다양한 문제들을 한데 묶어 생각하게 하는 기반을 제공했다.

둘째, 1992년 브라질 리우데자네이루에서 개최된 '지구환경 및 개발 회의(UNCED)'에서 '지속가능한 발전'의 개념이 정식으로 채택되었다. 이는 환경문제와 사회문제, 경제문제가 모두 포함된 개념으로 이루어졌다.

셋째, 1990년대 후반부터 기업들은 기업 가치창출을 위해 지속가능성을 중요한 경영전략으로 인식하기 시작했다. 지속가능성을 경영전략의 일환으로 인식하면서 기업들은 환경문제뿐 아니라 사회적 문제와 경제적 가치창출까지 모두 고려하는 경영전략을 추구하게 되었다.

넷째, 이러한 변화는 지속가능성을 중시하는 투자자들의 등장과 연계되어 일어났다. 지속가능성을 중요한 기업가치로 인식하는 투자자들은 기업들의 사회적책임과 환경문제 대응 능력 등을 고려하여 투자를 결정하기 시작했다. 이에 따라 기업들은 지속가능성을 중시하는 경영전략을 추구함으로써 투자자들의 요구에 부합하려는 노력을 기울이게 되었다.

따라서 이러한 변화와 요구에 부응하기 위해 기업들은 지속가능성 경영을 추구하는 방향으로 변화해 나가게 되었다.

4. 지속가능성 추구 시기(1990년대 이후)

지속가능성 경영패러다임은 환경과 사회적책임의 문제 해결뿐 아니라, 비즈니스 모델의 혁신과 협력의 중요성을 강조한다. 이는 다음과 같은 특징을 가지고 있다.

첫째, 환경문제, 사회문제, 경제문제를 종합적으로 고려한다. 기업은 수익 창출과 경쟁력 강화를 위해 환경문제와 사회적책임의 문제를 해결하는 동시에 지속가능한 발전을 추구해야 한다. 이를 위해서는 기업의 비즈니스 모델과 전략을 혁신하는 것이 필요하다.

둘째, 비즈니스 모델의 혁신을 강조한다. 지속가능한 경영을 추구하는 한편 비즈니스 모델의 혁신이 필요하다. 기존의 비즈니스 모델이 지속가능한 경영과 맞지 않을 경우 새로운 비즈니스 모델을 도입하여 지속가능한 경영을 추구해야 한다.

셋째, 협력의 중요성을 강조한다. 단일 기업의 노력으로는 지속가능한 발전을 이룰 수 없기 때문에 기업 간 협력과 지역사회와의 협력이 중요하다. 이를 통해 다양한 지속가능한 경영 활동을 추진하고 지속가능한 발전을 이룰 수 있다.

넷째, 새로운 평가지표를 도입한다. 기업이 지속가능한 경영을 추구하기 위해서는 새로운 평가지표를 도입하여 기업의 지속가능한 경영 능력을 평가해야 한다. 이를 위해 ESG(Environmental, Social,

Governance)라는 평가지표를 도입하여 기업의 환경문제, 사회적책임, 거버넌스 등을 평가한다.

따라서 지속가능성 경영패러다임은 비즈니스 모델의 혁신과 협력, 그리고 새로운 평가지표를 통한 지속가능한 경영을 추구하는 방향으로 전환되고 있다. 이러한 경영패러다임은 기업들이 지속가능한 경영을 추구하는 데 있어서 새로운 기회를 제공하고 있다.

ESG의 등장은 기업의 경영패러다임에 큰 변화를 가져왔다. 기업의 이익 창출에만 초점을 두었던 기존의 경영패러다임에서 ESG를 고려한 지속가능한 경영 활동에 대한 관심이 높아졌기 때문이다. ESG는 기업이 환경문제와 사회문제를 해결하고 거버넌스를 개선하는 데 도움을 주는 지표이기 때문에, 이를 고려하지 않는 기업은 투자 등의 기회를 상실할 가능성이 있다. 따라서 ESG를 고려한 지속가능한 경영 활동을 추구하는 기업이 더 큰 경쟁 우위를 가질 수 있다.

또한, ESG가 주목받는 이유는 투자자와 소비자 등 다양한 이해관계자들이 지속가능한 경영을 중요시하기 때문이다. 이러한 이해관계자들은 기업의 ESG 수준을 고려하여 투자 또는 구매를 결정하기 때문에 기업은 ESG 수준을 개선함으로써 다양한 이해관계자들의 관심을 끌 수 있도록 해야 한다. 이러한 ESG의 등장은 기업이 단순히 이익 창출에만 초점을 두는 것에서 벗어나 환경과 사회, 거버넌스 등의 다양한 이슈에 대한 책임을 느끼게 만들어 지속가능한 경영을 추구하는 데 큰 역할을 하고 있다. 이는 기업이 사회적책임을 다하는 동시에 더 나은 경영 성과를 달성할 수 있도록 도와준다.

지속가능발전과 사회적책임의 발전 경과

지속가능성(Sustainability)은 현세대의 필요를 충족시키기 위해 미래 세대가 사용할 경제·사회·환경 자원을 낭비하거나 여건을 저하시키지 않고 서로 조화와 균형을 이루는 것을 의미한다. 글로벌 차원에서 지속가능성이 주요 의제로 등장한 것은 1987년 세계환경개발위원회(WCEP)가 채택한 '우리 공동의 미래(Our common future)', 일명 '브룬트란트' 보고서[2]에서 지속가능발전이란 화두가 나오면서부터이다.

1992년 178개국 정상들이 참여해 내놓은 환경과 개발에 관한 리우선언에서 국제사회가 환경과 개발의 조화를 추구해 나가는 데 필요한 철학적 지침과 21세기를 향한 실천계획으로 실천기반, 목표, 활동사항, 이행방안 등 4개 부문과 38개 의제를 담은 아젠다(Agenda21)를 채택했다.

이어 1996년에는 ISO(International Organization for Standardization, 국제표준화기구)에서 환경경영시스템에 대한 국제표준 ISO 14001을 제시하였다. ISO 14001 환경경영시스템은 기존의 관리방식을 탈피하고 전 직원의 참여를 통하여 사전에 환경문제를 관리하는 시스템적 접근방법이다. 기업은 ISO 14001 환경인증을 통하여 경제적 이

2 WCED는 UN총회가 출범시킨 위원회로서, 여기서 채택한 '우리 공동의 미래'의 명칭을 의장인 전 노르웨이 총리 브룬트란트(Brundtland, G.H)의 이름을 따서 브룬트란트 보고서라고도 명명하고 있다.

윤창출과 환경성과 개선이라는 두 가지 효과를 거둘 수 있게 된다. 1997년에는 일본 교토에서 2000년 이후 선진국의 온실가스감축을 목표로 하는 교토의정서가 채택되었다. 이로써 온실가스 배출량 감축에 따른 막대한 경제적 비용을 감당하게 되었지만, 국제적 여론에 따라 합의하기로 결정된 것이다.

2002년 지속가능발전 세계정상회의에서는 1990년 이후 전 세계가 실천해온 환경과 지속가능한 발전의 성과를 평가하고 이후의 이행과제를 구체화하는 계기로서 요하네스버그 선언이 채택되었다.

한편 1997년에는 GRI(Global Reporting Initiative) Standards 초안이 작성되었고, 2000년에는 정식 GRI Standards가 제정되었다. GRI 구성 자체가 경제, 환경, 사회 지표로 구성되어 있어 현재 GRI Standards는 ESG 보고의 가장 기본적인 가이드라인이 되고 있으며, 세계경제포럼의 이해관계자 자본주의 공통지표 또한 상당 부분 GRI의 지표를 사용하고 있다.

ISO는 2010년 이해관계자의 참여와 합의가 중요함을 인식하고 운영할 것을 촉구하였다. 그리고 7대 핵심주제에 대해 정부, 산업, 노동, 소비자, NGO 등 사회를 구성하는 모든 조직이 준수해야 할 사항을 포괄적으로 규정하여 사회적책임 국제표준 ISO 26000을 제정하였다. ISO 26000의 7대 핵심주제와 37개 이슈는 3장에서 상세히 소개하기로 한다. ISO 26000의 목적은 조직이 지속가능한 발전을 할 수 있도록 돕고, 사회적책임의 필수요소임을 인식시키며, 법 준수 이상의 활동을 하도록 권장하고 있다. ISO 26000과 지속가능경영,

ESG는 상호 연결되어 있다고 볼 수 있다.

지속가능발전과 사회적책임은 서로 매우 밀접한 관계가 있다. 지속가능발전은 환경, 경제, 사회적 측면에서 모두 지속가능한 발전을 추구하는 개념이며, 이를 위해서는 사회적책임이 필수적이다. 즉 기업이나 조직이 자신의 사업 활동으로 인해 영향을 미치는 사회와 환경에 대한 책임을 지고 지속가능한 발전을 추구해야 한다.

사회적책임은 기업이나 조직이 자신의 이해관계자들과 상호작용하면서 사회적, 환경적 문제에 대한 책임을 지는 것을 말한다. 이는 자원의 효율적 이용, 폐기물 감축, 안전한 노동환경 조성 등과 같은 사회적 이슈를 해결하고 지속가능한 발전을 추구하는 것과 밀접한 관련이 있다. 또한, 기업이나 조직이 사회적책임을 다하면서 지속가능한 발전을 추구하는 것은 비즈니스 성과와 밀접한 관련이 있다. 사회적책임을 다하면 기업의 이미지와 신뢰도가 향상되며, 이는 장기적으로 기업의 경쟁력을 높이는 것으로 이어진다. 따라서 지속가능한 발전과 사회적책임은 상호 보완적인 개념으로 서로 영향을 주고받으며 기업과 조직이 지속가능한 발전을 추구하는 데에 중요한 역할을 한다.

2015년에는 유엔의 MDGs(Millenium Development Goals, 새천년개발목표) 이행 목표 기한이 만료됨에 따라 유엔은 2030년까지 달성할 목표로 SDGs(Sustainable Development Goals, 지속가능발전목표)를 제정하였다. 그리고 2020년 1월 다보스 경제포럼은 주제를 '결속력 있고 지속가능한 세계를 위한 이해관계자들(Stakeholders for a Cohesive and Sustainable World)'로 정했다. 자본주의의 변화와 지속가능한 지구를 위해 다보스 포럼이 '이해관계자 자본주의(Stakeholder Capitalism)'를 키워드로 제시했다고 볼 수 있다.

세계경제포럼에서 "기업이 재무 사항뿐 아니라 환경 · 사회 · 투명경영(ESG) 관련 보고를 하겠다고 선언한 것은 지속가능한 글로벌 경제구축을 위해 중요한 발걸음"이라고도 평가할 수 있다. 이러한 흐름을 짚어볼 때, ESG는 지속가능발전과 사회적책임이 진화되고 규범화 · 제도화된 것으로 설명할 수 있다.

GRI 지침과 국제표준화

1997년 국제연합체계 내에서 환경 이슈들에 대한 대응책을 조율하는 유엔환경프로그램(United Nations Environment Programme, UNEP)의 지원을 받아 미국 보스턴에 기반을 둔 비영리단체, 세레스(Coalition for environmentally responsible economies, Ceres)와 텔루스 연구소(Tellus Institute)란 조직을 구성하였다.

GRI(Global Reporting Initiative) 업무를 수행하는 사무국은 2002년에 네덜란드 암스테르담으로 옮겨졌고, 브라질, 중국, 인도, 미국, 남아프리카, 콜롬비아 및 싱가포르에 각각 지역네트워크 허브(regional network hubs)를 두고 있다. GRI는 독립적으로 지속가능경영보고 관련 지침이나 표준을 다루는 하나의 국제조직이면서 유엔환경계획의 협력센터이다. 유엔글로벌콤팩트(UNGC)의 활동에도 긴밀하게 협조하고 있다.

또한 GRI는 환경, 인권, 및 부패와 같은 이슈들의 영향에 대해 기업, 투자자, 정책입안자, 시민사회, 노동기구 및 기타 전문가들로 구성된 다중이해관계자 프로세스(multi-stakeholder process)에 의해 GRI 지침 또는 표준을 개발하여 필요로 하는 조직들에 도움을 주고 있다. 특히, 지속가능성 보고를 위한 글로벌프레임워크(global framework)는 글로벌네트워크를 통해 전 세계 기업들에게 명확하고 비교가능한 방법으로 정보를 식별, 수집 및 보고할 수 있는 지침을 제공한다.

지속가능성보고를 위한 GRI 지침과 표준의 주요 내용을 정리하면 다음과 같다.

2000년에 지속가능경영보고를 위한 글로벌프레임워크로서 GRI 지침 초판(GRI Guidelines, G1)을 발행하였고, 이후 2002년 G2, 2006년 G3, 2011년 G3.1, 2013년 G4로 이어지는 개정판을 각각 발행하였다.

지난 15년 동안 글로벌 네트워크를 통해 기업들로부터 GRI 지침에 대한 관심과 수요가 점차 증가하자, 2016년 지침(guidelines)을 제공하는 것에서 벗어나 지속가능경영보고를 위한 글로벌표준(global standards)으로 전환하였고, 이후 기존 표준들에 대한 갱신뿐만 아니라 세금(tax)에 대한 투명성, 인권실사(human rights due diligence) 등과 같은 새로운 주제들로 영역을 넓혀가고 있다.

이 표준은 기업들이 경제, 환경 및 사회에 미치는 영향에 관하여 보고하는 데 사용할 수 있도록 설계된 것으로서, 보고원칙(reporting principles)에 기초하여 중요한 주제(material topics)에 초점을 맞춘 지속가능경영보고서를 준비하는 데 도움을 준다. GRI 표준의 구조는 〈그림 2.1〉과 같다.

먼저 100번대 항목을 보면, 101은 일종의 작성 지침이고 102, 103은 모든 기업이 공통으로 작성해야 하는 항목이다. 102는 조직에 관한 일반적인 사항과 지배구조에 관한 항목을 포함하고 있다. 103은 중요한 주제(material topic)에 포함되는 항목과 이들을 관리하는 경영 방침 등에 대한 항목이다. 나머지 200, 300, 400번대 기준은 각각 경제, 환경, 사회 성과에 대한 항목으로서 각각 7, 8, 19개 항목, 총 34개 항목으로 구성되어 있으며 각 항목은 다시 여러 개의 세부 항목을 포함하고 있다. 세부 항목이 워낙 방대하기 때문에 개별 기업은 이 항목 중 자신에게 해당하는 항목에 대해서만 보고하면 된다.

국제표준화기구(International Organization for Standardization,

그림 2.1 GRI 표준의 구조

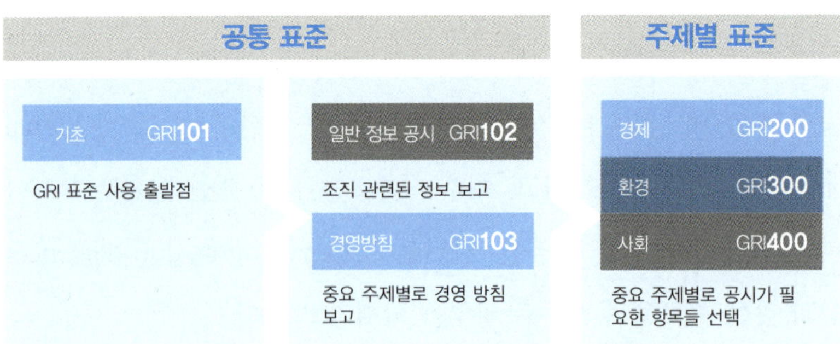

출처: GRI, 「Sustainability reporting standards 2020」 재구성

ISO)는 다양한 산업 분야에서 사용되는 표준을 개발하는 국제기구이다. ISO는 국제적으로 인정받는 품질, 환경, 안전, 정보보호 등의 표준을 제정하여 기업들이 이를 활용하도록 지원한다. ISO는 GRI와는 조금 다른 측면에서 조직의 프로세스 및 제품의 품질 및 안전성 등을 표준화하고, 이를 인증하는 역할을 한다.

ISO는 국제 표준화 기구로 전 세계적으로 수많은 기업과 단체들이 사용하는 표준에 대한 국제기구이다. ISO는 다양한 산업 분야에서 표준을 제정하여 제품, 서비스, 프로세스, 시스템, 인터페이스 등을 표준화하고 개선함으로써 국제적인 상호운용성을 높이는 것을 목적으로 한다. 표준화된 지침과 절차를 통해 효율적인 경영과 생산성 향상, 환경보호, 안전과 보안, 품질 관리 등을 지원한다.

지금까지 ISO에서 제정하여 운용 중인 경영시스템(Management system)에 관한 대표적인 표준은 〈그림 2.2〉와 같다. 이러한 표준은 국제적으로 인정되는 국제표준으로, 제품 및 서비스의 품질, 안전성, 환경, 안전보건, 정보보안, 윤리경영, 사회적책임 등 경영시스템 및 프로세스의 효율성 등을 보장하기 위해 사용된다.

ISO의 표준화 작업은 회원 국가들로 구성된 기술위원회에서 이루어지며, 이를 통해 표준화를 위한 기술적인 내용 및 절차 등을 검토한다. 이후 해당 표준이 발표될 때까지 다양한 기업과 단체들의 검토를 거쳐 최종적으로 발표된다. 표준화 작업은 기업과 단체들이 경영 활동을 보다 체계적이고 효과적으로 수행할 수 있도록 지원하며 국제적인 상호운용성을 높여 경제성장과 지속가능한 발전을 촉진하

그림 2.2 대표적인 ISO 경영시스템 표준

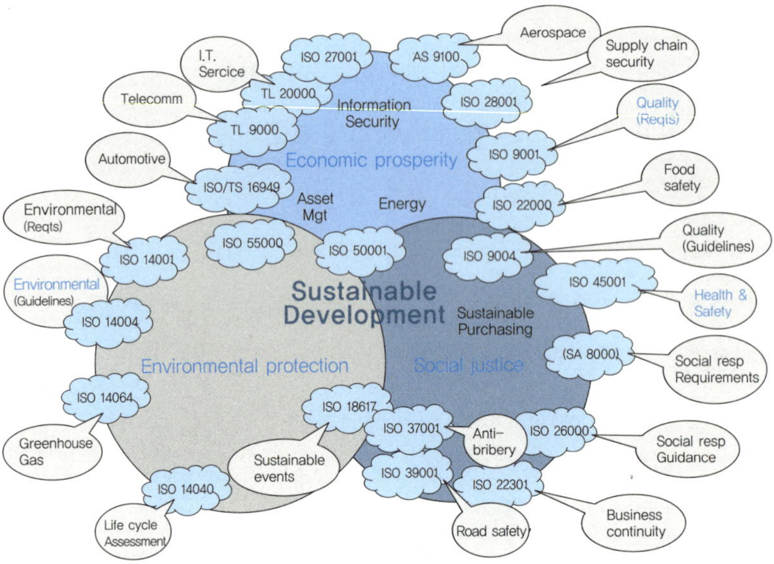

는 역할을 한다.

GRI와 ISO 두 기관은 서로 다른 목적을 가지고 있지만, 지속가능한 경영 및 사회적책임 분야에서는 상호보완적인 역할을 한다. ISO는 다양한 산업 분야에서 표준을 개발하여 기업들이 더욱 체계적이고 효율적인 경영을 할 수 있도록 돕고, GRI는 기업의 지속가능한 경영성과를 보고서를 통해 기업의 투명성을 높이고 사회적책임을 다할 수 있도록 돕는다. 예를 들어, 기업이 GRI의 보고서 작성 지침을 따르면서 ISO 14001(환경경영시스템)을 적용하여 환경적 측면에서 더 나은 성과를 달성할 수 있다. 또한, ISO 26000(사회적책임 가이드라인)을 따르면서 GRI 지침에 따른 보고서를 작성하면 사회적 측면에서 더 나은 성과를 달성할 수 있다.

따라서 GRI와 ISO는 각각의 역할과 범위를 가지고 있지만 지속가능한 경영과 사회적책임 분야에서는 서로 보완적인 역할을 하고 있으며, 기업들이 둘 다 적극 활용함으로써 보다 효과적인 지속가능한 경영을 실현할 수 있다. GRI는 기업이 지속가능한 경영을 추진하고 보고서를 작성하는 데 도움을 주는 비영리 조직이며, ISO는 세계적으로 표준화된 규격을 제공하는 비영리 조직이다. GRI와 ISO는 모두 지속가능한 발전을 중요시하며 기업이 지속가능한 경영을 추진하고 관련 정보를 제공하는 데 기여한다. 이 두 조직은 상호보완적인 역할을 하며, 다음과 같은 방식으로 협력한다.

1. ISO 26000과 GRI 표준

ISO 26000은 기업이 사회적책임을 다하고 지속가능한 경영을 추진하는 데 도움을 주는 가이드라인을 제공하는 국제표준이다. 이 표준과 GRI 표준은 기업이 지속가능한 경영을 추진하고 사회적책임을 다하는 데 중요한 역할을 한다. 이들은 서로 보완적인 역할을 하며, ISO 26000 표준은 기업의 사회적책임과 관련된 범위와 원칙을 제공하고, GRI 표준은 이러한 범위와 원칙을 구체화하여 보고서 작성에 활용된다.

2. ISO 14001과 GRI 표준

ISO 14001은 환경경영 시스템에 대한 국제표준이다. GRI 표준은 환경 분야에 대한 보고서 작성을 지원한다. 이 두 가지는 서로 보완적인 역할을 하며 ISO 14001은 환경경영시스템을 구축하고, GRI 표준은 환경성과에 대한 정보를 제공하여 기업이 환경에 대한 책임을 다할 수 있도록 지원한다.

3. ISO 9001과 GRI 표준

ISO 9001은 품질경영시스템에 대한 국제표준이다. 이 표준은 제품 및 서비스의 품질경영을 위한 가이드라인을 제공한다. GRI 표준은 기업이 지속가능한 경영을 추진하고 관련 정보를 제공하는 데 중요한 역할을 하며, 이러한 정보는 기업의 품질경영과 관련된 정보를 포함할 수 있다.

이처럼 GRI와 ISO는 서로 보완적인 역할을 하며 기업이 지속가능한 경영을 추진하고 관련 정보를 제공하는 데 도움을 주고 있다. GRI의 지침은 매년 업데이트되며, 이는 전 세계에서 수많은 이해관계자들과 기업들의 참여를 통해 이루어진다. 이러한 과정에서 GRI는 지속가능한 발전과 관련된 최신 동향과 이해관계자들의 요구사항을 파악하여 지침을 개선하고 보완한다. 또한 GRI는 ISO와의 협력을 통해 국제표준화를 추진하고 있다. GRI와 ISO는 지속가능한 경영과 관련된 표준화된 가이드라인을 개발하고 이를 국제적으로 인정받을 수 있도록 노력하고 있다. GRI의 지침은 기업이 지속가능한 경영을 추진하고 이를 이해관계자들에게 보고하는 데 매우 중요한 역할을 한다. 또한 이러한 지침을 기반으로 한 보고서 작성은 기업의 지속가능한 경영에 대한 투명성을 높이고 이해관계자들의 신뢰를 얻는 데 도움을 준다.

유엔책임투자원칙과 자본주의의 위기

ESG라는 용어가 처음 사용된 것은 2004년 유엔글로벌콤팩트(UNGC)와 20여 개 글로벌 금융기관이 작성한 보고서인 「Who Cares Wins: Connecting Financial Markets to a Changing World」에서였다. 이 보고서에서 기업의 ESG 성과가 중장기적 가치창출 능력을 효과적으로 나타낼 수 있다고 언급했다.

이에 따라 기업의 ESG 성과 평가에 대한 관심과 필요성이 지속적으로 확대되었다. 그러나 ESG는 투자의 관점에서 시작되었으며 투자자가 그 변화를 주도하고 있다는 사실을 간과해서는 안 된다. ESG 투자는 이 보고서 제목이 상징적으로 보여주듯 기업들이 환경·사회 문제를 잘 해결하면 그에 따라 장기적 재무성과도 함께 좋아진다는 메시지다. ESG 투자의 문제의식과 지향성은 기본적으로 사회책임투자나 지속가능투자와 동일하기 때문에 유사한 의미로 사용된다.

이것을 계기로 하여 UNGC는 사회책임투자에 대한 글로벌 이니셔티브의 설립을 결의하였고, 그 결과 2006년 유엔책임투자원칙(United Nations Principles for Responsible Investment, UNPRI)이 결성되었다. UNPRI는 유엔 지속가능 발전목표(SDGs)와 기후변화 등의 글로벌 이슈에 대한 투자자의 책임을 강조하는 가이드라인이다. 현재 전 세계 90개국 이상에서 3,000여 개 이상의 투자기관, 자산운용사, 자산소유주, 연구기관 등이 가입하여 활동하고 있다. UNPRI의 투자 원칙은 다음과 같다.

UNPRI의 투자 원칙

① 우리는 ESG 이슈들을 투자 의사결정 시 적극적으로 반영한다.
② 우리는 투자 철학 및 운용원칙에 ESG 이슈를 통합하는 적극적인 투자자가 된다.
③ 우리는 우리의 투자 대상에게 ESG 이슈들의 정보 공개를 요구한다.
④ 우리는 금융산업의 PRI 준수와 이행을 위해 노력한다.
⑤ 우리는 PRI 이행에 있어서 그 효과를 증진시킬 수 있도록 상호 협력한다.
⑥ 우리는 PRI 이행에 대한 세부 활동과 진행 상황을 외부에 보고한다.

UNPRI는 이러한 원칙에 따라 ESG 요소를 고려한 투자전략 수립 및 실행, ESG 요소를 기반으로 한 기업 분석 및 평가, ESG 요소와 관련한 정보 공개와 투명성 강화, 기업과 이해관계자들과의 적극적인 대화 및 협력 등을 촉진한다.

UNPRI는 투자자들이 지속가능한 경영과 사회적책임을 고려하여 투자 결정을 내리는 것을 장려하고, 이를 통해 지속가능한 사회와 경제발전에 기여하고자 한다. 또한 글로벌 투자자들이 지속가능한 경영과 사회적책임을 인식하고 이를 고려한 투자를 촉진함으로써 기업들이 지속가능한 경영을 추구하도록 독려한다. 따라서 UNPRI는 기업들에도 여러 가지 영향을 끼친다.

ESG가 확산하게 된 또 다른 중요한 계기는 2008년의 국제금융위기와 지구온난화 이슈이다. 금융위기를 겪으며 자본주의의 문제점과 금융시장의 민낯이 드러나자 글로벌 투자자들은 기존 체제로는 자본주의를 유지할 수 없겠다는 위기감을 느꼈다. 지구온난화가 지속되면 대부분의 산업은 비용 증가, 수익 감소에 직면할 것이며 연기금과 같은 기관투자자, 자산운용사들이 투자수익을 올릴 방법이 사라지리라는 우려에 투자자들은 기업들에게 ESG를 준수하라고 압박하기 시작했다. 이들은 ESG와 기업의 이윤추구는 충돌하는 가치가 아니라고 생각했다. 기업의 다양한 이해관계자를 배려하고 환경문제에 대응하면 장기적으로 이윤 극대화에 도움이 될 것이라고 전망한다.

ESG의 등장

ESG가 등장하기 전에는 사회 전반적으로 환경문제와 사회적책임에 대한 인식이 많이 부족했다. 기업들은 이익 추구를 최우선으로 하였고, 환경문제나 사회적 문제에 대한 책임감이 상대적으로 적었다. 또한 기업들의 지배구조에 대한 투명성과 책임성에 대한 인식도 낮았다. 환경문제와 사회적 문제에 대한 인식 및 책임의식의 결여로 나타난 대표적인 문제들은 다음과 같다.

환경문제와 사회적 문제에 대한 인식이나 책임의식이 부족해 나타난 문제들	
1 환경오염	과도한 산업화와 소비문화 등으로 인해 공기, 물, 토양 등에서 오염물질이 발생하며, 이로 인해 인간 건강에 직접적인 위협을 가하고 있다. 또한 생태계 파괴 등으로 인한 생태적 문제도 발생하고 있다.

2 **사회적 불평등**	불공평한 분배체계와 사회적 배제 등으로 인해 사회적 불평등이 심화되고 있다. 특정 계층의 부의 증가와 그에 따른 빈곤층의 증가, 노동자의 권리 및 안전 문제, 인권 침해 등이 대표적인 문제이다.
3 **인권 문제**	기업들이 인권을 침해하거나 고용 불균형, 아동 노동, 강제 노동 등 인권 문제가 발생하고 있다.
4 **지배구조 문제**	기업의 지배구조가 불투명하거나, 주주 이해관계의 충돌 등으로 인해 기업의 이익 추구가 사회적책임보다 우선되는 경우도 있다.

그러나 20세기 후반부터 환경문제와 사회적책임의 중요성이 더욱 부각되면서 기업들은 이에 대한 책임을 느끼게 되었다. 환경문제와 사회적책임에 대한 인식이 높아지면서 기업들은 더욱 지속가능한 경영을 추구하게 되었고 ESG 개념에도 관심을 기울이기 시작했다. 투자자들 사이에도 사회적책임과 지속가능성에 대한 책임감이 높은 기업에 투자하고자 하는 경향이 짙어졌다. 이러한 변화가 ESG 개념이 등장하게 된 배경 중 하나이며, 현재는 ESG가 기업들의 경영 전략에 큰 영향을 미치고 있다.

ESG가 등장한 배경은 크게 두 가지로 구분할 수 있다.

첫째, 기업의 사회적책임 인식의 변화이다. 과거에 기업의 가치를 평가하는 기준은 주로 경제적 가치였다. 그러나 1990년대 이후부터 기업들의 사회적책임을 요구하는 분위기가 조성되면서 인식이 크게

변화하였다. 때문에 기업은 사회적책임과 환경문제를 고려한 경영을 추구하게 되었으며, 기업과 사회 간 상호작용과 상생적 관계를 형성하고 있다. 이에 대한 몇 가지 예를 아래에 제시하였다.

기업의 사회적책임 인식 변화

1 기업의 환경문제 대처	지구온난화, 대기 오염, 폐기물 등 환경문제가 심각해지면서 기업은 환경문제에 대한 대처를 강조하게 되었다. 기업은 산업 과정에서 발생하는 친환경적인 활동을 추구하거나 환경문제를 예방하는 프로그램을 추진하고 있다.
2 노동환경 개선	과거에는 많은 기업에서 노동자들의 인권을 지키지 않았다. 하지만 최근에는 노동환경을 개선하려는 노력을 기울이고 있다. 노동자들의 권리와 안전에 대한 인식이 높아지면서 일자리 안정성과 사회보장성을 제공하는 회사에 대한 관심도 증가하고 있다.
3 사회공헌활동 증가	기업은 사회공헌활동을 다양하게 추진하고 있다. 예를 들어 사회단체와의 협력, 사회복지사업, 문화 활동 등 다양한 분야에서 활동을 추진하는 기업이 늘고 있다.
4 공정한 거래	기업은 더 이상 경쟁에 따른 부당한 거래를 하지 않는 것을 중시하고 있다. 즉, 공정한 경쟁과 거래, 윤리적인 경영을 추구하는 것이 중요하게 여겨지는 분위기이다.

둘째, 투자자들의 ESG에 대한 관심의 증가이다. ESG에 대한 투자자들의 관심은 21세기 이후 꾸준히 증가해왔다. 이러한 관심 증가의

주요 원인 중 하나는 금융위기 이후 전 세계적으로 경제, 환경, 사회적 문제 등이 더욱 복잡해졌기 때문이다. 이에 따라 투자자들은 기업의 재무성과뿐만 아니라 ESG 측면에서의 성과도 평가하려는 경향이 커졌다. 이에 대한 몇 가지 예를 들면 아래와 같다.

투자자들의 ESG 측면에서의 성과 평가 예

1 **투자자들의 의식 변화**	과거에는 투자자들이 주로 수익률만을 중시하는 경향이 있었다. 그러나 최근에는 투자자들이 보다 긍정적인 사회적 영향력을 가지는 기업에 투자하려는 경향이 커지면서, ESG 기준을 적용한 투자가 늘어나고 있다.
2 **기업들의 ESG 실천**	기업들이 ESG 실천에 대한 노력을 보이면서 투자자들의 관심도 커졌다. 기업들이 ESG 실천에 더 많은 자원을 투자하면서 사회적 가치창출과 동시에 투자자들에게 긍정적인 이미지를 제공하고 있다.
3 **리스크 관리**	ESG 측면에서의 리스크 관리가 더욱 중요시되고 있다. 기업들이 ESG 실천을 통해 환경, 사회, 지배구조 등의 문제에 대한 관리를 강화하면서 투자자들은 기업의 장기적인 가치와 지속가능성을 고려하는 경향이 커졌다.
4 **정부의 ESG 정책 강화**	전 세계적으로 정부들이 ESG 실천에 대한 강력한 정책을 제정하고 있다. 이에 따라 기업들이 ESG 실천에 대한 노력을 더욱 강화하면서 투자자들의 관심도 높아졌다.

이러한 이유로 ESG에 대한 투자자들의 관심이 증가하고 있으며 기업들도 ESG 측면에서의 성과를 개선하고자 노력을 기울이고 있다. 이러한 변화는 지속가능한 사회와 경제발전을 위한 중요한 움직임으로 평가된다.

블랙록(BlackRock)의 조사 결과에 따르면, 2020년 ESG 관련 ETFs(상장지수펀드)의 순 유입 자금은 2019년보다 4배 이상 증가하여 약 1,810억 달러를 기록했다.

한국에서도 ESG 투자에 대한 관심이 높아지고 있다. 금융감독원에 따르면, 2020년 11월 말 기준 ESG 펀드 운용 규모는 13조 3,500억 원으로 전년 대비 약 3배 이상 증가했다. 이 같은 통계 자료들은 ESG에 대한 투자자들의 관심이 급증하고 있음을 보여준다. 이러한 흐름은 앞으로 더욱 빨라지고 확대될 것으로 보인다.

이러한 배경에서 기업이 사회적책임경영을 해야 한다는 요구가 강조되고 있고, ESG가 기업의 거버넌스, 사회, 환경성과 등을 평가하는 지표로 활용되고 있다. 또한, ESG는 기업의 재무적 가치뿐 아니라, 비재무적 가치도 포함하여 기업의 전반적인 가치를 평가하는 데 활용되고 있다. ESG가 등장하면서 기업들이 겪게 되는 변화는 다음과 같다.

ESG 등장으로 인해 기업들이 겪게 되는 변화

1 **기업의 사회적책임 인식의 변화**	ESG는 기업이 사회적책임을 가지고 경영해야 한다는 인식을 촉진하고 있다. 이를 통해 기업은 이전보다 더욱 사회와 환경을 고려한 경영을 진행하게 되었다.

2 **기업의 비즈니스 모델 변화**	ESG는 기업이 사회와 환경문제에 적극적으로 대처해야 한다는 요구를 더욱 강조한다. 이를 수용한 기업들은 새로운 비즈니스 모델을 발전시키고 있으며, 환경문제나 사회적 이슈를 해결하면서 경제적 가치를 창출하고 있다.
3 **투자자들의 ESG 관심 증대**	ESG는 기업의 평가와 투자에 있어서 중요한 요소로 자리 잡았다. 이에 따라 ESG 관점에서 평가받기 위해 기업들은 기업의 ESG 성과를 개선하려는 노력을 기울이고 있으며, 이는 투자자들의 관심과 투자 유치에 긍정적인 영향을 미치고 있다.
4 **기업의 거버넌스 구조 강화**	ESG는 기업의 거버넌스 구조를 강화하도록 요구한다. 기업은 이를 수용하고 거버넌스 구조를 개선하여 기업 내부의 투명성과 책임성을 높이고 있다.
4 **정부의 ESG 정책 강화**	전 세계적으로 정부들이 ESG 실천에 대한 강력한 정책을 제정하고 있다. 이에 따라 기업들이 ESG 실천에 대한 노력을 더욱 강화하면서 투자자들의 관심도 높아졌다.
5 **기업의 위험관리 체계 강화**	ESG는 기업이 경영의 다양한 측면에서의 위험을 인식하고 대처할 수 있도록 요구한다. 기업은 이를 수용하고 위험관리체계를 강화하여 경영위험을 최소화하고 있다.

이처럼 ESG는 기업의 경영 전반에 큰 변화를 불러일으키고 있으며, 지속적인 발전과 개선이 필요한 분야이다.

02 ESG 경영의 현재와 미래

ESG 경영의 세계적 동향

ESG 경영은 기업이 경제적 가치창출을 위해 단순히 이익 추구에만 집중하는 것이 아니라 환경, 사회, 지배구조 측면에서의 책임을 인식하고 이를 실천하는 경영 방식이다. 즉, 사회적책임을 다하고 지속가능한 경영을 추구하는 것이므로, 이러한 경영 방식을 실천하는 기업들은 이해관계자들의 신뢰를 얻을 수 있고 장기적으로는 경쟁력을 강화할 수 있다. 또한, ESG 투자는 미래 성장이 기대되는 기업에 투자 우선권을 부여하기 때문에 ESG 경영을 실천하는 기업은 투자자들로부터도 높은 평가를 받을 수 있다. ESG 경영의 세계적 주요 동향을 요약해 보면 다음과 같다.

ESG 경영의 세계적 주요 동향

1 **ESG 투자 증가**	ESG가 자본시장과 기업에서 큰 화두가 되고 있다. ESG 성과가 우수한 기업에 대한 투자가 늘어나고 있다. 투자자들은 기업의 ESG 성과를 평가하여 투자 대상 기업을 선정하고, 이를 통해 사회적가치 창출과 금융적 이익을 모두 추구하고 있다. 글로벌 주요 투자자들의 투자의사 결정에서도 ESG는 이미 중요한 요소로 자리 잡았다.
2 **ESG 평가 지수의 개발과 활용**	ESG 성과를 측정하기 위한 ESG 지수가 다양하게 개발되고 있다. 이를 통해 기업들은 자사의 ESG 성과를 비교하여 개선 방향을 찾을 수 있고 투자자들도 ESG 지수를 이용하여 ESG 성과가 우수한 기업을 선정할 수 있다.
3 **기업의 ESG 보고서 발행 증가**	최근 ESG 보고서를 발행하는 기업이 급증하고 있다. 기업들은 자체적으로 ESG 보고서를 발행하거나 외부 기관에서 제공하는 ESG 평가를 이용하여 자사의 ESG 성과를 측정하고 관리하고 있다.
4 **ESG 규제 강화**	ESG 경영에 대한 국제적 규제가 강화되고 있다. 기업들에게 ESG 경영에 대한 보고서 작성이 요구되고, 공급망 실사법 발효, 탄소국경세 품목 확대, 탄소배출권 강화 등과 같은 규제가 계속 늘어나고 있다. ESG 성과가 높은 기업을 선호하는 정부들이 늘어나면서 국내 ESG 규제도 강화되고 있다. 이를 통해 기업들은 ESG 성과를 높이기 위해 더욱 노력하고 있다.

5 **기업의 ESG 경영 전략 도입**	기업들은 성과를 개선하기 위해 다양한 ESG 경영 전략을 도입하고 있다. 이를 통해 기후변화 대응, 탄소중립, 재생에너지 사용 등의 환경문제와 다양성, 인권, 노동권 보호, 건강, 안전 등의 사회적 문제를 해결하고, 지속가능한 경영을 추구하고 있다.
6 **ESG 경영의 글로벌화**	ESG 경영은 글로벌기업들 사이에서도 중요한 경영 전략으로 자리 잡고 있다. 특히, 유럽을 중심으로 ESG 경영을 강화하는 기업들이 많아지면서 기업들 사이의 주요 경쟁력 요인이 되고 있다. 미국에서도 ESG 경영이 급속도로 강화되고 있으며, 바이든 행정부의 탄소중립 정책 등을 계기로 ESG 경영의 중요성이 더욱 부각되고 있다.

ESG 투자 현황

ESG 투자 증가 추세와 그 배경 등에 대해 좀 더 살펴보기로 한다. 글로벌 주요 투자자들의 ESG를 중요시하는 의사결정은 ESG 투자의 증가 추세로 확인할 수 있다. 2020년 기준으로 전 세계 ESG 투자 자산 규모가 40조 5,000억 달러(약 5경 원)에 달했다. 그 중요성이 갈수록 더 커지고 있는 만큼 국내 기업들도 ESG 경영을 더욱 강화하고, ESG 평가 모델 또한 더 정교화해야 한다는 주장이 제기되었다.

ESG 경영은 단기적으론 비용의 증가와 재무적 수익의 감소를 불러올 수 있지만, 결국 이는 비재무 성과로 상쇄된다. 투자 유치와 사업 기회로 활용돼 장기적으론 재무성과로 연결되기 때문이다. 이 때문에 전 세계 ESG 투자 자산 규모가 2014년 21조 4,000억 달러에서 2018년 30조 6,800억 달러, 2020년 40조 5,000억 달러로 상승했고, 2030년에는 130조 달러로 급팽창할 것이라는 관측도 나온다.

지역별로는 유럽과 미국이 ESG 투자의 80% 이상을 차지하고 일본, 캐나다, 호주 등이 나머지 시장을 차지하고 있다. 특히, 미국과 중국이 글로벌 ESG 시장을 놓고 치열한 패권 경쟁을 펼칠 것이라는 전망이 나오고 있다. 전 세계 1, 2위 자산운용사인 블랙록(BlackRock)과 뱅가드(Vanguard Group) 등 금융투자회사들은 이미 적극적으로 기후변화를 비롯한 ESG 요소를 반영해 투자 결정을 하고 있다. 투자한 기업의 영업활동이 ESG 요소를 반영해 이뤄지도록 적극적으로 의결권을 행사하는 등 주주 행동을 강화하는 추세다.

이처럼 주요 글로벌 금융사들의 인식 전환으로 ESG 경영은 주요 글로벌 경영 트렌드로 자리 잡았다. ESG 경영은 기업의 평판과 가치를 제고해 자본에 대한 접근성을 높이고 자본비용을 감소시켜 매

그림 2.3 글로벌 ESG 투자 자산 규모

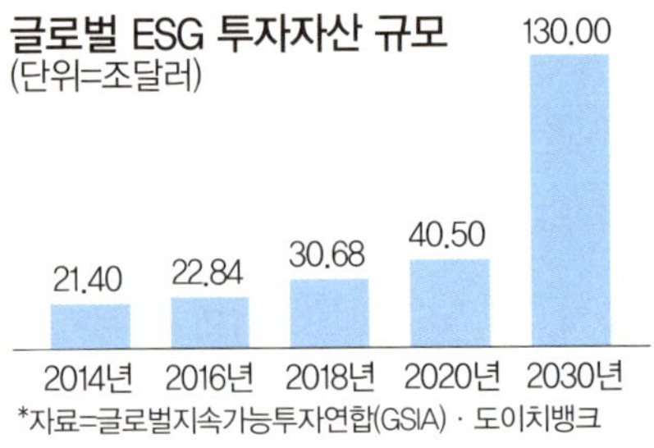

출과 수익 등 재무성과로 이어질 수 있다. 특히 밀레니얼 세대처럼 ESG와 같은 가치에 민감한 소비자의 부상으로 ESG 경영은 평판 리스크 측면에서도 그 중요성이 점점 높아지고 있다고 할 수 있다.

국내의 경우 국민연금 등 연기금을 중심으로 ESG 투자가 이뤄지고 있으며 2018년 27조 2,000억 원에서 2020년 102조 6,000억 원으로 급격한 증가세를 보이고 있다. 국내 ESG 투자는 2018년 말 국민연금이 직접 운용하는 국내 주식 일부를 ESG 투자로 분류하며 27조 원대로 투자 규모가 크게 증가했고, 최근 더욱 가파른 증가세를 보이고 있다.

그렇다면 투자자들이 ESG를 중시하는 방향으로 투자활동을 전환하게 된 중요한 계기는 무엇인가? 여기에는 크게 두 가지 이유가 있다. 첫째, 국제 금융 위기를 계기로 자본주의의 문제점과 금융시장

그림 2.4 국내 연기금의 ESG 투자 규모

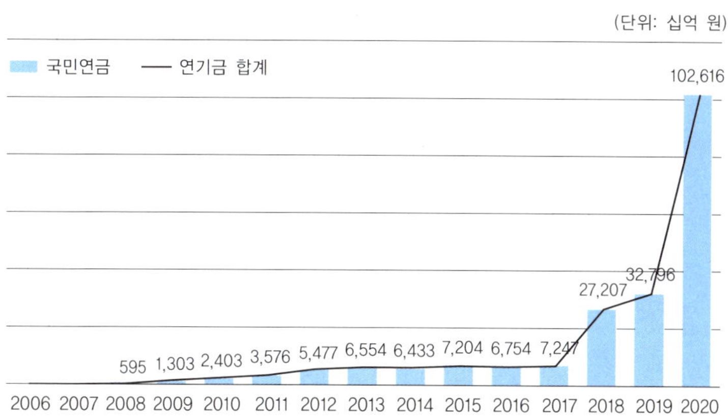

자료: 서스틴베스트(2021)

의 민낯이 드러나면서 투자자들은 현재와 같은 모습의 자본주의는 지속가능하지 않을 것이라는 위기감을 느끼게 되었다. 둘째로, 지구온난화는 ESG 투자에 보다 직접적인 계기를 제공하고 있다. 연금·보험 등 장기투자자들은 수십 년 후에도 연금 및 보험금을 지급해야 하는데, 지구온난화가 지속되면 투자수익률을 올릴 방법이 없다.

이런 이유에서 기관투자자들은 기업들이 ESG 이슈 해결에 앞장서라고 독려와 압박을 가하고 있다. 그들은 자신들의 영향력을 행사하기 위해 경영진과의 대화, 공개서한, 주총에서의 주주 제안, 이사진에 대한 신임 투표 등 다양한 방식을 동원하고 있다. 그들은 환경 문제만이 아니라 다양성과 포용성 등 사회 문제, 기업지배구조 문제 등 기업경영 전반에 관심을 기울이고 있다.

투자자가 수익률을 중시한다는 건 어쩌면 당연하게 들리겠으나, ESG는 이전의 사회책임 투자나 지속가능 투자와는 결이 다르다는 점을 유념해야 한다. ESG라는 용어는 2004년 UN Global Compact가 출간한 리포트인 「Who Cares Wins」에서 처음 사용되었는데, 이 제목이 상징적으로 보여주듯이 기업들이 ESG 문제를 잘 해결하면 장기적 재무성과가 좋아진다는 실증론적 메시지를 던진다. 이런 맥락에서 ESG 투자수익률이 시장 수익률보다 높다는 사실을 보여준 많은 실증 연구들이 이루어졌다.

또한 ESG는 기업이나 투자자에게 ESG를 강요하는 것이 아니라 이것이 당신들에게도 이익이라고 강조한다는 점에서 인센티브 합치성(incentive compatibility)을 추구한다. 연기금 같은 기관투자자들은 지속가능성을 추구하지 않으면 장기적 수익성이 위험하다는 것을 인지하고 ESG에 관심을 갖기 시작했다. 개인투자자들도, 특히 밀레니얼 세대를 중심으로 자신의 자산이 ESG 활동을 잘 해내는 기업에 투자되기를 희망한다. 자산 운용자들 또한 ESG 개선과 높은 수익률을 동시에 달성하는 것이 바람직할 뿐만 아니라 실제로 가능하리라 믿으며 그런 방향으로 투자하는 동시에 기업들의 ESG 경영을 유도한다.

이처럼 ESG 참여자들은 투자자, 자산 운용자, 기업 모두 하기 싫은 일을 억지로 하는 것이 아니라, 자신에게 이롭기 때문에 그렇게 행동한다. 종종 ESG를 '착한 투자자와 선한 기업의 만남'이라고 표현하는 경우가 있는데, 이는 ESG의 본질을 잘못 이해한 것이다. 그보다는 '자기 이익을 챙기는 똑똑한 투자자와 기업의 만남'이라는 표현이 더 정확할 것이다. 이제 점점 많은 투자자가 ESG 경영을 열심히 잘하는 기업에 투자하는 것이 장기적으로 이익이라고 믿기 시작했다. 아직 ESG 투자가 대세라고 말하기에는 이르지만, 여러 측면에서 볼 때 자본시장은 ESG 친화적으로 변화하고 있다. 이는 ESG의 지속가능성에 대한 청신호로 보아도 좋을 것이다.

최근의 ESG 트렌드와 주요 이슈

2022년 초 러시아와 우크라이나 전쟁으로 촉발된 에너지 위기와 글로벌 인플레이션 등은 ESG 확산에도 영향을 미쳤다. 줄어든 투자와 경기 침체를 계기로 ESG에 대한 회의적 목소리가 고개를 들기도 했다. 하지만 ESG 주요 동향을 살펴보면 ESG는 위축되기보다 하나의 공통 규범으로 확고히 자리 잡았음을 알 수 있다. 전 세계가 지속가능한 미래를 위한 기업의 행동을 촉구하고 있다. 2023년에는 EU의 탄소국경조정제도(CBAM)[3] 시범 적용이 시작된다. 국제지속가능성기준위원회(ISSB)·유럽재무보고자문그룹(EFRAG)·미국증권거래위원회(SEC)의 공시표준화·의무화 움직임이 더욱 빨라질 것으로 예상된다.

1. 러·우 전쟁, 에너지 위기 마주한 유럽

2022년 2월 24일 발발한 러시아와 우크라이나 전쟁으로 유럽의 에너지 위기가 확산됐다. 러시아는 노르트스트림 등 유럽으로 향하는 가스 파이프라인 가동을 중단하면서 가스 공급 제한이라는 카드를 꺼내 들었다. 기존 러시아산 가스 의존도가 높은 유럽에서는 황급히 에너지 전환 대책을 펼치며 대응하고 있다. 도시 랜드마크나 관광지의 야간 조명을 끄기 시작했고 건물 옥상에는 태양광 패널이 줄지어 들어섰다. 대부분의 유럽 국가는 건물 내 실내 온도를 섭씨 영상 19도 이상 올리지 않도록 권고하며 급기야는 샤워나 양치할 때 쓰는 물

3 탄소국경조정제도(Carbon Border Adjustment Mechanism, CBAM)는 EU로 수입되는 제품에 포함된 탄소배출량에 EU탄소배출권거래제(EU-ETS) 등과 연동된 탄소 가격을 부과해 징수하는 조치이다. 유럽 Fit for 55 패키지 법안의 일환이다(2021.7.4. 초안 발표, 2022.6.22.수정안 채택).

의 양을 지정하기도 했다.

에너지 위기로 인해 사회적 불안감도 커지고 있다. 에너지 요금을 중심으로 유럽 물가가 급등한 탓이다. 영국 중앙은행이 2022년 10월 밝힌 영국의 9월 소비자 물가 상승률은 40년 이후 최고치를 경신했다. 유럽 곳곳에서는 고물가와 사회 불안정을 탓하는 시위가 벌어지고 있다. 유럽 국가들이 생존을 위해 석탄·석유·액화천연가스(LNG) 등 화석 연료로 다시 돌아가고 있다는 우려의 목소리도 커진다. 특히 탈원전 기조를 굳건하게 유지하던 독일이 올해 말까지 멈추기로 한 원전 가동을 2023년 4월까지 연장한 것이 주목받았다. 독일의 녹색당은 "탈원전 정책 자체가 뒤집힌 것은 아니고 추가적 원전 수명 연장은 없다"고 못 박았지만, 독일 내부에서도 에너지 위기에 대한 적절한 대처인지 목소리가 갈린다. 이번 겨울이 지나고도 에너지 위기가 계속될 것이라는 전망이 이어져 갈등이 고조될 것으로 보인다.

2. 원자력과 천연가스 품은 EU 택소노미

2022년 7월 6일 EU 의회에서 원자력과 천연가스를 친환경 사업 범위에 포함한다는 내용의 택소노미(taxonomy, 녹색 분류체계)를 최종안으로 채택했다. 상반기 EU 택소노미 합의 과정은 번복의 연속이었다. 원전과 천연가스를 과도기 단계로 포함한다고 발표한 지난 2월 EU 집행위원회의 방침과 6월 15일 다시 원자력과 천연가스를 배제한다는 이의를 제기한 합동 회의가 정면충돌했다.

EU 택소노미는 환경·기후 목표에 부합하는 경제활동 목록을 제시해 지속가능한 경제활동 투자(녹색 금융 투자)를 촉진하기 위해 마련됐다. EU 택소노미는 첫째, 하나 이상의 환경목표 달성에 상당한 기여를 할 것. 둘째, 다른 환경목표에 의미 있는 피해를 주지 않을 것(Do No Significant Harm, DNSH). 셋째, 최소한의 사회적 안전 조치(minimum social safeguards)를 준수할 것. 넷째, 기술 선별기준(technical screening criteria)에 부합할 것 등을 잣대로 지속가능한 경제활동을 분류한다.

원자력은 저탄소 에너지지만 DNSH 요건 충족 여부가 불투명하다. 천연가스는 화석 연료 기반의 에너지원이지만 재생에너지의 간헐성, 에너지 위기 상황의 보조 전원 등으로 논의 대상이 됐다.

결과적으로 EU 택소노미는 원자력이 환경이나 건강에 더 위해를 가한다는 과학적 근거가 없다는 쪽의 손을 들어 줬다. 제4세대 원자력 기술 개발, 제3+세대 원전 건설 및 운영, 가동 원전의 계속 운전 등의 경제활동이 택소노미에 최종 포함됐다. 고준위 방사성 폐기물 처분 시설을 2050년까지 운영하기 위한 문서화된 계획, 신규 원전이나 가동 원전 운영 프로젝트에는 2025년 이후 사고 저항성 핵연료(ATF) 기술 적용 등이 조건으로 붙었다.

3. 미국의 IRA 법 시행

유럽이 장악하던 일명 기후 패권이 미국의 인플레이션 감축 법안(IRA)으로 주춤하고 있다. 2022년 8월 조 바이든 대통령의 서명으로

즉시 효력을 얻은 IRA 법은 미국 역사상 가장 크고 중요한 기후 법안이다. IRA의 골자는 7,730억 달러 규모의 정부 예산을 기후변화 대응, 보건 분야 복지 개선, 기업 과세 개편 등에 투입하겠다는 것이다. 에너지 안보 및 기후변화 대응에만 3,690억 달러를 할당했다. IRA는 기존 민주당의 법안인 '더 나은 미국 재건법(BBB)'을 친환경 에너지 육성, 청정연료 사용 자동차산업 지원, 기후변화 대응 등 환경 · 보건 분야에 집중한 버전이다.

미국은 에너지 비용 절감, 에너지 안보 강화, 탈탄소화, 공동체 투자, 회복가능한 교외 공동체 지원 등 5가지 목표를 두고 기후 변화 대응을 약속했다. 이를 통해 배터리·신재생에너지업계는 전반적으로 수혜를 볼 것으로 예측된다. 미국 에너지 전문 연구기관 에너지 이노베이션에 따르면 IRA 법안 시행으로 인해 감축되는 온실가스 배출량은 2030년 최대 11억 5,000만 톤이다. 친환경 산업 투자 확대를 통한 지역 일자리 창출 등 긍정적 효과도 기대된다. 추가적으로 위협적인 중국 기술을 배제하고 유럽 차원의 규제 장악을 막으며 미국의 위치를 공고히 하는 수단도 된다.

미국 · 북미 지역에서 생산한 전기차에만 보조금·세액 공제를 제공하는 등 자국 보호주의 성격이 다분하다는 비판도 있다. 투자기업에 대해 보조금을 지급하는 조건으로 영업비밀 노출, 초과 이익 환수 등 과도한 요구조건을 걸어 동맹국의 불만을 사고 있어 IRA 법 개정의 필요성이 제기되고 있으나 현실적으로 어려울 전망이다. 프랑스와 독일을 비롯한 EU는 IRA 시행에 대한 협상이 제대로 이뤄지지 않으면 '유럽산 보호 조치'를 마련하겠다며 강경 대응을 예고했다.

4. ESG 규범화 가속, 공시제도 의무화

ESG가 법과 제도를 통해 규범화되고, 규제의 영역으로 속속 안착되고 있다. 가장 대표적인 것이 ESG 공시가 의무화되고 있다는 점이다. EU 재무보고 자문그룹(EFRAG)의 기업 지속가능성보고기준(ESRS), 미국 SEC(증권거래위원회)의 기후공시, 글로벌지속가능성기준위원회(ISSB) 등 3가지 공시 기준이 어떻게 최종 적용될지, 또 세 기준이 각각 조화를 이루게 될지도 관심사이다.

MSCI는 "유럽 지속가능성보고기준(ESRS)은 12개 공시항목 영역에서 11개 영역을 완전히 보고하도록 요구한다"며 가장 디테일이 강하다고 했다. 3가지 공시 기준 모두 넷제로 타깃 목표연도의 정보를 공개하도록 요구하지만, 배출범위와 관련해 Scope(스코프) 3에 대한 완전한 공개를 요구하는 것은 ESRS 기준뿐이다.

EU는 2024년 1월부터 공시 의무화가 진행되니 올해부터 공시 준비는 본격 시작되었다고 봐야 한다. 지난해 4월 초안 발표 이후 미 SEC의 기후 위험 공시에 대한 의무규정 소식은 들려오지 않았지만, 승인될 경우 2023년 회계연도부터 적용해야 한다. Scope 3 배출량 공개를 놓고 미국 내 기업에서도 갑론을박이 끊이질 않는 실정이다 보니, 어떻게 결론이 날지도 지켜봐야 할 것 같다. 이제 공시의 카운트다운은 시작됐다. 공시 의무화가 본격화되는 시점에 준비하면 늦다. 지금부터 공시항목을 꼼꼼히 준비하고 대응해야 한다.

5. 보호무역주의와 공급망 실사법

공급망 실사법, 즉 공급망의 인권 실사에 관한 의무화법이 독일은 2023년부터 시행되고, EU 국가들은 2024년부터 시행될 예정이다. 독일 공급망 실사법은 기업이 생산과정에서 공급망의 인권과 환경 등에 악영향을 끼치지 않는지 실사하도록 의무화하는 법안인데, 간접 협력 업체까지 실사 의무에 포함되면서 국내 기업에도 영향을 주는 매우 중요한 법안이다. 주요 내용을 위반할 경우 800만 유로(약 111억 4,000만 원) 또는 연 매출의 최대 2%까지 벌금이 부과되는, 벌금 규정이 상당히 강한 법안이다.

EU도 2022년 2월 공급망 실사 지침에 대한 초안을 발표했는데, 이 초안에 따르면 EU 역내 기업만 1만 2,800개, 역외까지 포함하면 1만 6,800개에 달한다. 이미 애플은 공급망 행동규범을 위반한 협력사와 거래관계를 단절할 수 있다고 명시했다. BMW도 ESG 기준을 충족하지 못한 108개 협력사에 입찰을 제한하고, GE도 고위험 협력사 71곳과 관계를 끊었다.

EU 전체에 공급망 실사 지침이 적용되기까지는 아직 시간이 좀 남아있지만, 워낙 중대한 사안이다 보니 산업부는 수출 중소, 중견기업, 대기업 협력사 등이 공급망 실사로 인해 납품이 지연되지 않도록 컨설팅을 지원하고 자동차와 반도체 등 업종별 대응 가이드라인도 마련하겠다고 밝혔다. 이러한 공급망 ESG 리스크는 결국 미국과 유럽 중심의 보호무역주의를 강화하는 방향으로 진행되고 있어, 국내 기업은 해외 현지에 공장을 세우는 등의 대책 마련이 요구되고 있다.

6. 탄소중립과 탄소 가격 리스크

EU의 탄소국경조정제도(CBAM)가 타결되면서 2026년 본격 시행된다. 이 제도는 결국 EU의 탄소 무역장벽이다. 국내 철강회사가 톤당 2만 원으로 생산한 철강을 유럽에 수출하려면 EU의 탄소 가격(톤당 10만 원까지 치솟음)만큼의 차액을 지불해야 한다. EU가 이렇게 탄소장벽을 세우는 이유는 바로 '탄소중립' 목표를 달성하기 위해서다. 2030년까지 온실가스 배출량을 55% 감축하겠다는 목표, 일명 '핏포55(Fit for 55)'를 위해서다.

EU는 탄소배출권거래제(ETS) 제도를 대대적으로 개편하겠다는 데 합의하기도 했다. ETS 적용을 받는 산업군은 2030년 탄소감축 목표치를 2005년 대비 43%에서 62%로 높여야 하며, ETS 적용 대상도 해상 및 폐기물 분야까지 확대된다. 건물과 도로 또한 배출권 거래제 대상에 포함되면서 ETS II가 만들어지고, ETS의 무상할당이 단계적으로 폐지된다. 2026년 소폭 감축(2.5%)되고, 2030년 48.5%, 2034년 완전히 폐지된다.

규제 탄소시장뿐 아니라 자발적 탄소상쇄시장의 성장이 향후 급격히 커질 것이라는 전망도 나오고 있다. 이러한 탄소장벽의 경우 국내 철강, 시멘트, 알루미늄, 플라스틱 등 상당한 원가 부담으로 작용할 것으로 예상되는 만큼, 사실상 '탄소 전쟁'이 본격적으로 시작되었다고 봐야 할 것이다.

7. EU 27개국, 내연기관차량 판매금지법안 확정

EU는 2035년부터 27개 회원국에서 휘발유 등 내연기관 차량 판매를 금지하는 법안을 확정했다. 2021년 7월 EU 집행위원회가 탄소중립 실천을 위해 2035년부터 내연기관 신차 판매를 금지하는 법안을 제출했고, 이 법안이 관련 업계의 우려 속에서도 2023년 2월 유럽의회와 3월 28일 이사회를 통과하며 법안이 최종 확정되었다. EU 집행위원회가 제정한 법안을 유럽의회는 물론 27개 회원국도 모두 승인하기로 한 것이다.

이 법안은 차량 제조사들이 2035년 이후 판매하는 신차의 탄소 배출량을 100% 감축해야 한다고 규정했다. 사실상 가솔린 디젤 등의 연료를 이용하는 내연기관 차량의 판매가 불가능해진 것이다. 법안에는 2030년까지는 신차 탄소 배출량을 2021년 대비 55% 줄인다는 내용도 담겼다. 승합차는 2030년 기준 신차 탄소 배출량 감축 목표치가 2021년 대비 50%로 상대적으로 조금 낮게 설정됐지만, 2035년부터는 배출량을 제로로 만들어야 한다는 점에서는 차이가 없다.

그런데 이 법안의 확정 과정에서 독일의 강력한 이의제기로 이사회 표결이 한 차례 연기되며, 합성연료를 사용하는 내연차에 대한 예외가 인정됐다. 이것은 전기차 전환으로 독일 자동차산업 내에서 40만 명 이상이 일자리를 잃어버릴 것이라는 우려가 나오는 상황에서 독일이 내놓은 대안인 '합성연료(e-fuel)'를 예외로 받아들인 것이다.

이로써 2035년 이후에도 내연기관 신차가 등록될 수 있는 길이 열렸다. 합성연료는 포집된 이산화탄소와 수소를 결합해 만든다. 내연기관에서 연소될 때 이산화소를 배출하지만 합성연료를 생산하기 위해 포집한 탄소와 배출탄소량이 같기 때문에 결과적으로 탄소중립 연료로 인정한 것이다. 합성연료가 내연기관 생존의 비책이 될지 아니면 과도기적인 연명치료에 불과할지는 아직 불투명하다. 이제 2035년을 목표로 투자와 혁신경쟁이 시작되었다고 볼 수 있다.

8. 순환경제와 플라스틱, 생물다양성 등

순환경제(Circular Economy, CE)는 그다지 새로운 주제도 아니며, 2019년 EU는 'CE 액션플랜'을 발표한 이후 다양한 재활용, 재사용 규제들을 쏟아내고 있다. CE는 2023년에도 EU의 규제 지형도에서 크게 작용할 분야의 하나이다. 대표적인 사례가 2022년 12월 9일(현지 시각) 최종안이 타결돼 2023년 발효될 예정인 EU의 배터리 규정이다. EU 배터리 규정을 보완하는 법률은 최대 32개에 이를 것으로 예상된다. 수집된 모든 기술 정보는 '디지털 배터리 여권'으로 제공되며, 배터리 제조과정의 모든 재료와 부품 출처를 추적할 수 있도록 한다. CE가 중요하게 부각되는 이유는 자원 채굴 남용과 폐기물 등으로 인해 지구의 생태용량에 부하가 걸렸기 때문이다. 플라스틱 규제와 생물다양성 협약이 바로 이러한 이유 때문에 강화되고 있다.

유엔(UN)의 플라스틱 협약이 지난해 연말부터 시작됐는데, 2024년까지 정부 간 협상위원회(INC)를 끝내고 2025년 최종 협약문을 채택하기로 했다. 매우 빠르게 진행되고 있는데, 이 협약이 미칠 영향은 가늠하기 어려울 정도로 클 것으로 예상된다. OECD 정책보고서에 따르면, 플라스틱의 생산, 제품디자인, 폐기물 수거, 폐기물 재활용, 매립 등 폐기물 관리까지 업스트림과 다운스트림까지 커버한다. 플라스틱세(tax) 도입, 재생원료 포함 의무화, 플라스틱 첨가 화학물질 규제 등 국제표준과 관련 인증 절차 도입 등 모두 산업에 큰 영향을 주는 사안이다.

생물다양성에 관한 국제표준과 프레임워크도 속속 개발, 발표되고 있다. TCFD(기후변화에 관한 재무정보공개 태스크포스)를 본떠, TNFD(자연자본에 관한 재무정보공개 태스크포스)가 2023년 3월 최종지침을 발표할 예정이며, '자연자본 프로토콜(Nature Capital Protocol)'은 2023년 대폭 개정될 예정이다. 탄소중립을 위해 과학기반감축 목표 이니셔티브(SBTi)를 통한 온실가스 감축 목표를 세우듯, 생물다양성에 관해서는 'SBTN'을 통해 자연과 물에 관한 과학기반 목표를 확정할 예정이다.

생물다양성 규제가 뜻하는 의미는 무엇일까? 기업이 공장을 짓기 위해서는 도로, 상하수도시설, 전기 등과 같은 사회기반시설, 즉 인프라가 필요하다. 이제 물, 삼림, 생물종, 해양 등의 생태계 서비스도 기업의 비즈니스 활동을 지속가능하게 하는 자연자본이자 인프라라는 것을 기업이 인지해야 한다는 의미다.

이 외에도 그린워싱, 주주 행동주의 강화, 소비자의 변화와 탄소라벨링, 기후테크와 디지털 ESG 혁신 등 앞으로 ESG는 숨 가쁘게 변화할 것으로 보인다. 보호무역주의 강화와 탄소장벽을 통한 선진국의 여러 조치에 적절히 대응하며 사업적인 성과를 이뤄내야 하는 것이 우리 기업들이 당면한 과제다.

세계 주요 기업들의 ESG 경영 활동

현재 세계 주요 기업들의 ESG 경영 활동을 보면 E, S, G 각각의 책임을 다하며 기회 창출을 위해 분주하게 움직이고 있음을 알 수 있다.

1. 환경(Environmental) 분야

에너지 절약, 친환경 제품개발, 탄소배출 저감, 재활용 등을 통해 지속가능한 경영을 추구하고 있다. 애플은 CEO의 주도로 약 11년간 ESG 전략을 추진했다. 먼저 환경측면에서 기후변화 문제 해결에 동참하고 2030년까지 탄소중립을 달성할 것을 약속했다. 2018년 4월부터 100% 재생에너지만으로 운용하고, 애플이 남기는 탄소발자국 중 77%가 공급망에서 발생함에 따라 공급망의 탄소중립 달성을 주요 과제로 정했다. 그리고 이를 위해 2019년에는 95% 이상의 공급업체가 인권보호와 환경보호에 대한 적절한 조치를 시행하도록 요구했다.

마이크로소프트(MS)는 자신의 소프트웨어 역량을 다른 사업들과 융합하여 선한 영향력을 발휘하고 싶어 한다. 이미 10억 달러의 '기후 혁신 펀드(Climate Innovation Fund)'를 조성해 향후 4년간 탄소 제거 기술 개발을 지원하고 있으며, 최근에는 '탄소 네거티브(Carbon Negative)'라는 개념도 들고 나왔다. '탄소 중립(Carbon Neutral)'만으로는 충분치 않으니 배출량 이상으로 흡수량을 늘리자는 것이다.

아마존의 제프 베조스(Jeff Bezos) CEO는 주주 서한을 통해 친환경 기업으로 거듭나겠다는 강력한 의지를 표명했다. 기후협약을 최초로 서명한 회사로, 파리 기후협약을 10년 앞당긴 2040년까지 탄소 배출량을 0으로 만들겠다고 약속했다. 약속 이행을 위해 2022년까지 배송용 차량 1만 대를 전기차로 바꾸고, 2030년까지는 총 10만 대를 업무에 투입하겠다는 계획을 밝혔다.

국내에서는 SK하이닉스가 가장 발 빠르게 움직이고 있다. 지난 2018년 ECO Vision 2022(Environmental & Clean Operation, ECO)를 선언하고 친환경 생산 체계를 갖추기 위한 준비를 시작한 데 이어, 적극적인 탄소 배출량 감축 활동을 통해 지속가능성에 중점을 둔 녹색 경영 모델을 선도적으로 구축해가고 있다. 특히 환경 활동 분야의 주요 목표 중 하나는 2022년까지 2016년 온실가스배출전망(BAU) 대비 40%의 온실가스를 감축하는 것이다. 2020년에는 SK 관계사들과 함께 국내 기업 최초로 RE100에 가입하고, 단계별 이행 로드맵에 따라 재생에너지 사용량을 늘리기 위한 노력도 경주하고 있다.

포스코는 창립 50주년이 되던 2018년에 '더불어 함께 발전하는 기업시민'을 새로운 경영이념으로 선포했다. 이를 바탕으로 ESG 경영을 강화하기 위해 외부 ESG 전문가들로 구성된 '기업시민자문위원회'와 ESG 위원회를 운영하고 있다. 2020년 3월에 2050 탄소중립 목표를 선언하고, 'HyREX'라는 수소환원제철[4] 기술의 완성을 통해 탄

4 수소환원제철은 철광석을 녹이기 위해 사용하는 고로와 전기로의 열·연료를 석탄 대신에 수소로 대체하는 신기술이다. 단계적 실증을 거쳐 2030년 상용화를 목표로 하고 있다.

소배출 제로화를 실현하겠다는 계획을 추진 중이다. 또한 '수소경제를 견인하는 그린수소 선도기업'을 지향하는 비전으로 수소 사업을 신성장 동력으로 추진하고 있으며, 국책연구과제로 CCS 실증사업에도 적극적으로 참여하고 있다. 제철 부산물을 활용해 만든 트리톤(Triton) 어초를 바다에 설치하여 바다숲을 조성하는 사업을 진행하는 등 환경개선, 생물다양성 증진 활동도 추진하고 있다.

2. 사회(Social) 분야

인권 보호, 노동규약 준수, 다양성 존중, 지역사회 활동 등을 통해 사회적가치를 창출하고 있다. 사업이 사회 정의에 부합하는 방식으로 운영되고 있음을 알리는 기업도 늘고 있다. 이런 노력이 사회 분야에서 기업 브랜드 가치를 높이는 데 중요한 요소라는 판단에서다.

반도체 생산을 위한 원자재가 분쟁지역 등 의심스러운 곳을 피해 책임 있게 조달되고 있음을 홍보 중인 엔비디아가 대표적인 사례이다. 실제로 엔비디아는 2020년 IBD ESG 순위에서 1위를 기록할 정도로 ESG 경영 측면에서 좋은 평가를 받고 있는 기업 중 하나다. 그리고 넷플릭스도 다양성과 포용성을 중요하게 생각하고 있으며, 이를 위해 다양한 인종, 성별, 성적 지향, 인종 간 결합 등 다양한 콘텐츠를 제공하고 있다.

언론사 기업 중에는 BBC가 독보적이다. 지속가능한 환경과 다양성·포용성을 위해 노력하고 있다. 프로그램 제작 시 환경영향을 최소화하기 위해 친환경 제작 기준을 만들고, 탄소발자국 계산기를 개발해 적용하고 있다. 또한 '5050 평등 프로젝트'를 통해 모든 출연진과 제작진의 남녀 성비를 같게 하는 노력을 진행 중이며, 전체 직원의 20%를 소수 인종으로, 12%를 장애인으로 고용하겠다는 목표를 제시하고 운영하고 있다.

SK하이닉스도 사회 분야에서 트렌드를 선도하고 있는 기업 중 하나다. 고객, 주주, 협력사까지 이해관계자 범위를 넓혀 함께 행복을 추구하는 DBL(Double Bottom Line, 사회적 가치와 경제적 가치 동시 추구) 경영철학을 근간으로, 폭넓은 사회공헌 활동을 펼쳐왔다. 지역사회의 어려운 이웃을 돌보는 데에도 많은 노력을 기울여왔다. 독거 어르신을 위한 인공지능(AI) 스피커 '실버프렌드' 무상 지원, 치매 어르신과 발달장애 아동을 위한 위치추적 기반 배회감지기 '행복GPS' 보급, 코로나19로 신음하는 지역사회 곳곳에서 지원 활동을 펼치는 '사회안전망(Safety Net) 구축' 사업 등을 통해 꾸준히 보폭을 넓히고 있다.

3. 지배구조(Governance) 분야

이사회 구성, 윤리적 책임, 투명성, 지속가능한 경영 등을 강조하고 있다. 특히 기업지배구조 선진화를 위한 방안의 하나로 2000년대 초반부터 논의되어 오던 '여성이사쿼터제'가 최근에는 기업의 ESG 활동성과 평가 기준으로까지 범위가 확대되고 있다. 2018년 블랙록은 여성 이사가 2명 미만인 기업에는 투자하지 않겠다고 선언했으며, 2020년 1월 골드만삭스도 다양성을 충족하는 이사가 없는 기업에 대해서는 기업공개(IPO) 업무를 맡기지 않겠다고 밝혔다. 또한

BLM(Back Live Matter, 흑인의 생명도 중요하다) 운동을 계기로 다양성은 성별에서 인종 관점으로도 확산됐다.

이런 추세에 맞춰 유리천장을 뚫는 여성 고위 임원이 여럿 탄생했다. 시티그룹은 월가에서 최초로 여성인 제인 프레이저(Jane Fraser)를 시티은행장의 차기 CEO로 지명했고, MSNBC는 케이블 뉴스 업계에서 처음으로 흑인 여성인 러시다 존스(Rashida Jones)를 차기 회장에 선임했다. 미국 나스닥(NASDAQ)도 성별, 인종 등 다양성을 상징하는 이사를 상장기업에 요구하기 시작했다. 미국 증권거래위원회(SEC)가 새 가이드라인을 승인할 경우 3,300여 개에 달하는 상장기업에 적지 않은 변화가 예상된다.

국내에서도 2019년 자본시장법 개정을 통해 자산총액 2조 원 이상 상장기업을 대상으로 '여성이사쿼터제'를 운영하여 이사 중 1명 이상을 다른 성별로 선임하도록 하고 있다.

불확실성의 시대지만, 그만큼 미래는 가능성으로 가득 차 있다. 그리고 그 미래는 적극적으로 ESG 이슈를 선점하고 해결하는 기업에게 기회로 다가갈 것이다. 이러한 ESG 경영을 실천하는 기업들은 고객, 투자자, 사회 등 이해관계자들의 신뢰를 얻을 수 있으며, 장기적으로는 경쟁력을 강화할 수 있다. 또한 ESG 투자도 큰 폭으로 증가하고 있어 기업들은 ESG 경영을 실천하여 투자자들로부터 높은 평가를 받고자 노력하고 있다.

우리 정부와 기업의 대응 방향

한편으로 러시아와 우크라이나 전쟁으로 비롯된 에너지 위기와 글로벌 인플레이션 등 복합적인 경기 침체가 ESG 확산에 영향을 미치는 기류도 있다. '당장의 생존 자체가 위협받는 상황에서는 아무리 대의명분이 있는 정책과 전략도 소용없다'며 ESG를 회의적으로 바라보기도 하고 비판론이 등장하기도 한다.

그러나 앞서 ESG 주요 동향에서도 살펴보았듯이 ESG는 위축되기보다는 국제적인 공통 규범으로 확고히 자리 잡았음을 알 수 있다. 그리고 기업의 경영이나 투자에도 ESG가 다음과 같은 이유로 주요 담론으로 자리 잡을 것은 분명하다.

첫째, 저탄소 국제사회로의 진전은 예정된 미래인 까닭이다. 2022년 6월 기준으로 이미 세계 136개 국가들이 국제사회에 탄소중립을 공식 선언했고 이 중 66개국은 탄소중립 목표연도를 설정한 바 있다.

둘째, SNS 등 다양한 테크놀로지와 플랫폼의 발전과 확산으로 인해 이제 이해관계자와 지역사회에 대한 기업의 대응 필요성은 더 말할 나위 없이 중요해졌다.

셋째, 기업가치 형성에 있어서 무형자산이 차지하는 비중은 유형자산의 비중을 훨씬 상회한다. 예컨대 S&P500 기업에 있어서 무형자산은 기업가치의 약 90%를 차지하고 있다. 그리고 이 무형자산과 비재무적 요소들은 ESG 요소들과 매우 긴밀한 관련을 맺고 있다. 기업가치의 90%를 차지하는 비재무적 부분에 대한 경영계와 투자업계의 관심이 지속되는 것은 당연하다.

따라서 우리 정부와 기업 및 투자업계는 앞으로 예상되는 ESG 조정기 혹은 속도 조절의 국면에서 시간적 여유를 갖고 차분히 미래를 준비해 나갈 필요가 있다. 무엇보다 기업과 금융기관들은 곧 다가올 의무적 ESG 정보 공개에 대비해 각자의 ESG 정책 수립, 관련 프로그램 고도화 및 데이터의 정합성을 제고하고 그것을 통합, 정리할 필요가 있다.

한편 기업은 공급망상의 인권경영 수준이나 작업장 안전 문제 등에 더욱 관심을 기울여야 한다. 그리고 '에너지 전환'은 중장기적 관점에서 피할 수 없는 선택지이다. 정부나 기업에서는 RE100 등 저탄소 에너지로 전환할 수 있는 노력과 인프라 마련에 나서고 이를 중장기 로드맵과 스케줄에 따라 지속적으로 추진해야 한다.

특히, 기업 입장에서 ESG 경영을 어떤 관점에서 바라보느냐, 그리고 ESG 경영의 방향과 목표를 어떻게 정하느냐 하는 것은 매우 중요하다. ESG 경영의 핵심은 착한기업 만들기가 아니라 장기적으로 발생가능한 리스크를 잘 관리하면서 안정적인 수익을 창출하는 기업을 만드는 것이다. 사회변화에 따라 향후 기업활동에서는 환경(E), 사회(S), 지배구조(G)에서 위기가 발생할 가능성이 높다고 판단, 이에 대응하기 위해 ESG 경영이 등장하였다는 사실을 잊어서는 안 된다. 근본적으로 ESG 경영은 리스크 관리이며, 리스크가 변화하면 여기에 맞춰 대응하는 것이다.

에너지와 원자재의 가격상승은 에너지와 원료 소비를 줄이고 효율성을 높이는 방향으로 대응해야 한다. 이 과정에서 자연스럽게 온실가스와 오염물질 배출이 줄어들어 환경(E)문제도 개선될 것이다. MZ세대로 대표되는 다양한 기업 구성원들의 요구를 반영하는 것 역시 당연하며, 이것은 본질적으로 사회(S)에 해당한다. 기업의 인수합병 및 분할 과정에서 대주주와 소액주주 간의 권리 차이를 해소하는 것 역시 당연히 추구해야 하는 방향이며 이것은 결국 기업의 지배구조(G)와 연결된다.

만약 이러한 활동을 제대로 하지 못한다면 원가 상승으로 인한 경영상 어려움과 더불어 사회적 지탄 및 제도적 제재 대상이 될 가능성이 있다. 따라서 이를 효과적으로 관리하고 대처할 필요가 있으며, 이것이 ESG 경영의 핵심이다. 기업과 사회가 어느 방향으로 가고 있는지, 그리고 무엇을 대비하면서 지속적인 수익을 창출해야 하는지를 먼저 고민하는 것이 ESG 경영의 기본이고 본질이다. 기업의 최대 목표와 과제는 생존이며, ESG는 기업이 고민해야 할 주요 리스크라는 점을 기억한다면 ESG 경영의 방향과 목표는 더욱 명확하고 분명해질 것이다.

03 디지털 전환 시대의 ESG 경영

ESG DX[5]의 개념

ESG는 크게 투자자 관점에서 기업활동 내용을 수집·분석해 등급을 매기는 ESG 평가와 기업 입장에서 회사 가치를 높이기 위해 수행하는 ESG 경영 활동으로 구분될 수 있다. 그런데 최근 들어 이 두 분야에서 ICT 기술을 도입해 활용하려는 움직임이 두드러지고 있다. ESG 평가에서는 나날이 늘어가는 방대한 양의 ESG 데이터를 수집·처리하고 이들 데이터 간의 상호 연관성을 정확히 분석하기 위해 AI, 클라우드를 활용한다.

ESG 평가에 있어 가장 어려운 점은 정보의 업데이트이다. 사람의 손으로 일일이 정보를 찾고 분석해 결과를 내는 데에만 보통 수개월 정도의 많은 시간이 걸리는데, 여기서 발생하는 시간 간극은 ESG 평

5 ESG DX는 김재필, ESG 혁명이 온다, 한스미디어(2021)에서 사용한 용어를 인용한다.

가의 신뢰성에 영향을 미친다. 따라서 기업의 최신 정보를 실시간으로 반영하고 여기서 발생하는 막대한 양의 데이터를 처리하기 위해 AI를 평가에 도입하는 기관들이 늘고 있다.

ESG 활동 중에서도 주로 환경(E), 사회(S) 항목에서 ICT 도입이 활발하여 ESG의 디지털 포메이션(Digital Formation, DX)이 주목받고 있다. ICT와 ESG를 결합한 ESG DX의 개념은 〈그림 2.5〉와 같다.

이처럼 ESG와 관련된 활동들에 ICT를 접목시켜 업무의 효율성을 높이는 동시에 결과에 대한 객관성과 정확성, 신뢰 및 투명성을 높이는 것이 ESG DX(Digital Transformation), 즉 디지털 ESG 경영이다.

DX는 2004년에 발표된 개념으로, 원래는 '디지털 기술을 생활에 침투시킴으로써 생활을 더욱 풍요롭게 만드는 것'이라는 의미를 담고 있다. 이 개념은 2016년 4차 산업혁명이 등장하면서부터 확산되었으며 AI, 5G, IoT, 클라우드 등 ICT 기술을 통한 산업의 '디지털

그림 2.5 ICT와 ESG를 결합한 ESG DX의 개념

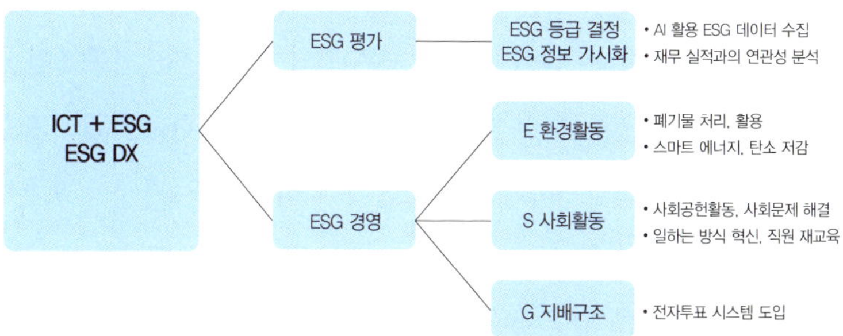

전환'을 일컫는 말로 통용되었다.

ESG DX도 평가에서 경영에 이르는 전반적인 ESG 활동에 있어서 ICT 도입을 통해 모든 ESG 정보들을 데이터로 관리하고 기존 ESG 경영에서 수행하기 어려웠던 활동들을 ICT 도입으로 해결하는 등 혁신적인 '디지털 전환'을 꾀하고 있다.

환경보호에서 사회공헌까지의 ESG DX

글로벌 ESG 평가기관이 평가한 ESG 등급을 보면 상위권에 ICT 기업이 대거 편입돼 있음을 알 수 있다. MSCI 등급을 예로 보면 가장 상위권인 AAA에 마이크로소프트, 엔비디아, 세일즈포스닷컴 등이 있고, AA에는 구글, A는 애플과 테슬라 등이 있다. ICT 기업들이 ESG 평가에서 높은 등급을 받는 이유는 몇 가지가 있는데, 우선 이 기업들이 제공하는 제품이나 서비스 자체가 기존 제조업체들만이 만드는 제품과 속성이 달라 탄소를 배출하거나 환경을 오염시킬 일이 적기 때문이다. 대신 서버 운영 등에서의 전력 소비가 크기 때문에 에너지와 관련해서는 다른 기업들보다 더 많은 친환경 노력이 요구된다.

조직문화 및 일하는 방식에서도 높은 평가를 받는다. 전통적인 기업들보다 상대적으로 수평적이면서 다양성을 존중하고, 운영 또한 투명하기 때문이다. 또 하나 ICT 기업이 유리한 점은 자사가 보유한 ICT 역량을 ESG 활동에 우선적으로 도입할 수 있다는 점이다. AI, IoT, 클라우드 등과 같은 혁신적인 ICT 기술들을 친환경 에너지, 수

자원 보호 등의 환경보존 활동에서부터 조직 내 인사 및 업무 프로세스 개선에 이르기까지 폭넓게 도입하면 기업가치 향상 및 실적 개선도 가능하다.

MSCI의 ESG 주요 이슈를 살펴보면 ICT를 적용시킬 수 있는 부분들이 많음을 알 수 있다. 탄소배출, 유해 물질 배출, 전력 낭비, 클린

그림 2.6 MSCI ESG 평가 요소 중 ICT 적용 가능 이슈들을 도출

3필라	10테마	37 ESG 키 이슈	
환경 (Environmental)	기후변화	탄소배출	친환경 파이낸싱
		탄소발자국	직접투자
			기후변화 취약성
	천연자원	물 부족	전력 낭비
		생물다양성&부지 사용	
	오염&낭비	유독성 물질 배출	전력 낭비
		패키징 원자재	
	친환경 기회	클린테크 기회	신재생에너지 기회
		그린빌딩 기회	
사회 (Social)	인적자본	노무관리	인적자본 개발
		건강&안전	공급망 노동자 표준
	제조물 책임법	제품 안정성&퀄리티	개인정보&데이터 보안성
		화학제품 안정성	책임투자
		금융상품 안정성	건강&인구구조 위험
	주주항의	논쟁의 원천	
	사회적 기회	커뮤니케이션 접근성	헬스케어 접근
		금융에 대한 접근성	영양&건강 기회
지배 (Governance)	기업 지배 구조	이사회	오너십
		지불	회계
	기업 행태	기업 윤리	부정부패&불안정성
		비경쟁 요소	금융시스템 불안성
		세금 투명성	

ESG 요소에 ICT를 적용

출처: MSCI, 재작성

테크, 그린빌딩 등 환경(E) 분야에서는 오래전부터 '그린 IT'라고 하여 ICT를 활용해 환경을 깨끗하게 하려는 활동들이 추진돼왔다. 최근에는 AI나 로봇 등을 활용해 폐기물을 처리하고 에너지를 관리하는 등 활용 범위가 점점 확대되고 있다. 사회(S) 분야에서는 직원들의 건강, 노무관리를 비롯해 제품생산 과정에서의 안정성과 유해성 관리, 개인 정보 보호, 그리고 지역사회의 발전을 돕는 사회공헌 활동 등에서 ICT가 큰 역할을 할 수 있다. 이렇게 자사의 ESG 활동에 ICT를 적극적으로 도입하고 있는 기업이 바로 ESG 평가에서 최상위 등급 평가를 받은 마이크로소프트이다.

ESG DX로 새로운 가치를 창출하는 기업들

마이크로소프트(MS)가 ESG 평가에서 높은 등급을 받는 이유는 적극적인 ESG 활동 때문인데, 특히 자사의 ICT 역량을 이용한 환경 분야에서의 활동이 독보적이다. 2020년 9월, MS는 소비하는 물의 양보다 더 많은 물을 보충하기 위한 물 보존 정책, '워터 포지티브(Water Positive)'를 발표해 눈길을 끌었다. 매년 사용할 수 있는 담수의 공급량은 4조 3,000억m^3 비율로 고갈되고 있는데, 이러한 물 부족 사태를 해결하기 위해 MS는 2030년까지 글로벌 지역의 자사 캠퍼스에서 사용하는 물의 사용량을 줄이고, 물 재활용 시스템을 통해 재생수를 보급하는 '워터 포지티브'를 추진하겠다고 한 것이다.

MS의 실리콘밸리 캠퍼스의 모든 잡용수는 빗물 수집 시스템과 폐기물 처리 공장을 통해 재활용 자원에서만 나온다. 이러한 통합 물 관리 시스템으로 매년 430만 갤런의 물을 절약할 수 있다. 이스라엘 헤르츨리야(Herzliya)에 위치한 캠퍼스는 효율적인 배관 설비를 구축해 물 보존량을 약 35% 늘리도록 했다. 에어컨에서 배출된 모든 물은 식물에 재사용해 물 사용량을 줄인다. 또한 기존 전기 발전 대신 태양광 업체 퍼스트 솔라(First Solar)와 제휴해 태양광발전을 이용해 연간 3억 5,000만 리터 이상의 물을 절감할 계획이다.

만약 ICT를 활용하지 않고 수자원을 보호한다고 하면 어떠했을까? 대개는 물 적게 쓰기 캠페인 등을 통해 일상생활 속에서 물 낭비를 하지 않도록 하고, 회사 내에서도 물 사용을 자제하는 지침을 마련하는 등 물 부족 현상을 실감하고 절약하는 방향으로 유도했을 것이다. 이러한 활동도 의미 있고 필요하다. 하지만 MS는 한 걸음 더 나아가 자사의 클라우드 서비스 애저(Azure)의 '현실 인지 엔진(Perception Reality Engine)'이라는 ICT 역량을 활용해 수자원을 관리하고 물 부족 사태를 원천적으로 방지해 물도 보호하면서 이용 시에도 부족함을 느끼지 못하도록 했다. 이런 점에서 MS는 타사와의 차별성을 획득했고, ESG 등급에서 높은 평가를 받을 수 있었다.

구글, 아마존, 애플 등 AI 기술 개발을 주도하고 있는 빅테크 기업들도 탄소 제로를 선언했다. 특히 ICT 기업들이 이용하는 데이터센터는 전 세계 탄소배출의 3.6%를 차지하고 있는데, 구글의 CEO 순다 피차이는 2030년까지 모든 데이터센터와 사무실에서 온실가스를 배출하지 않겠다고 선언했다. 아마존 CEO 제프 베조스도 2040

년까지 탄소 제로를 실현하겠다고 동참했다. MS도 클라우드 사용량에 따른 탄소 배출량을 확인할 수 있도록 '지속가능성 계산기(Sustainability calculator)'라는 서비스를 공개하면서 2025년까지 클라우드 데이터센터를 100% 재생에너지로 가동하겠다고 밝혔다.

ICT는 사회공헌 활동에서도 활용된다. MS는 인구 증가에 따른 식량 수요 증가 문제를 해결하고 지속가능한 농업환경을 위해 농부의 지식과 경험에 기반한 데이터를 기반으로 농가의 생산성을 높이는 동시에 생산비용을 줄일 방안도 모색했다. 최근 들어서는 지역의 특성을 살린 맞춤형 사회공헌 활동이 늘고 있다. 특히 ICT를 이용해서 단발적 지원이 아닌 지속적인 가치창출에 초점을 맞추어 지역사회 발전에 공헌하는 추세이다.

대표적인 사례가 스마트팜이다. 지능형 농장이라고도 하는 스마트팜은 비닐하우스·유리온실·축사 등에 ICT를 접목해 '시간과 공간의 제약 없이' 원격 및 자동으로 작물과 가축의 생육 환경을 적정하게 유지·관리할 수 있다. 농장의 DX화를 통해 농업 종사자들의 수고를 덜어줌과 동시에 고부가가치를 높일 수 있다는 점에서 지역사회에서도 도입이 늘고 있다.

최근에는 데이터 농업이라고 하여 농작물과 동물을 키우는 데 필요한 날씨 정보, 종자와 농약 정보, 각종 기자재 정보, 농업 지식 서비스, 유통 정보 등 다양한 데이터들을 IoT 센서와 AI, 스마트 디바이스 등을 통해 통합 관리할 수 있다. 특히 초보자들도 쉽게 농사를 지을 수 있도록 귀농 서비스도 지원하고 있어, 농사 경험이 없는 초보 농부들에게 스마트팜 시설과 관련 정보를 제공하고 판매까지 대행해준다. 이는 농촌으로의 인구 유입 증가로 이어져 지역사회 활성화에 도움이 될 것이다. 예전에는 주로 지자체의 주도로 스마트팜 서비스가 제공되었는데, 이제는 기업들이 사회공헌 활동의 일환으로 직접 나서서 자사의 역량과 접목시켜 서비스를 제공하는 움직임을 보이고 있다.

사회공헌 활동과 관련한 또 다른 움직임은 지역사회 니즈 및 특성을 고려해 지역사회 인프라를 DX화하여 가치를 창출한다는 점이다. 기존의 사회공헌 활동은 요양원을 방문해 봉사 활동을 하거나 김장을 도와주는 등 시설 단위나 개인 단위로 이루어져 일회성에 그치는 것이 대부분이었다. 하지만 최근에는 지역사회별로 안고 있는 문제나 니즈를 파악하고 각 지역의 특성을 고려한 맞춤형 사회공헌 활동을 전개한다. 일회성으로 그치는 것이 아닌 인프라의 DX화를 통해 지역사회의 가치를 높이고 주민들의 편의성을 높이는 데 초점을 맞추는 것이다.

EU를 중심으로 시도되고 있는 순환경제 구현의 ESG DX

ESG 경영은 리스크 회피를 위한 수비적인 측면뿐 아니라 이를 새로운 사업 기회로 활용하기 위한 전략적인 측면도 강조되고 있다. 흥미로운 점은 여기에 최신 경영 트렌드인 ICT 기술 기반의 DX가 접목되고 있다는 것이다. 2020년 EU는 기후 중립화 및 디지털화 가속을 통해 EU의 산업 경쟁력을 강화하고 글로벌 역량을 확보하겠다는 신산업 전략을 발표한 바 있다. 여기에는 자원 순환 촉진을 위한 이니셔티브인 '3R(Reduce, Reuse, Recycle)'을 성장전략으로 승화시킨 '순환 경제(Circular Economy, CE)[6]'가 그 중심에 놓여 있다.

EU는 CE가 디자인부터 생산, 사용, 폐기과정에서 탄소 배출량과 폐기물을 줄이고 생산비용을 낮추는 데 주도적인 역할을 할 수 있을 것이라고 강조하고 있다. 그뿐만 아니라 소비자가 제품의 내구성, 재사용 및 수리 가능 여부에 관한 정보를 받아볼 수 있게 하는 등의 다양한 활동을 통해 2030년까지 EU 전역에서 70만 개의 새로운 일자리를 창출할 수 있을 것으로 전망하고 있다.

EU는 이러한 CE를 가능하게 하는 엔진이자 촉매로 DX가 큰 역할을 할 것으로 기대하면서, 그린 딜(European Green Deal)[7]의 구체적인 행동계획의 중추에 디지털 전략을 놓아두었다. DX는 데이터의 힘으로 종래의 업무 방식을 혁신하는 것이다. EU는 디지털과 순환이라는 두 가지 변화(Transformation)를 톱니바퀴처럼 맞물리도록 해, 여기서 창출되는 시너지로 그린 딜을 완수하겠다는 큰 그림을 그리

6 순환경제란 자원절약과 재활용을 통해 지속가능성을 추구하는 친환경 경제모델을 말한다. CE는 자원채취–대량생산–소비–폐기의 기존 선형적(linear) 경제구조를 벗어나 단계별 관리와 재생을 통해 자원을 재활용하는 지속적 경제구조이다. 최근 유럽을 중심으로 세계 곳곳으로 확산되고 있다.

7 그린 딜(Green Deal)은 환경과 사람이 중심이 되는 지속가능한 발전을 뜻한다. 기후변화, 에너지, 산업, 건물, 수송, 농업, 생물다양성, 환경 등 8가지 분야를 선정하고 2050년까지 유럽 대륙을 기후 중립(Climate Neutral) 지역으로 만드는 것을 골자로 하는 EU의 친환경 정책이다

고 있다.

CE에서는 원자재가 폐기되기 전까지 기획(Design), 생산(Production), 소비(Use/Consumption), 재생(Reuse, Repair, Re-manufacturing), 재활용(Recycle)의 단계로 순환되는데, 데이터 기반 디지털 솔루션은 CE의 각 단계를 개선하고 그 자체가 새로운 순환을 하도록 만든다. 정보를 축적 · 교환하고, 파트너십을 촉진하며, 밸류체인상에서의 정보 소통을 원활하게 하는 '지식 · 연결 · 공유 비즈니스 모델'로 제품과 프로세스를 더 순환시킬 수 있게 한 것이다. 디지털로 고객 기반을 확장하고, 인재를 포함한 경영 자원을 자산화하며, 오픈 이노베이션(Open Innovation)을 포함한 파트너십을 통해 새로운 가치를 창출하는 일. 모두 각 단계의 순환에 필수적인 활동이다.

디지털 ESG 경영의 발전방향

디지털 ESG 경영(ESG DX)은 기업의 지속가능한 경영을 위해 필수적인 전략 중 하나이다. 분야별 디지털 ESG 경영의 발전 방향에 대해 알아본다.

1. 환경 분야

기업은 지속가능한 경영을 위해 친환경적인 제품 및 서비스를 개발하고 생산하고 있다. 이러한 노력을 지속하기 위해서는 ICT 기술을 활용해 더욱 효율적으로 환경친화적 제품 및 서비스를 개발하고 생산할 필요가 있다. 또한, 에너지 절약 및 폐기물 처리 등의 과정에서도 ICT 기술을 활용하여 환경문제를 해결할 수 있다.

2. 사회 분야

ESG 경영에서 사회적책임은 중요한 요소이다. ESG DX를 통해 기업은 사회 문제를 해결하는 솔루션을 개발하고 지원할 수 있다. 또한, 다양한 사회단체와 협력하여 사회 문제를 함께 해결하고 지속가능한 사회적 가치창출을 추구할 수 있다. 이러한 노력을 통해 기업의 사회적책임과 지속가능성을 보장할 수 있다.

3. 지배구조 분야

ESG DX는 기업의 지배구조를 향상하는 데도 큰 역할을 한다. ICT 기술을 활용하여 투명하고 효율적인 의사결정 및 경영 프로세스를 구축하고, 적극적인 내부통제를 통해 부정행위를 예방할 수 있다. 또한, 다양한 이해관계자와의 커뮤니케이션을 통해 투명한 경영 환경을 조성할 수 있다.

4. 데이터 활용 분야

ESG DX는 기업의 데이터 활용 능력을 향상하는 데도 중요한 역할을 한다. 기업은 ICT 기술을 활용하여 다양한 데이터를 수집하고 분석하여 비즈니스 의사결정에 활용할 수 있다. 이를 통해 기업은 더욱 정확하고 신속한 의사결정을 내릴 수 있으며, 비즈니스 모델을 개선하고 새로운 사업 기회를 발굴할 수 있다. 또한, 기업은 데이터 보안과 프라이버시 보호를 강화하여 이를 기업의 경영 방침에 반영할 수 있다.

5. 혁신적인 비즈니스 모델 분야

ESG DX는 기업의 비즈니스 모델을 혁신적으로 개선할 기회를 제공한다. ICT 기술을 활용하여 새로운 제품이나 서비스를 개발하고, 기존 제품이나 서비스의 효율성을 높일 수 있다. 이를 통해 새로운 시장을 개척하거나 경쟁력을 강화할 수 있다.

6. 고객 경험 분야

ESG DX는 기업의 고객 경험을 개선하는 데도 큰 역할을 한다. 기업은 ICT 기술을 활용하여 고객과의 상호작용을 개선하고, 개인 맞춤형 서비스를 제공할 수 있다. 이를 통해 기업은 고객 충성도를 높이고, 새로운 고객을 유치할 수 있다.

7. 인재 관리 분야

ESG DX는 인재 관리를 개선하는 데도 큰 역할을 한다. 기업은 ICT 기술을 활용하여 인재를 모집하고, 교육 및 개발 프로그램을 개선할 수 있다. 또한, ICT 기술을 활용하여 조직 내부의 협업과 커뮤니케이션을 강화할 수 있다.

종합적으로, ESG DX는 기업의 지속가능성과 사회적책임을 보장하는 데 매우 중요한 역할을 한다. ICT 기술을 활용하여 환경, 사회, 지배구조, 데이터 활용, 혁신적인 비즈니스 모델, 고객 경험, 인재관리 등 다양한 분야에서 경영 방향을 발전시켜 나가는 것이 필요하다. 특히, 기업은 ESG 경영을 위한 ICT 기술 활용에 대한 전략을 세우고, 이를 실행할 수 있는 인력과 시스템을 갖추어야 한다. 기업은 보안과 프라이버시를 보장하는 시스템을 구축하고, 민감한 정보를 적절하게 관리하며, 이를 통해 기업과 이해관계자들 모두가 혜택을 누릴 수 있도록 해야 한다. 그리고 ICT 기술을 활용하여 ESG 경영의 성과를 측정하고 평가하는 방법을 개발해야 한다. 이를 통해 기업은 ESG 경영의 성과를 이해하고, 더 나은 경영 방향을 제시할 수 있다.

디지털 전환 시대에서 ESG 경영의 발전 방향은 다양한 분야에서 ICT 기술을 활용하여 지속가능한 경영을 추진하는 것이 필요하다. 이를 위해서는 전략적인 관점에서 ICT 기술을 활용할 수 있는 인력과 시스템을 구축하고, 이를 통해 ESG 경영의 성과를 측정하고 평가하는 방법을 개발해야 한다. 또한, 이해관계자들과의 소통과 협력을 강화하여 ESG 경영을 추진하고, 이를 통해 더 나은 가치를 창출할 수 있도록 해야 한다.

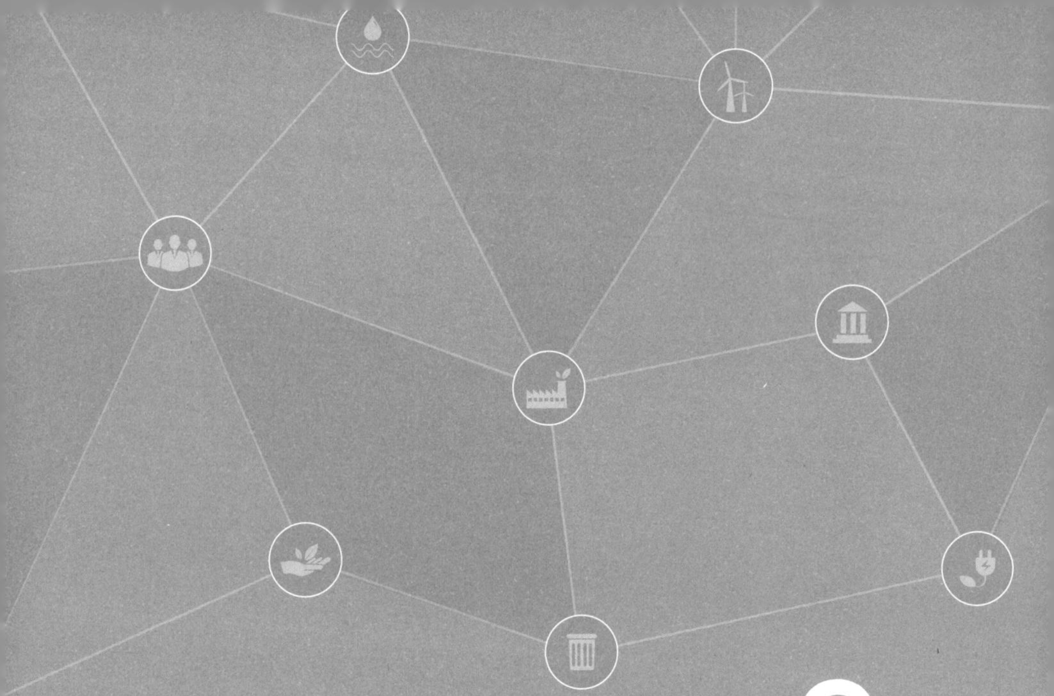

3장

ESG 경영 기반 가치창출 전략

2020년대에 들어서면서 코로나19가 확산되어 팬데믹(pandemic) 현상이 일어났다. 이는 사람들 간에 물리적으로 거리를 두는 사회적 거리두기(social distancing)로 이어져 디지털 기반 온라인교육과 원격근무, 디지털헬스 등 비대면 기술(untact technology)의 발전을 촉구했다. 한편 기업들에게는 경영위기인 동시에 기회가 되었다. 기업들은 새로운 산업시장의 요구와 맞물려 등장한 사물인터넷, 빅데이터, 기계학습, 인공지능, 클라우드 컴퓨팅(cloud computing), 증강현실, 가상현실 등과 함께 스마트 홈(smart home), 스마트 팩토리(smart factory), 메타버스(metaverse)에 이르기까지 다양한 형태의 디지털 기술을 개발하고 시험하여 디지털 문명시대를 열고 있다.

이러한 4차 산업혁명(fourth industrial revolution)이라는 대변혁의 시기에 러시아가 국경을 맞댄 이웃 우크라이나와의 전쟁을 시작했다. 이 전쟁은 21세기 유럽 국가 간의 긴 전쟁으로 번져 에너지와 식료품 가격 안정에 상당한 악영향을 미치고 있으며, 미국 주도하에 실시되려던 국제질서 재편과 맞물려 자국의 핵심 광물(리튬, 니켈, 코발트 등)과 산업을 보호하려는 경향이 더욱 강화되었다. 이 때문에 관세 철폐와 자유무역을 중시해오던 분위기는 점점 힘을 잃어가는 추세이다.

한국 역시, 수출 중심의 세계 10대 경제 강국으로서 공급망 재편과 같은 국제경제 환경에 크게 영향을 받지 않을 수 없다. 또한 국내 문제인 에너지다소비형 산업구조뿐만 아니라 가파른 출산율 저하, 고령화 사회에 따른 생산 가능 인구감소, 노동문제와 같은 범사회적 이슈까지 고려해야 하므로 다차원적이고 유연한 대응이 필요하다.

이러한 대변혁과 요동치는 국제정세에 더해 전 세계가 기상이변(extreme weather)으로 가뭄, 사막화와 같은 자연재해, 난민 문제 등 어려움에 직면해 있다. 국가들마다 기후변화 대응과 적응이 절박한 시점이다. 우리나라도 예외는 아니므로 본 3장에서는 기후변화 대응, 품질경영과 디지털 기술, 글로벌 공급망의 재편, 협력사 상생전략을 통한 가치창출, 그리고 ESG 경영으로부터의 가치창출에 대해 각각 정리해 보기로 한다.

01 기후변화 대응

1차 산업혁명의 초기에는 아무도 화석연료(fossil fuels)의 연소가 기후에 즉각적으로 영향을 미칠 것으로 생각하지 않았을 것이다. 하지만 그 당시의 생각과 다르게 1830년대부터 일부 지역(열대 해양 및 북극 지방)에서 온난화 현상이 발생한 것으로 연구되었다. 이는 곧 인간의 활동이 기후에 영향을 미치기 시작했음을 시사한다고 볼 수 있다.

이처럼 지구상에서 인간의 활동에 필요한 석탄, 석유, 천연가스 등과 같은 화석연료의 사용 증가는 지구 주위를 보온재로 휘감은 것처럼 대기 중의 열을 차단하여 온도를 올리는 온실효과(greenhouse effect)를 유발했으며, 지구온난화(global warming)와 기후변화(climate change)를 일으켰다.

기후변화는 지구 표면의 평균 온도 상승을 넘어서 장기적 변화에 초점이 맞추어지며, 특히 날씨 패턴의 예측성을 흐리게 하고, 생물과 생물다양성(biodiversity)을 지탱하고 있는 생태계의 균형에 심각한 영향(강력한 허리케인, 홍수, 폭염, 가뭄, 해수면 상승 등)을 미친다.

온실가스 배출

온실가스(greenhouse gases)는 투명하기 때문에 그 햇빛이 지구 표면을 가열할 수 있게 대기를 통과하는 데 전혀 문제가 없다. 지구에서는 햇빛을 열로 복사하고, 온실가스도 그 열의 일부를 흡수하게 된다. 이러한 흡수는 열이 우주로 빠져나가는 속도를 늦추고, 지구 표면 근처에 열을 가두어, 지구의 온도를 점점 높인다.

이처럼 "지구상의 생명체는 태양에서 나오는 에너지에 의존한다. 지구의 대기에 도달하는 빛에너지의 약 절반은 공기와 구름을 통해 적외선 열 형태로 흡수 및 복사되는 표면으로 전달된다. 이 열의 약 90%는 온실가스에 의해 흡수되고 다시 방출되어, 우주로의 열 손실(heat loss)을 늦춘다."[1]

지구에 온실효과를 유발하는 대기 중의 가스 상태 물질은 〈그림 3.1〉과 같이 이산화탄소(CO_2), 메탄(CH_4), 아산화질소(N_2O), 수소불화탄소(HFCS), 과불화탄소(PFCS), 육불화황(SF_6), 삼불화질소(NF_3) 등으로 구성되어 있다.

1 NASA, 'The Causes of Climate Change'. https://climate.nasa.gov/causes/

그림 3.1 온실가스와 온실효과

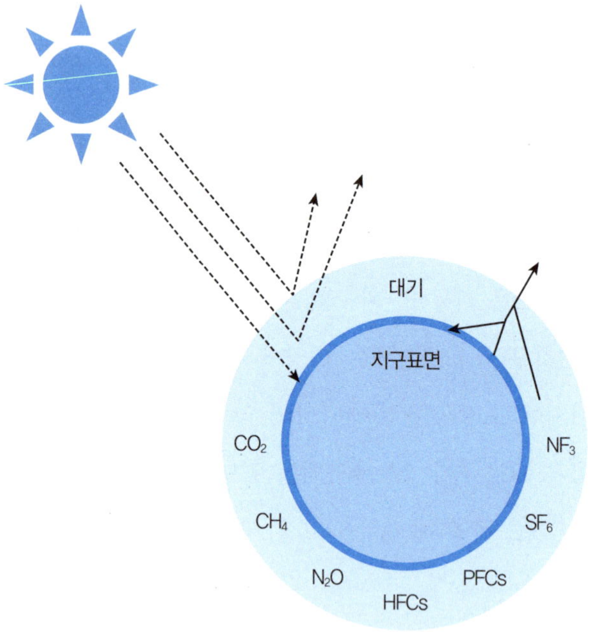

1. 온실효과

온실효과란 태양으로부터의 빛에너지가 지구상의 대기층을 통과한 이후에 발생하는데, 그 지구의 표면을 가열하는 하나의 프로세스이며 지구상에 존재하는 생명체에게는 필수적인 것이다. 하지만 자연 발생하여 존재하는 온실가스에 인간이 인위적으로 만든 온실가스까지 더해지자 더 많은 열이 가두어지고 있다. 20세기 지구 표면의 평균 온도는 거의 14℃이었는데, 온실효과가 아니었다면 지구의 평균 온도는 약 −18℃이었을 것이다(EESC, 2004).

지구가 열을 열적외선 복사, 온실가스로서 대기 중에 복사할 때 그 열의 일부를 흡수하여 지구의 하부 대기(lower atmosphere)와 표면을 가열한다. 표면에 열이 가두어지면 상부 대기(upper atmosphere) 또한 냉각되고, 우주로 방출되어 열의 양이 줄어들면서 지구가 방출하는 것보다 더 많은 에너지를 흡수하게 된다(IPCC, 2021).

2. 온실가스

온실가스는 지구상의 대기층 내에 태양 복사 에너지를 가둘 수 있는 가스로, 직접적인 것과 간접적인 것, 이렇게 2가지 유형으로 구분할 수 있다. 수증기(H_2O), 이산화탄소(CO_2) 및 오존(O_3)은 태양 에너지를 직접 흡수할 수 있어 직접적인 온실가스(direct greenhouse gases)에 속한다. 이 가스의 분자들은 특정 파장(wavelength) 범위에서 태양 복사를 직접적으로 흡수할 수 있다.

간접적인 온실가스(indirect greenhouse gases)는 태양 에너지를 직접적으로 흡수하지는 않지만, 다른 온실가스를 생성할 수 있는 능력을 가지고 있다. 예컨대 메탄(CH_4)은 대류권 오존(tropospheric ozone)과 더 많은 이산화탄소의 형성에 중요한 역할을 한다(Hogan, K. B., Hoffman, J. S., & Thompson, A. M.,1991).

그 외에 온실효과에 기여하는 가스들로는 아산화질소(N_2O), 과불화탄소(PFCS), 염화불화탄소(CFCs), 수소불화탄소(HFCS), 육불화황(SF_6) 등이 있다. 이 가스들은 대부분 인간의 활동을 통해 생산된다.

① 이산화탄소

대기의 필수적인 구성요소로서 이산화탄소(CO_2)는 화산폭발과 같은 자연적인 과정을 통해 방출된다. 하지만 석탄, 석유 및 천연가스는 주로 화석연료의 연소, 시멘트 제조, 비료 생산 및 삼림 벌채와 같은 토지 사용의 변화 등 인간의 활동을 통해서 방출된다. 산업혁명이 시작된 이래, 인간의 활동으로 대기 중의 이산화탄소 농도는 50%(1750년 280ppm에서 2022년 421ppm으로)까지 증가하였다(NOAA, 2022).

현재의 온실가스 배출 속도가 지속된다면 온도가 2℃까지 증가하는데, 기후변화에 관한 정부 간 협의체(intergovernmental panel on climate change, IPCC)는 이것이 2050년까지 위험한 수준을 피하기 위한 상한선(upper limit)이라고 한다(Carbon Brief, 2020).

② 메탄

다른 여러 대기 가스들처럼 메탄(CH_4) 역시 자연적인 것뿐만 아니라 인간이 만든 발생원으로부터도 나온다. 일반적으로 메탄은 습지에서의 식물 분해 과정, 매립지, 벼농사, 가축들의 소화와 배설물 등에서 방출된다. 또한, 화석연료의 생산과 운반과정에서의 메탄 누출도 중요한 발생원이다.

③ 아산화질소

농업의 관행으로 생산되는 강한 온실가스로서 아산화질소(N_2O)는 어박, 골분, 대두박, 가공계분, 증제 피혁분, 맥주 오니(sludge) 등을 원료로 해서 퇴비화한 상업용 유기질 비료(organic fertilizer)의 생산과 사용 중에 방출된다. 또한, 아산화질소는 화석연료의 연소, 산불과 같은 초목의 연소 등에서도 발생하며, 지난 100년 동안 18% 증가하였다.

④ 염화불화탄소

프레온가스(freon gas)라고도 불리는 이 화합물은 자연에서 존재하지 않으며, 전적으로 산업에 근간을 둔 것이다. 염화불화탄소(CFCs)는 염소, 불소, 탄소를 결합한 화합물로서 냉방과 냉동장치의 냉매, 용제, 발포제, 스프레이 분사 추진제로 사용되었다.

국제적 기후변화 대응 노력

1800년대 이후 지구의 평균 온도는 1.1℃ 상승했고, 이에 따라 이미 세계적으로 여러 지역에 상당한 피해(예컨대, 그린란드 만년설의 붕괴와 북대서양 해류에 대한 그 영향, 대규모 산호초의 소멸, 영구 동토층의 용해)가 발생하였다.

과학자들은 평균 온도가 1.5℃ 이상 상승하면 더는 돌이킬 수 없을 정도로 지구환경이 변화할 것이며, 인류 문명에 매우 심각한 위협(상당한 해수면 상승에서부터 날씨 패턴의 파괴, 수십억 명의 식량과 생계를 책임지는 해양 생태계의 붕괴에 이르기까지)을 가할 일련의 위험한 임계점(tipping points)에 도달할 것이라고 예상한다.

전 세계가 기후변화에 시의적절하게 제대로 대응하지 못하면 이전에는 경험한 적 없는 심각한 기후위기(climate crisis)에 직면할 수 있음을 알려주는 경고성 메시지로 받아들여야 한다.

1. 유엔기후변화협약

1992년 6월, 브라질 리우데자네이루에서 개최된 유엔환경개발회의(United Nations conference on environment & development, UNCED)에서 유엔기후변화협약(United Nations framework convention on climate change, UNFCCC)을 채택했다. UNFCCC에서 최고의 의사결정기구는 당사국총회(conference of parties, COP)이고, 전 세계 거의 모든 나라들이 당사국이다.

1994년 3월, 발효에 들어간 UNFCCC의 궁극적 목표는 생태계가 기후변화에 자연적으로 적응할 수 있게, 그리고 식량 생산은 위협받지 않는 동시에 경제발전은 지속할 수 있는 수준에서 대기 중의 온실가스 농도가 안정되도록 하는 데 있었다.

그 당시 UNFCCC는 온실가스의 배출을 직접 제한하기보다는 제한하기 위한 의정서(protocol)의 틀(framework)을 마련하는 데 주력하였고, 이후 교토의정서 채택, 파리협정 순으로 진전되었다.

2. 교토의정서

1997년 12월, 일본 교토에서 제3차 당사국총회(COP3)가 개최되어 교토의정서(Kyoto Protocol)를 채택하였으나 55개국의 비준을 얻기까지 수년이 더 소요되었고, 마침내 2005년 2월 16일에 공식 발효됨으로써 국제협약으로서 법적인 효력을 가지게 되었다. UNFCCC에 이어서 구체적인 이행방안으로는 6가지 온실가스(CO_2, CH_4, N_2O, HFCS, PFCS, SF_6)를 감축하는 것을 논의하였다.

한편 온실가스의 감축 목표, 감축 일정, 개발도상국의 참여 여부 등을 논의할 때 의견 대립이 첨예하여 어려움을 겪었다. 하지만 온실가스의 배출 감소에 선진국들이 앞장서야 한다는 개발도상국 대표들의 목소리가 높았기에 1차 의무감축 대상은 선진국 중심이 되었다. 선진국들은 의무 이행 기간 2008년부터 2012년까지 1990년 온실가스 배출량 수준 대비 평균 5.2%를 줄여야 하며, 대상 국가별로 차등 적용하기로 결정되었다. 뒤이어 개발도상국들에게 적용되는 2차 의무감축은 2013년부터 2017년까지였다. 그 당시 한국은 1차 의무 대상국에서 제외되었다.

의무 이행 당사국의 비용 효과적 접근방식(cost-effective approach)으로의 온실가스 감축 목표 달성을 유도하기 위해 신축성 메커니즘(flexibility mechanism)으로 불리는 공동이행(joint implementation), 청정개발체제(clean development mechanism), 배출권 거래(emission trading)와 같은 제도를 도입했다.

3. 파리협정

2015년 12월, 프랑스 파리에서 개최된 제21차 유엔기후변화협약

당사국총회(COP21)에서 채택한 파리협정(Paris agreement)은 기후변화에 함께 대응하고 그 노력에 적응하도록 모든 국가를 모으는 획기적인 다자간 기후변화 프로세스로, 이듬해 2016년 11월 4일 발효되었다. 파리협정의 궁극적 목표는 글로벌 평균 온도의 상승을 산업화 이전 대비 2℃보다 상당히 낮은 수준으로 유지하되, 1.5℃로 제한하기 위해 노력한다는 것이었다.

하지만 유엔의 IPCC가 1.5℃ 임계점을 지나면 더 빈번하고 혹독한 가뭄, 폭염, 강우를 포함하는 훨씬 더 심각한 기후변화 영향의 리스크에 직면할 것으로 내다본 만큼 세계 지도자들은 21세기 말까지 지구온난화를 1.5℃로 제한할 필요가 있다고 강조했다.[2] 지구온난화를 1.5℃로 제한하려면 온실가스 배출을 늦어도 2025년 이전에 정점을 찍고, 2019년 수준 대비 2030년까지 43% 감축해야 한다. 파리협정을 이행하기 위해서는 이용할 수 있는 최상의 과학에 근거한 경제적 및 사회적 변화가 있어야 한다.

파리협정은 국가들에 의해 수행되는 점점 더 야심 찬 기후 행동의 5년 주기로 작동한다. 2020년 이후 각 국가는 국가 차원에서 결정한 기여(nationally determined contributions, NDCs) 즉, 국가 온실가스 감축목표에 관련된 국가기후행동계획(national climate action plans)을 제출해오고 있다.

2 UNFCCC, https://unfccc.int/process-and-meetings/the-paris-agreement

한국의 기후변화 대응 노력과 탄소중립 실행 전략

우리나라는 제조업의 비중이 높고 수출을 중심으로 하는 사회 · 경제 구조를 띤다. 그렇다 보니 당면한 기후변화가 사회 · 경제적 위협요인이라기보다는 새로운 경제 성장 동력을 창출할 수 있는 기회요인으로 여기는 인식이 강해 기후변화에 적극적으로 동참, 대응하고 있다. 예를 들어, 2009년에 2020년 온실가스배출전망 대비 30% 감축이라는 목표를 자체적으로 제시하였으며, 2011년에는 저탄소녹색성장기본법을 제정한 바 있다.

또한, 국제사회에서 전개되는 기후변화 대응 노력에 적극적으로 동참하기 위해 2016년 11월 3일 파리협정에 대한 국내 비준 절차를 마무리하고 유엔에 기탁함으로써 동년 12월 3일부터 국내에 발효되었다.[3]

1. 기후변화 대응 노력

우리나라는 국가온실가스감축목표(NDC)에 부합하는 정부 정책으로 〈표 3.1〉에서와 같이 에너지 기본계획(2008년), 녹색성장 5개년 계획(2009년), 기후변화 대응 기본계획(2016년)을 5년 주기로 수립 · 시행하는 등, 필요할 때마다 유연하게 NDC를 수정 · 보완하고 있다.

또한 우리나라는 파리협정이 비준되기에 앞서 선제적으로 2015

3 외교부, '기후변화 · 환경', https://www.mofa.go.kr/

년 6월에 2030년까지 온실가스 배출 전망치(business as usual, BAU) 대비 37% 감축을 내용으로 하는 의도된 국가온실가스감축목표(intended nationally determined contribution, INDC)를 수립 및 제출하였다. 이듬해 2016년 11월 4일, 파리협정이 발효되면서 INDC라는 명칭을 NDC로 바꾸었다.

파리협정에 의하면 5년 단위로 NDC를 갱신해야 한다. 우리나라는 2016년 12월에 제1차 기후변화대응 기본계획을 수립했는데, 당시에 마련된 2030 국가온실가스 감축목표(NDC) 달성을 위한 기본 로드맵은 과도한 국외 감축량 설정과 에너지 신산업 등을 반영하면서 감축 주체, 이행 수단, 시기 등이 불명확하다는 것이 국내외의 평가였으므로 2018년 7월, 기본로드맵의 수정이 불가피하였다. 즉, 국내 부문별로 에너지수요관리 강화, 에너지효율화 추진, 저탄소산업 육성 등을 통해 온실가스 감축량을 이전 로드맵 보다 약 5,800만 톤을 더 줄여 약 2억 7,700만 톤을 줄이는 것으로 보완했다(기존: BAU 대비 25.7% → 수정: BAU 대비 32.5%).

수정된 2030 국가온실가스감축목표(NDC) 달성을 위한 기본로드맵(2018년 7월)을 반영하기 위해 예정보다 2년 앞당겨 2019년 10월, 제2차 기후변화대응 기본계획을 수립했다.

기존에 적용한 온실가스 배출 전망치(BAU)는 경제적 요인에 따라 변화할 가능성이 크기 때문에 선진국들은 BAU보다는 절대량을 선호하는 경향이 있다. 이에 따라 한국도 2019년 12월 기존의 온실가스 배출 전망치(BAU)에 따른 온실가스 감축목표 설정 방식을 절대량 방

표 3.1 기후변화에 관련된 계획

시행 년 월	계획	내용
2008년 8월	에너지 기본계획	• 중장기 에너지 정책의 철학과 비전, 목표, 추진전략을 제시함 • 원별, 부문별 에너지 계획의 원칙과 방향을 제시하고 거시적 관점에서 조정함
2009년 7월	녹색성장 5개년 계획	• 2009년 1차를 시작으로 녹색성장 국가전략을 효율적이고 체계적으로 이행하기 위한 계획을 수립함
2016년 12월	제1차 기후변화대응 기본계획	• 기후변화 대응에 대한 범지구적 노력에 적극적으로 참여하기 위하여 규제, 시장 및 기술을 활용하여 2030 NDC를 달성하기 위한 기본 로드맵을 마련함
2018년 7월	–	• 2030 NDC 달성을 위한 기본 로드맵 수정: 국가감축목표 BAU 대비 37% 중 국내감축확대(25.7% → 32.5%)
2019년 10월	제2차 기후변화대응 기본계획	• '지속가능한 저탄소 녹색사회구현'을 비전으로 제시하고, 이를 달성하기 위한 핵심전략은 저탄소사회로의 전환, 기후변화적응 체계구축 및 기후변화 대응 기반 강화로 정함
2021년 10월	–	• 2030 NDC를 상향함 • 2018년 온실가스 총배출량 대비 감축목표 수정(26.3% → 40%)
2023년 4월	제1차 국가탄소중립·녹색성장 기본계획	• 탄소중립기본법 제정에 따라 '제1차 국가 탄소중립 · 녹색성장 기본계획'을 수립함 • 기본계획은 2030 NDC를 달성하기 위한 부문별 · 연도별 감축목표와 이행방안을 포함

식으로 변경하였다.

우리나라는 기후변화에 관한 정부 간 협의체(IPCC)의 지침에 준하여 부문별로 분류하여 국가 온실가스 배출량을 산정하고 있다. 〈표

3.2〉는 제1차 국가탄소중립 · 녹색성장 기본계획에서 제시하는 전환, 산업 등 부문별 감축목표를 나타낸다.

〈표 3.2〉에서 괄호 내에 표기된 %는 2018년 대비 감축률이다. 2021년 10월에 발표한 2030 국가온실가스감축목표(NDC)에서 달라진 것은 전환, 산업, 수소, 이산화탄소 포집 · 저장 · 활용(carbon capture utilization and storage, CCUS) 및 국제감축 부문이다. 특히, 신재생에너지 확대 등을 반영한 전환 부문은 기존 44.4%에서 45.9%로 1.5%p 소폭 상향한 반면, 산업 부문은 14.5%에서 11.4%로 3.1%p 하향 조정하여 부담을 줄였다.

표 3.2 국가온실가스감축목표

단위: 백만 톤 CO2eq.

구분	부문	2030년 목표	
		기존 NDC('21.10)	수정 NDC('23.04)
순 배출량 합계		436.6(40.0%)	436.6(40.0%)
배출	전환	149.9(44.4%)	145.9(45.9%)
	산업	222.6(14.5%)	230.7(11.4%)
	건물	35.0(32.8%)	35.0(32.8%)
	수송	61.0(37.8%)	61.0(37.8%)
	농축수산	18.0(27.1%)	18.0(27.1%)
	폐기물	9.1(46.8%)	9.1(46.8%)
	수소	7.6	8.4
	탈루 등	3.9	3.9
흡수 · 제거	흡수원	−26.7	−26.7
	CCUS	−10.3	−11.2
	국제감축	−33.5	−37.5

2. 탄소중립 실행 전략

파리협정 이후 5년이 지난 2020년 12월, 유엔사무총장 안토니우 구테흐스(Antonio Guterres)는 파리에서 당사국들에 의해 만들어진 의지표명(commitments)이 충분하지 않아 존중받지 못했다고 경고하면서, 다른 모든 국가들에게 순 제로 이산화탄소 배출 상태(a state of net zero carbon dioxide emissions) 즉, 탄소중립(carbon neutrality)에 도달할 때까지 기후 비상사태를 선포할 것을 촉구했다.

향후 30년(2020년~2050년) 동안 순 제로 이산화탄소 배출을 급속도로 실현하기 위해서는 광범위한 전략적 접근과 기술혁신이 필요하다. 글로벌 에너지 시스템에서 탈탄소화(decarbonization)의 핵심은 산업, 건물, 가전 및 운송 부문에서의 에너지 효율 개선, 저탄소 기술을 받아들이는 시민과 소비자들이 적극적으로 동참하는 행동 변화, 화석연료 대신에 저배출(low emissions) 전기를 사용하는 전기화(electrification), 태양광, 풍력 등을 이용하는 재생에너지, 수소 및 수소기반 연료, 바이오 에너지, 그리고 탄소포집, 활용 및 저장(carbon capture utilization and storage, CCUS)에 있다(IEA, 2021).

탄소중립은 탄소를 방출하는 것과 탄소 흡수원(carbon sinks) 내의 대기로부터 탄소를 흡수하는 것 간에 균형을 유지하는 것이다. 그리고 대기로부터 이산화탄소를 포집하여 특정 공간에 저장하는 것을 탄소격리(carbon sequestration)라고 한다. 탄소중립으로 가는 방법으로 탄소의 배출을 없애거나 탄소를 상쇄(offsetting)하는 것을 고려해 볼 수 있다.

① 저탄소 경제

탈탄소 경제(decarbonized economy)라고도 불리는 저탄소 경제(low-carbon economy)는 기후변화를 다루기 위한 하나의 수단이다. 간단히 말해 기존의 탄소 집약적인 경제(carbon-intensive economy)에 비해 낮은 수준의 온실가스를 배출하는 것을 목표로 하는 경제로서 탄소제로 경제(zero-carbon economy)로 변환하는 과정의 한 단계로 볼 수 있다.

한국의 경우, 저탄소 녹색성장 기본법에 따라 온실가스 · 에너지 목표관리제를 시행하고 있다. 즉, 국가 온실가스 감축목표(NDC)를 달성하기 위해 일정 수준 이상의 온실가스를 배출하면서 에너지를 소비하는 기업과 사업장을 중심으로 온실가스 감축목표 및 에너지 절약목표를 설정 · 관리한다. 부문별로 별도의 세부 계획을 마련하여 추진하고 있다. 예를 들어, 〈표 3.3〉은 산업 부문에 대한 온실가스 감축정책 방향을 정리한 것이다.

표 3.3 산업 부문 온실가스 감축정책

구분	세부적인 내용
2030 국가 온실가스 감축목표 기본로드맵 (2016년 12월)	• 신기후 체제에 부응하는 새로운 성장 패러다임으로의 전환을 위해 기후변화 대응 기본계획을 수립하여 기존 에너지 및 기후변화 대응 정책의 전환에 착수 • 신기술 도입: 산업공정에 신규 기술·설비 도입으로 에너지 소비 최적화 • 에너지 효율 향상: 공통 기기 효율 향상, 에너지관리시스템 보급 확대

	• 폐열 회수: 공정에서 발생한 폐열 및 스팀 회수, 미활용 열 재사용 등을 통해 열에너지 이용 효율 제고
2030 국가 온실가스 감축목표 기본로드맵 수정안(2018년 7월)	• 공통 기기 효율 개선 및 공장에너지관리시스템(factory energy management system, FEMS) 보급, 공정 설비 효율화 등 에너지 이용 효율 제고를 통해 온실가스 감축 • 냉장고·에어컨의 친환경 냉매 기술개발 지원 및 대체 냉매 사용 촉진 • 제조공정 및 자가 발전에 사용되는 연료를 유연탄 또는 B-C유에서 LNG 및 바이오매스(biomass) 연료로 대체 • 폐열 발전설비 도입 확대, 설비에서 발생하는 고온을 회수하여 스팀생산에 활용함으로써 에너지 사용량 절감
제2차 기후변화대응 기본계획에 따른 저탄소사회로의 전환(2019년 10월)	• 에너지 효율 개선: 전동기, 보일러, 펌프 등 고효율 공통기기 보급 및 에너지절약을 위한 공장에너지관리시스템 도입 확대 • 원료·연료 대체: 국제적 기준(몬트리올 의정서)에 맞는 친환경 냉매 사용 활성화 및 온실가스 배출이 낮은 연료(유연탄 → LNG 등)로의 대체 촉진 • 신기술 적용 확산: 수소환원제철 기술 도입, 최고 수준 설비 교체 등 신기술 적용 확산 및 고부가제품 생산구조로의 단계적 전환 추진
제1차 국가탄소중립·녹색성장 기본계획에 따른 추진과제(2023년 4월)	• 기술확보: 한계돌파형 기술의 신속한 상용화를 위한 지원체계를 구축하고, 해외기술 모니터링 등을 통해 유연하게 신기술 확보 • 투자지원: 탄소차액계약제도(carbon contracts for difference, CCfD) 도입 등 탄소저감 보조·융자 확대 • 배출권: 할당방식 개선을 통해 기업의 감축 활동을 유도하고, 제도 이행 유연성 및 감축설비지원 확대로 기업 부담 완화 • 거버넌스: 정부-산업계 소통강화를 위한 협의체 확대 운영

자료: 환경부 온실가스종합정보센터, 'UNFCCC에 따른 제4차 대한민국 격년갱신보고서'

② 배출권 거래

교토의정서의 중요한 요소 중 하나는 배출권 거래에 기초한 유연한 시장 메커니즘(flexible market mechanism)의 확립이었다. 교토의정서(부속서 B 당사국들)에 의지 표명(commitments)을 한 당사국들은 배출을 제한하거나 줄이는 세부 목표를 수용했다. 이러한 세부 목표는 2008년~2012년 의지 표명 기간에 허용된 배출량 또는 할당된 양의 수준으로 표현된다. 허용된 배출량은 할당된 양 단위(assigned amount units, AAUs)로 나누어진다.

교토의정서 제17조에 명시된 배출권 거래에 의하면, 허용된 배출량이지만 사용하지 않은 여분의 배출량 단위를 보유한 국가들이 세부 목표를 초과하는 여분에 대해 판매하도록 허용한다. 탄소는 이제 탄소시장(carbon market)으로 알려져 다른 상품들처럼 추적되고 거래된다. 또한 배출권거래제도(emissions trading schemes)를 국가 수준에서의 기후정책 수단으로 확립할 수 있어, 이러한 제도하에서 정부로서는 참여하는 주체 또는 조직이 도달할 배출의무를 설정하게 된다.[4]

한국의 경우, 기후위기 대응을 위한 탄소중립·녹색성장 기본법('탄소중립기본법') 제25조 2항과 연계하여 2012년 5월에 제정한 온실가스 배출권의 할당 및 거래에 관한 법률('배출거래법')을 적용하고 있다.

4 UNFCCC, https://unfccc.int/the-kyoto-protocol/mechanisms/emissions-trading

하지만 미국, 유럽 등 다른 선진국들보다 중화학공업 기반 제조업의 비중이 높은 우리나라는 철강, 정유, 석유화학과 같은 국가 기간산업을 중심으로 온실가스를 다량 배출하는 나라이다. 탄소중립 실행 전략으로서 철강 부문은 전기로를 늘려 유연탄 소비를 줄이면서 수소 환원제철로 하고, 석유화학 및 정유 부문은 납사를 바이오연료로 대체하면서 연료도 중유에서 천연가스로 전환할 필요가 있다. 그 외 시멘트 부문에서는 유연탄 대신에 폐합성수지를 활용하고, 수송 부문은 기존의 내연기관차 생산을 줄이고 전기차로 전환하여야 할 것이다(한국경영자총협회, 2021).

기업들에게는 글로벌 기후변화 대응을 위한 2050 탄소중립의 실천이 단기적으로는 경영위기로 인식될 수도 있으나, 중장기 전략으로 ESG 경영을 기반으로 한 신규 가치창출 기회로 접근할 필요가 있다. 예컨대, 기존 화석연료에서 풍력, 태양광, 바이오매스와 같은 천연자원에서 나오는 재생에너지로 전환함으로써 기대될 수 있는 이점은 안정된 에너지 가격, 소비자 및 투자자들의 상표에 대한 신뢰 증가, 그리고 녹색공급망(greener supply chain)을 선호하는 구매자들에게는 더 매력적일 것이고, 미래에 강화될 법규 대응을 위해 선제적인 접근일 수 있다.

02 품질경영과 디지털 기술

품질의 시초일 수도 있는 제품검사(product inspection)에 중점을 둔 공장시스템은 1750년대 중반 영국에서 시작되었으며 1800년대 초 1차 산업혁명을 겪으며 발전하였다. 따라서 품질의 역사는 산업혁명과 함께한다고 볼 수 있다. 오늘날 4차 산업혁명(fourth industrial revolution)으로 알려진 산업 4.0(industry 4.0)은 데이터를 중심으로 한 의사결정과 제조에 관련된 프로세스들의 최적화를 가능하게 하는 실시간 처리 디지털 기술로서, 공급망 전반에 걸친 정보의 통합을 이룬다(Nunez-Merino, M. Maqueira-marin, J. M. Moyano-Fuentes, J. & Martinez-Jurado, P. J., 2020).

현대 품질경영에서 오류(errors)를 발견하고 개선된 의사결정을 내리는 데에 기존의 전통적인 방법과 도구를 사용할 수 있긴 하지만, 이를 통해 오류에 대한 시정조치를 이행하려면 상당한 지연(delay)이 발생한다. 하지만 정보와 의사소통기술을 통해 품질경영이 기술적인 프로세스로 통합된다면 실시간으로 품질을 경영할 수 있을 것이다

(Aleksandrova, S. V. Vasiliev, V. A. & Alexandrov, M. N., 2019).

기본적으로 품질경영은 최고경영자로부터의 전폭적인 지원, 인적 자원관리, 기술관리, 전략적 사고와 함께 통합적 접근이 필요하다. 따라서 품질경영관행(quality management practices)의 행동측면에서 경영자의 의지 표명, 고객 · 공급자 · 직원의 참여, 그리고 기술 측면에서 벤치마킹 기법, 공정관리, 정보와 분석, 공식적 전략기획 등이 각각 고려되어야 한다.

〈표 3.4〉 품질경영관행과 산업 4.0 기술 간의 관련성에서 보는 바와 같이 디지털 기술의 발전과 더불어 사물인터넷(IoT), 산업인터넷(IIoT), 빅데이터(big data), 클라우드 컴퓨팅(cloud computing), 블록체인(block chain) 등의 기술이 기업의 생산효율과 제품품질, 원가절감 측면에 이점이 있어 제조 프로세스의 디지털화를 개선해 왔다.

품질경영관행 중 공정관리는 완제품규격서(finished product specification) 내 각 품질 특성과 관련된 프로세스별 공정할당(process allocation)과 통계적 공정관리(statistical process control, SPC)를 포함할 뿐만 아니라 조직 내 교차 기능적 제품설계(cross-functional product design) 및 대량생산에 이르기까지 품질을 개선하는 데에도 중요하다.

또한, 정보와 분석은 신제품 정보와 공정품질 정보의 수집 및 분석에 관련된 것들이다. 마지막 부분의 공식적 전략기획은 기업의 단기 및 중장기 품질목표와 그 목표를 달성하기 위한 공식적 계획, 그리고 어떻게 이것을 조직 내 전 직원들에게 의사소통할 것인가를 의

표 3.4 품질경영관행과 산업 4.0 기술 간의 관계

품질경영 관행 도구와 기술	경영자 의지 표명	고객 참여	공급자 참여	직원 참여	벤치마킹 기법	공정 관리	정보와 분석	공식적 전략기획
데이터 과학 및 통계	×					×	×	×
실행기술: 사물 인터넷, 산업인터넷,통합시스템, 가상현실, 증강현실, 클라우드 컴퓨팅	×	×	×	×	×	×	×	×
빅데이터	×	×	×			×	×	
블록체인	×			×		×		×
인공지능	×			×			×	
기계학습	×						×	×
신경망 및 딥 러닝	×					×	×	

자료: Carvalho, A. V. Enrique, D. V. Chouchene, A. & Charrua-Santos, F., 2021.

미한다(Phan, A. C. Abdallah, A. B. & Matsui, Y., 2011).

대부분의 기업들은 시장에서 소비자들이 선호하는 제품을 생산하거나 서비스를 제공하기 위해 관련 품질기준 또는 품질표준을 의무적으로 준수하고 있다. 하지만 산업 4.0과 같은 새로운 생산 패러다임인 디지털 기술의 시대에 전통적 품질경영프로세스(quality management process)는 어떻게 가치를 창출하고 적응해 나갈 수 있을까?

코로나19 팬데믹에 따른 비대면 환경을 경험하면서 많은 기업들이 데이터 수집, 분석, 협업을 비롯한 연관 분야에 신기술을 배치하여 변화하는 사업 환경에 적응하고 있다. 예컨대, 온라인 회의는 일상화되었다. 품질경영분야도 예외는 아니어서 화상회의 또는 원격 모니터링 및 통제와 같은 방식을 포함하여 사람들 간의 대면접촉을 최소화할 수 있는 도구와 기술로의 전환을 촉구하고 있다.

기업의 품질경영 기능(quality management function)이 전략적 차원의 활동에 점점 더 관여하고 있어, 조직의 디지털화 계획을 지원하기 위한 강한 잠재력을 가지게 된다(Elg, M. Gremyr, I. Hellström, A. & Witell, L., 2011). 산업 현장에서 주로 직접 클립보드와 팬(clipboard and pen)을 사용해왔던 종이 기반 시스템(paper-based system)에서 벗어나 운영상의 업무효율을 높이면서 직원들이 더 선호하는 디지털 품질경영으로 변환되고 있다.

디지털 품질경영

디지털화(digitization)는 아날로그 형태의 정보를 이미지 스캐너 또는 디지털 오디오 녹음 같은 아날로그-디지털(analog-to-digital) 변환기를 사용하여 디지털 형태의 정보로 변환하는 프로세스이며, 제조업뿐만 아니라 서비스업에도 다양한 기회를 제공한다.

이러한 디지털 기술은 고객의 실시간 데이터를 사용하는 도전과제에 직면하였고(Gőlzer, P. & Fritzche, A., 2017), 고객 서비스를 제공하는 더 나은 방식을 모색하는 새로운 형태의 고객 상호작용을 가능하게 했다(Ramaswamy, V. & Ozcan, K., 2018). 또한, 디지털화는 품질 현황 관련 데이터를 실시간으로 제공함으로써 직면한 품질 이슈의 신속한 발견, 진단 및 해결을 가능하게 만들어 품질경영을 더욱 강화하는 수단이 된다(Dragulanescu, I-V. & Popescu, D., 2015).

디지털 기술은 새로운 시장과 사업 기회를 개방함으로써 기업의 생산성과 성과를 근본적으로 향상시키는 능력을 갖추게 한다. 이 모든 것들이 디지털화된 시스템의 자동화 기능을 적용함으로써 가능하다. 즉, 공장에서 생산성을 높이기 위해 설비와 공정 전반에 걸쳐 관련 데이터(공정조건) 수집에 필요한 네트워크 센서와 스마트 장치를 갖추고, 무선 네트워크에 연결하여 실시간으로 데이터를 모니터링하면서 조치를 취한다.

1. 품질과 생산성 향상

기업의 사업 성패는 조직 내·외부의 사업 환경에서 발생하는 모든 기회 요소를 비용 효과적으로 잘 활용할 수 있는지, 경쟁력 있는 좋은 품질의 제품과 서비스를 공급하는 내·외부 시장에 잘 적응할 수 있는지에 달려있다. 기업은 생존과 지속적 성장을 위해 시장에서의 니즈 또는 요구사항을 선도적으로 받아들일 필요가 있다.

디지털시대로의 전환에서도 업무 관련 성과평가, 경쟁우위 및 역량 측면에서 품질이 중요한 결정적 요인으로 작용하고 있다. 하지만 연구개발, 유지보수, 생산과 같은 기능들의 디지털 전환에는 주목하면서 품질경영프로세스의 디지털화에는 상대적으로 소극적으로 대하며 후순위로 제쳐두는 경향이 있다.

〈그림 3.2〉 품질과 생산성의 개선 관계에 의하면, 품질경영활동은 어느 한 기업 내 한 특정 기능에 한정된 것이 아니라 그 기업의 전체 조직과 그 조직의 가치창출 프로세스 전반에 걸친 통합적 접근인바, 품질경영의 디지털화도 동시에 이루어질 필요가 있다.

팀의 기여는 공동의 목표를 향해 작동하는 팀워크와 환경요인 기반 에너지로 함께 일할 때 필요한 기량(necessary skills)을 가진 개인들의 집합된 결과이다. 여기서 팀워크는 그 목표를 달성하기 위해 다른 개인(팀원)들과 협력하는 것을 포함한다. 각 개인은 팀 내에서 책임을 분담하고, 아이디어에 기여하는 역할을 맡게 된다.

또한 오늘날 기업은 고객으로부터의 제품과 서비스의 니즈뿐만

그림 3.2 품질과 생산성의 개선 관계

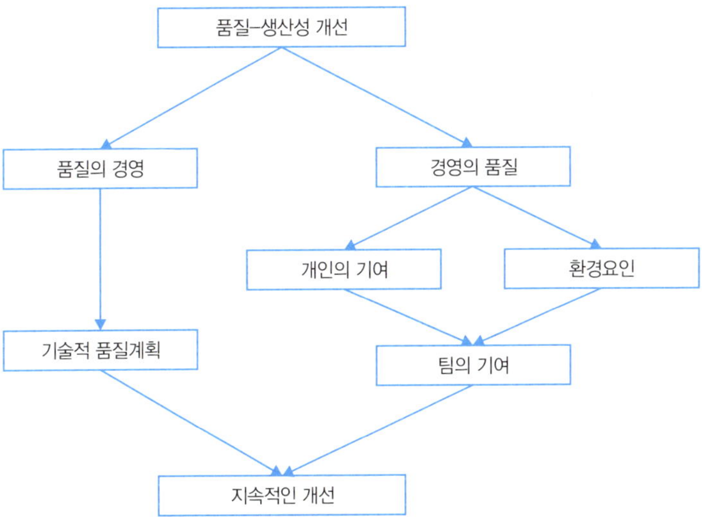

아니라 주요 이해관계자인 투자자로부터의 재무적 니즈에 더하여 ESG 기반 비재무적 니즈까지 충족해야 하는 아주 복잡한 경쟁상황에 직면해 있다. 품질과 생산성의 지속적 개선을 위해 품질의 경영(management of quality)과 경영의 품질(quality of management)이 함께 조화롭게 운용되어야 할 것이다.

경영의 품질에서는 조직 전반에 걸쳐 개방적인 의사소통과 가장 낮은 조직 수준에서도 의사결정에 참여하여 자신의 의견을 의사결정 프로세스(decision-making process)에 반영하는 참여적 경영방식을 장려한다.

① 환경요인

품질과 생산성에 영향을 미칠 수 있는 환경요인(environmental factors)으로는 〈그림 3.3〉과 같다. 환경요인은 크게 내부적 환경, 구조적 환경 및 외부적 환경으로 구분된다. 특히, 구조적 환경에서 보고체계도 중요하지만, 실제 품질과 생산성의 지속적 개선을 실현하기 위해서는 작업장에서의 의사소통방식과 의사결정 프로세스도 중요하다.

성공적인 의사소통은 조직 내 다양성을 극복하고 신뢰와 존중을 쌓아 창조적인 아이디어를 상호 공유하게 해줌으로써 문제 해결뿐만 아니라 품질과 생산성 향상에도 상당한 도움을 준다.

그림 3.3 환경요인

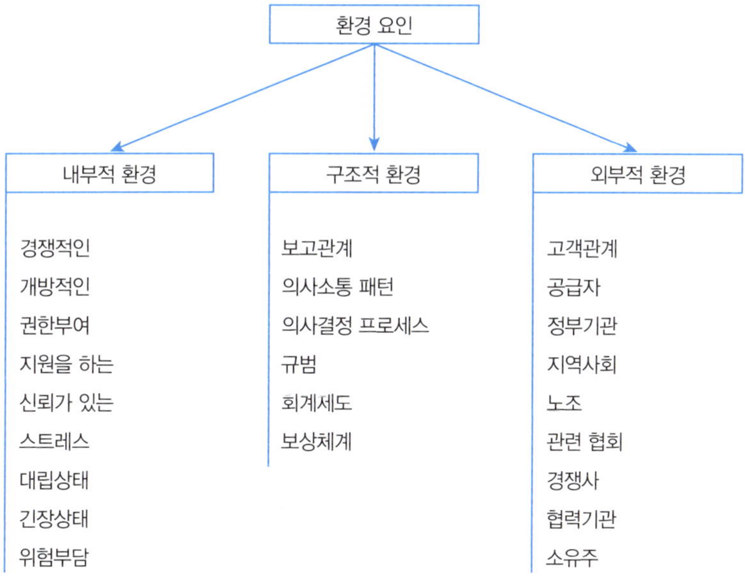

② 기술적 품질계획

기업의 전통적인 품질경영에서는 기술적 품질계획(technical quality plan)을 수립하고 실행에 옮기는 것이 중요하다. 〈그림 3.4〉 기술적 품질계획의 정보흐름에서 보는 바와 같이, 시장의 다양한 고객 니즈를 담아내는 시장 주제에서부터 제품설계, 원 · 부재료규격, 완제품규격, 공정할당 및 공정관리까지의 프로세스들을 포함한다.

주로 일반적인 감각적(시각, 청각, 느낌 등과 같은) 용어로 표현된 고객의 니즈가 시장주제(market theme)이다. 이것을 다시 실행에 필요한 측정 가능 수치로 해석하면 제품설계문서(product design

그림 3.4 기술적 품질계획의 정보 흐름

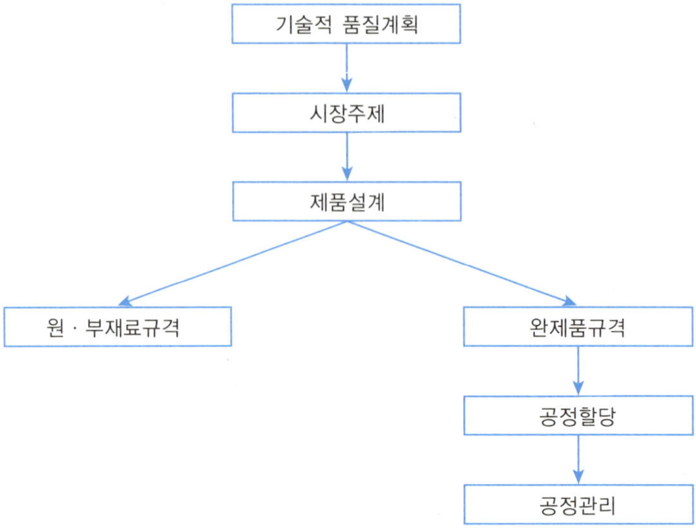

document)로 전환된다. 제품설계문서를 정보로 해서 현재의 기술적 한계, 설비투자 여건, 공급자의 선정 가능성, 제조원가, 그리고 제조 공정이 얼마나 균일한 품질의 제품을 생산할 수 있는가 하는 능력 점검 수단으로 공정능력분석(process capability analysis) 등을 통해 실현 가능한 원 · 부재료규격서 및 완제품규격서를 각각 개발한다.

이후 실제 대량생산에 앞서 고객의 니즈, 즉 규격서가 요구하는 품질 특성을 어느 프로세스에서 수행할 것인지에 대해 체계적으로 구분 및 전개하는 공정할당을 하고, 그 공정할당 자료를 기반으로 공정관리에 들어간다.

2. 정보시스템의 디지털화 필요성

현장 실무자(관리자 포함)들은 기술적 품질계획의 흐름에 따른 공정관리가 제대로 이루어지고 있는지에 대한 정보를 피드백 받을 필요가 있다. 실제로 이러한 정보가 현장에서 캡처(capture)되지 않거나, 시의적절하지도 않으며, 사용 가능한 형태가 아닌 경우도 많다. 전통적인 정보시스템에서는 정보가 실무자에게 도달하기까지 너무 늦어 의미 있는 조치가 제때 취해지기 어렵다.

품질과 생산성 개선이 이루어졌다면 해당 실무자 또는 관련 팀원들이 가능한 한 빠르게 그 프로세스 현황에 대해 알 필요가 있다. 또한, 사전 예방에 필요한 발생 원인의 출처를 식별하고 관리하는 정보시스템이라면 실무자 또는 그들(관련 팀원들)이 품질과 생산성에 영향을 미치거나 개선할 수 있는 요소들을 식별 · 통제할 수 있어야 한다.

향후, 기업들은 조직 내부의 프로세스뿐만 아니라 외부 프로세스(고객 프로세스, 공급업체 프로세스, 관련 이해관계자)에까지 디지털화된 정보시스템에 의해 생성된 지식을 활용할 수 있어야 할 것이다(Ibrahim, R., 2019).

디지털 품질경영시스템

품질경영시스템이란 품질에 관련된 방침, 목표, 그리고 그 목표를 달성하기 위한 프로세스의 확립을 위해 조직의 요소들을 상호 연관 또는 상호작용하도록 하는 일련의 집합이다(Kumar, P. Maiti, J. & Gunasekaran, A., 2018). 다른 부분들과 연계되지 않은 품질경영시스템은 품질에 관련된 업무 처리 프로세스를 늦추고, 인간 실수(human error)의 발생 빈도를 높인다. 제품과 서비스에 품질을 제때 연결하는 최선의 방법은 효과적인 품질경영시스템, 즉 디지털 방식으로 전환하는 것이다.

디지털 품질경영은 품질 점검 시 종이 기반 품질 점검표와 양식(paper-based quality checklists and forms) 대신 디지털 방식을 사용하여 품질 프로세스를 관리한다. 디지털 방식으로 관리함으로써 품질 정보 처리시간을 상당히 절약할 수 있고, 사람에 의한 오류도 최소한으로 줄일 수 있다. 간단히 말해 이전에는 아날로그 또는 수동으로 수행되었던 제조공정에서의 온도, 습도, 압력, 중량, 속도와 같은 공정품질변수 측정이 디지털 품질경영시스템에 의해 실시간으로 자동 측정된다는 것이다.

많은 글로벌 기업이 민첩성과 일관성에 기초한 디지털 형태의 품질경영시스템을 자신들의 경영성과, 혁신, 양질의 제품 및 서비스 제공 같은 측면에서 경쟁우위를 확보하고자 도입하고 있다.

1. 디지털 품질경영시스템의 이점

디지털 품질경영시스템(digital quality management system)은 기업의 품질경영전략의 핵심 요소 중 하나로서, 해당 기업에서 생산되는 제품과 서비스를 고객에게 정시 배송(on time delivery)할 수 있고, 고객의 기대에 부응하는 데 상당한 도움을 준다. 또한 이 시스템은 고객으로부터 품질 불만이 제기되기 전에 그 문제를 식별하여 해결 가능하게 한다.

① 인간 실수 최소화

전통적인 품질경영시스템에서는 근무자의 업무상 과로에 의한 피로감, 졸음, 미숙련, 심리적 불안, 망각, 주의력 부족, 구성원들 간의 갈등 등 다양한 요인들로 인해 디지털화된 시스템을 사용할 때보다 상대적으로 실수(errors) 발생 확률이 높다. 기존의 품질경영시스템을 디지털 방식으로 전환하면 이러한 실수의 발생 요인을 획기적으로 줄일 수 있다.

② 정보처리 시간단축

제조 프로세스에서 온라인 품질통제(on-line quality control), 공정조건 점검 등의 결과를 업무절차와 양식에 따라 수동으로 기록, 정리, 보고하려면 많은 시간이 소모되지만, 디지털 품질경영시스템에 의한 자동보고 및 계기판 사용 시 실시간으로 정보처리 된다.

③ 한눈에 보는 품질시스템

품질과 관련한 모든 데이터를 디지털로 저장하여 자동보고 및 계기판에 나타나도록 일목요연하게 배치·설계함으로써 전체적인 품질경영시스템의 운용 상황을 과도한 눈의 피로 없이 단번에(at a glance)

파악할 수 있다는 장점이 있다.

2. 디지털 품질경영시스템 구축

디지털 기술을 적용하는 효과적인 품질경영시스템 구축에 따르는 어려움은 다음과 같다. 바로 두 분야에 대한 지식을 갖춘 전문가들이 부족하고, 기존 소프트웨어 제품과 근대 품질경영방식을 통합하기 힘들다는 점이다.

다음 〈그림 3.5〉는 시스템의 운영 효율을 개선하고 지연 또는 오류를 야기하는 요인들을 조기에 발견하고 해결함으로써 생산성의 향상 및 품질비용(cost of quality)의 절감에 기여할 수 있는 기본적인 디지털 품질경영시스템의 구성요소를 나타낸다.

그림 3.5 디지털 품질경영시스템 구성요소

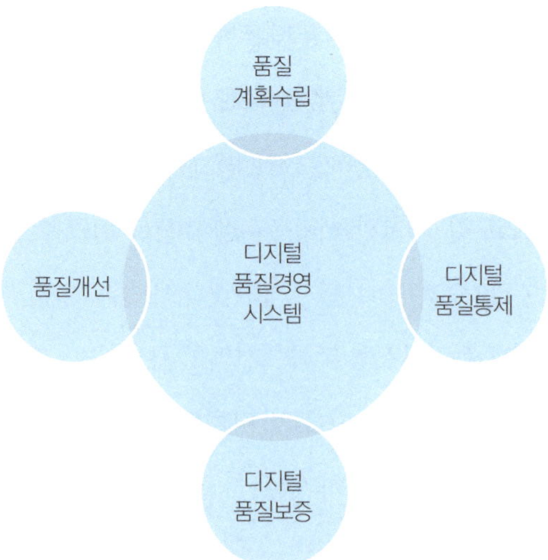

① 품질 계획수립

품질표준, 관행, 자원, 규격 그리고 제품 및 서비스에 관한 일련의 활동들을 규명하는 것으로, 조직에서 고객의 니즈와 기대에 부응하는 제품이나 서비스의 품질수준을 어떻게 달성할 것인가에 대한 개념적 계획이다.

② 디지털 품질통제

제품이나 서비스의 품질 계획수립에서 설정된 품질표준을 충족하는 것에 초점을 맞춘 디지털 품질통제(digital quality control)는 종이 기반 점검표와 양식 대신에 디지털 방식을 사용하여 프로세스와 제품의 점검을 실시간 데이터 분석으로 진행된다. 이러한 디지털 품질통제 방식은 아주 효율적이면서 효과적이다.

③ 디지털 품질보증

품질통제 절차를 준수하고, 제품이나 서비스가 설정한 품질표준을 충족한다는 것을 검증한다.

④ 품질개선

미래에 발생할 수 있는 품질문제를 예방하기 위해 디지털 품질경영시스템을 변경하는 것에 초점을 맞추어 점검 결과를 모니터링한다. 필요한 경우 시정조치를 취한다.

디지털 품질경영시스템 방식으로의 전환은 생선성의 증가와 불만 감소로 이어져 고객에게 비용-효율적인 제품과 서비스를 보장할 수 있게 된다. 따라서 현대 기업들에게 디지털 품질경영시스템 구축은 필수적인 것으로 인식된다.

03 글로벌 공급망의 재편

코로나19 팬데믹의 영향에 따라 발생한 수요–공급 불균형이 채 가시기도 전에 러시아–우크라이나 전쟁이 발발하였고, G2 국가인 미국–중국 간의 무역 충돌까지 겹쳐 글로벌 공급망(GSCs, global supply chains)의 안정성에 빨간불이 켜졌다.

특히, 미국–중국 간의 기술패권 경쟁이 격화하면서 글로벌 공급망은 더욱 흔들리고 있다. 예컨대, 중국의 반도체 굴기 선언으로 미국은 2021년 2월, 반도체를 포함한 4대 분야의 공급망 검토 행정 명령에 이어 2022년 8월, 반도체산업 분야의 글로벌 기술적 우위를 강화하면서 중국의 반도체산업 역량을 견제하려는 의도로 반도체 및 과학법(CHIPS and Science Act)을 제정한 바 있다.

이러한 상황들로 인해 전 세계에 흩어져 있는 제조업체들은 기존에 거래하고 있는 공급망을 재검토하지 않을 수 없게 되었다. 가까운 미래에 그들은 글로벌 공급망의 재편과 자국 산업 중심의 보호무역주의에 편승하여 가능한 한 국내 생산을 늘려 모국의 고용을 증가시키고, 리스크가 있는 공급처에 대한 의존도를 줄이도록 압력을 받을 수도 있다.

2023년 4월, 유럽연합 집행위원회(European Commission)는 역내 반도체산업 육성 및 반도체 생산증대를 위해 430억 유로(약 62조 원) 규모의 유럽 반도체법(Chips Act)을 협의 · 타결하였으며, 2030년까지 유럽연합의 전 세계 반도체 생산 시장 점유율을 현재 9%에서 20%로 확대하겠다고 한다.

우리나라는 그동안 중국과의 경제관계 협력, 그리고 미국과의 안보관계 협력을 위해 동분서주 노력해왔다. 그런데 주력 산업이었던 반도체 산업이 미국–중국 기술패권 경쟁의 중심에 놓이게 되었으니 여간 곤란한 상황이 아니다. 이 판국에 유럽연합까지 반도체 생산 역량을 강화하겠다며 반도체 산업에 뛰어들었다. 그야말로 반도체 산업의 춘추전국시대가 도래했다 해도 과언이 아닌 만큼 반도체 산업을 비롯한 그 외의 산업 전반에 걸쳐 글로벌 공급망 변화에 대한 세심한 재검토와 실익기반 대응전략을 수립해야 할 필요가 있다.

글로벌 공급망의 변화

글로벌 공급망은 정보, 프로세스, 자원의 흐름을 포함하여 재화와 용역을 조달 및 공급하기 위한 목적으로 전 세계 여러 대륙과 국가에 걸쳐 있는 네트워크이다. 즉, 자국보다 낮은 임률(시간당 투입 노무비), 그리고 생산비를 절감할 수 있는 국가들로부터 제품과 서비스를 조달받는 것이다.

이러한 글로벌 공급망을 통한 재화 조달의 이점으로는 제품의 생산에 관련된 낮은 임금과 운영비에서 오는 원가절감, 공급자 개발(전문성 공유와 노동력 기술 향상으로) 및 신규 공급자 개발에 의한 경쟁력 상승 등이 있다. 하지만 제품 선적에 관련된 리드타임(lead time)이 길어지는 문제는 여전히 도전과제로 남아있다.

1. 공급망의 필요성과 순환 개념

오늘날 고객의 니즈나 요구를 충족할 수 있는 제품을 생산하기 위해 전문적 기술이 필요한 주요 구성요소 또는 정교한 재료들을 포함해야 하는 경우가 자주 발생한다. 단일 기업이 이런 제품 생산에 요구되는 광범위한 능력을 모두 보유하기란 현실적으로 한계가 있다. 따라서 적절한 공급망이 제공되어야 한다.

공급망은 원료를 조달하는 첫 단계에서부터 최종 사용자에게 제품 또는 서비스를 마지막 단계로 인도하기까지 제품 또는 서비스를 생산 및 인도하는 전체적인 시스템이다. 이 공급망은 각 단계에서 관련된 활동, 의사소통되는 정보, 유용한 재료로 변형되는 천연자원, 인적자원, 그리고 완제품 또는 서비스에 들어가는 기타 구성요소들을 포함하여 생산 관련 프로세스의 모든 측면을 배치하게 된다.

기업이 공급망을 명확하게 배치함으로써 자체 시장을 정의하고, 미래에는 어디에 위치할 것인가를 결정하는 데 도움이 된다. 공급망의 중요성에 대한 인식 제고를 위해 공급망의 기본적인 순환 개념을

그림 3.6 일반적인 공급망 순환

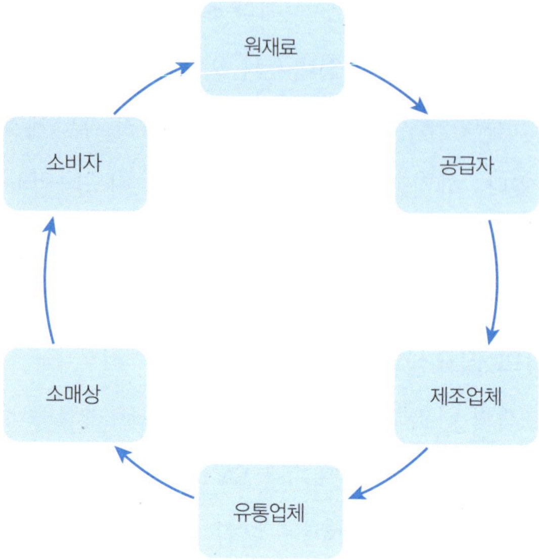

이해할 필요가 있다.

〈그림 3.6〉은 일반적인 공급망의 순환을 나타낸다. 공급망은 원재료의 소싱(sourcing)과 채굴 또는 추출에서부터 시작된다. 원재료는 물류 프로세스를 통해 공급자에게 전달된다. 공급자는 원재료를 다시 제조업체로 넘기기도 하지만, 대부분은 그것을 정제 및 가공하는 다양한 제조업체로 보낸다.

제조업체에서 생산된 완제품은 도매하는 유통업체로 보내지고, 유통업체는 그것을 소매상에게 넘긴다. 그 완제품이 소매상을 통해 최종 소비자에게 판매되고, 그 이후 소비자로부터의 완제품 수요에 따라 공급망의 순환은 지속된다.

2. 글로벌 공급망의 이슈

그동안 주로 아시아 지역 국가들에서 만든 상품들이 서구시장으로 납품되었는데, 다중 병목현상으로 사람, 기업, 그리고 상품을 주문 · 제조하여, 창고, 상점, 심지어 문 앞에까지 배달하던 운송 수단의 네트워크인 글로벌 공급망이 영향을 받고 있다.

이와 관련하여 공급망 전문가들이 바라보는 '글로벌 공급망의 5가지 이슈'는 상승하는 생계비, 노동 불안정(labour unrest), 에너지 부족, 지정학적 불확실성(geopolitical uncertainty), 그리고 기상이변이었다.[5] 이슈별로 다음과 같이 정리하였다.

① 상승하는 생계비

치솟는 물가상승은 식료품 가격상승으로 이어져 가계에 큰 타격을 입혔다. 이에 따라 소비자들은 지출을 줄여야겠다고 예단하고 있어 상품과 서비스의 수요를 불확실성에 빠트렸다. 이것은 공급망 계획 수립자들이 사전에 소비자가 필요로 할 상품의 양과 유형을 정확하게 추정하기 어렵게 한다.

② 노동 불안정

생계비의 상승은 노동자들이 자신들의 급여(pay packets)와 관련

5 WEF, '5 challenges facing global supply chains', Sep.7, 2022. https://www.weforum.org/agenda/2022/09/5-challenges-global-supply-chains-trade

된 물가상승률의 영향에 대응하기 위해 임금인상을 요구하는 것으로 이어졌다. 파업 같은 쟁의행위(industrial action)는 공급망에 대해 압력을 가중시킨다.

예컨대 영국철도파업이 건설자재의 운송에 영향을 미쳤을 때 한국에서는 화물 기사의 파업이 일어나 컴퓨터 공급망의 혼란이 가중되었다.

③ 에너지 부족

인플레이션(inflation)은 식량 가격뿐만 아니라 에너지 비용 문제까지 야기시켰다. 독일 상공회의소의 연구에 따르면, 독일 기업의 16%가 생산 규모를 줄이거나 사업 운영을 부분적으로 중단할 준비를 하던 시기에 가스 가격의 상승과 러시아로부터의 공급 감소가 겹쳐 다른 유럽 기업들은 서둘러 석탄과 같은 대체 에너지원을 찾아야 할 것 같은 압박을 느꼈다고 한다.

독일은 유럽에서 경제 규모가 가장 큰 나라이며 수출에 크게 의존하고 있다. 만약 그 경제가 경기침체로 예상될 경우, 전 세계적으로 제조 공급망에 대한 영향은 상당할 것이다.

④ 지정학적 불확실성

현재 경험하고 있는 많은 에너지와 식량 가격에 대한 근본적인 원인은 러시아의 우크라이나 침입이다. 이는 세계 식량 위기를 부채질하여 공급망을 혼란에 빠트렸다. 또한 비료의 부족은 여러 국가의 농업 생산량을 제한하고 있다. 예컨대 몇몇 곡물 선박들이 우크라이나를 떠났을 때, 예멘과 같은 국가들의 기근을 해결할 중요한 공급자들을 풀어주는 것만으로는 세계적인 식량 공급 위기를 해결하지 못할 것이다.

세계의 다른 지역에서 벌어지는 중국과 미국 간의 긴장 관계는 이미 코로나19 팬데믹 이전부터 진행되고 있었다. 긴장이 계속해서 고조된다면 컴퓨터에 사용되는 반도체를 전 세계 제조업체에 납품하는 공급망이 저해되는 등과 같은 상황이 발생할 수 있다.

⑤ 기상이변

기후변화는 공급망에서 훨씬 더 오래전부터 지속되어온 문제이다. 가뭄은 전 세계적인 수위(water levels)를 낮추었고, 이는 해운 공급에 영향을 미쳤다. 수위가 낮아지면 화물 선박들은 좌초의 위험을 최소화하기 위해 통상적 화물량의 일부만을 운반해야 한다. 화물이 다른 종류의 운송으로 전용될 수는 있지만, 한 척의 배가 화물을 더 싣기 위해서는 500대 이상의 트럭이 필요해질 것이다.

예컨대, 중국 경제 생산의 45%를 책임지는 양쯔강(Yangtze river)의 일부 지역들은 수위가 정상보다 50% 이상 낮아지는 바람에 배들의 운행이 폐쇄된 적이 있었다.

글로벌 공급망의 편익과 과제

글로벌 공급망은 전 세계 여러 국가와 조직 간에 걸쳐 수행되는 프로세스, 인력, 기술 및 데이터의 통합시스템이다. 또한, 이것은 제품과 서비스를 한 위치에서 다른 위치로 이동하기 위해 모두 연결되는 공급자, 제조업체, 창고, 유통업체, 배송업체, 고객의 복잡한 네트워크이고, 사업의 성공에 필수적인 역할로서 끊임없이 진화하고 있다.

글로벌 공급망은 오랫동안 전 세계 기업들의 효율성을 높이고 비용을 절감하는 데 도움을 주었다. 하지만 전례 없는 코로나19 팬데믹, 미국-중국 간의 긴장 또는 러시아-우크라이나 전쟁과 같은 사건과 혼란으로 인해 기업들로 하여금 글로벌 공급망에 대한 의존도를 낮추도록 강요하고 있다.[6]

글로벌 공급망은 일시 중단 또는 폐쇄 같은 혼란에 매우 취약하다. 지금처럼 불확실한 상황에서 글로벌 공급망의 미래는 어떻게 될까? 글로벌 공급망에 대한 편익과 과제를 검토해본다.

1. 글로벌 공급망의 편익

글로벌 공급망 경영을 통하여 얻을 수 있는 편익으로는 저비용 활용, 유연성 확보, 고객만족도 향상, 생산성 상승, 새로운 시장 진출

6 GEP, 'The Advantages and Disadvantages of Global Supply Chains'. https://www.gep.com/blog/strategy/advanteges-and-disadvantages-of-global-supply-chains

등이 있을 수 있다.

① 저비용 활용

기업들이 글로벌 공급망을 통해 해외 시장에서 저비용(lower costs)의 이점을 이용할 수 있다. 그들은 더 싼 노동력과 생산원가가 용이한 국가들로부터 재료를 조달할 수 있어, 보다 비용 효율적인 운영을 할 수 있게 된다.

② 유연성 확보

기업들이 고객의 수요 또는 요구사항을 충족하기 위해 운영상황을 신속하게 조정할 필요가 있을 때, 글로벌 공급망을 통해 유연하게 대응할 수 있다. 즉, 신제품 출시 또는 소비자 니즈 변경과 같은 시장에서의 갑작스러운 변화를 제때 수용할 수 있는 유연성(flexibility)을 갖게 된다.

③ 고객만족도 향상

글로벌 공급망을 통해 최신 기술과 데이터 분석을 활용함으로써 더 높은 수준의 품질통제를 보장할 수 있고, 이는 고객만족도 향상으로 이어질 것이다.

④ 생산성 증가

기업들은 글로벌 공급망을 효율적이면서 간소화하게 설계하고, 프로세스를 최적화하며, 기술을 활용함으로써 낭비를 줄이고 생산성을 증가시킬 수 있다.

⑤ 새로운 시장 진출

기업들은 글로벌 공급망을 통해 새로운 시장에 진출하여 새로운 수익원을 활용할 수 있다.

2. 글로벌 공급망의 과제

글로벌 공급망의 경영에 따른 편익이 있는 반면에, 복잡성, 규제 리스크, 모니터링(monitoring)과 추적의 어려움, 언어와 문화의 장벽, 보안리스크 등과 같은 해결되어야 할 과제들도 있다.

① 복잡성

글로벌 공급망은 복잡하고도 상이한 현지에서의 문화와 전통을 포함하여 다양성(diversity)을 존중해야 하는 이해관계자들을 포함한다. 따라서 비용의 증가와 지연을 초래할 수 있다.

② 규제 리스크

다양한 국가들로부터의 수많은 법률과 규제(laws and regulations)를 준수해야 하기 때문에 관리가 쉽지 않다. 따라서 부과되는 벌과금(fines and penalties)에 상당한 비용이 소요될 수 있다.

③ 모니터링과 추적의 어려움

각기 다른 다양한 이해관계자들이 섞여 있어 상품과 서비스의 이동을 모니터링하고 추적하는 것이 어렵다. 이는 지연과 비효율성으로 이어질 수 있다.

④ 언어와 문화의 장벽

언어와 문화의 장벽이 있는 다른 국가들의 이해관계자들을 포함하고 있어 효과적인 의사소통에 어려움이 따를 수 있다. 이는 오해와 비효율을 초래할 수 있다.

⑤ 보안 리스크

글로벌 공급망은 사이버 공격, 데이터 침해 및 도난과 같은 보안 위협(security threats)에 취약하다. 따라서 기업들은 글로벌 공급망의 보안을 보장하기 위해 올바른 기술과 프로세스에 투자할 준비가 되어 있어야 한다.

글로벌 가치사슬의 변화

글로벌 가치사슬(global value chains, GVCs)은 국가 간에 걸친 생산과 무역의 네트워크이다. 주로 기업들의 생산, 무역 및 투자가 국가들의 글로벌 가치사슬 내에서 이루어지고, 현지에 배치된 단계 또는 프로세스의 최적화로 이어진다.

지난 수십 년 동안 세계화(globalization)의 흐름에 따라 기업들은 설계, 생산, 마케팅, 유통 등과 같은 가치사슬 활동들을 외주(outsourcing)와 해외 업무위탁(offshoring) 운영 방식으로 수행해왔다.

생산 단계별로 비교우위에 있는 여러 국가들이 각 프로세스에 참여함으로써 한 제품을 완성하고 판매하는 프로세스에 있는 각 생산국은 부가가치를 창출할 수 있다. 세계화를 표방하는 기업들은 원재료에서부터 완제품에 이르기까지, 그 제품 생산 프로세스에서 필요한 기술과 재료를 경쟁력 있는 비용과 품질에서 이용 가능한 곳이면 어디서든 수행한다.

〈그림 3.7〉은 상품과 서비스의 글로벌 가치사슬 흐름에 따른 2018년 우리나라 총수출입액과 부가가치액의 비율(%)을 보여준다. 2018년, 한국의 총수출액에 있어 부가가치 상위 3개국은 중국(27.2%), 미

그림 3.7 거래 파트너별 총수출입액과 부가가치액의 비율

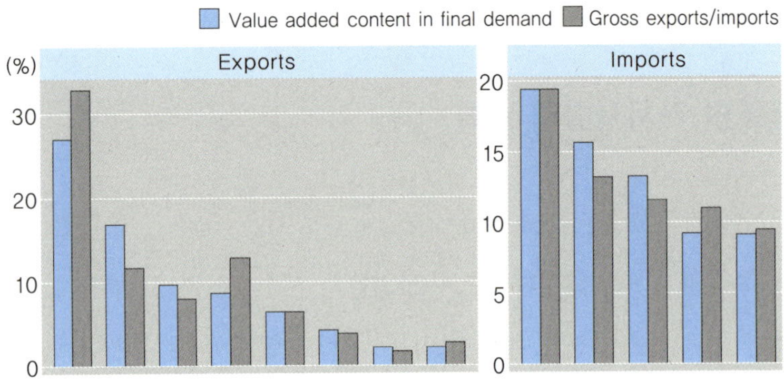

출처: OECD, Trade in Value Added: Korea, Feb. 2022.

국(16.9%), 유럽연합(9.8%)이었고, 총수입액에서도 부가가치 상위 3개국은 그대로 중국(19.4%), 미국(15.5%), 유럽연합(13.2%) 순으로 나타났다.

하지만 미국이 세계화에 맞서 자국 우선 보호무역주의(protectionism) 정책을 펼치고 있으며 미국과 중국 간의 잦은 무역 분쟁이 일어나고 있다. 이는 향후 글로벌 가치사슬 추세에 상당한 영향을 미칠 것으로 보이는 만큼 주의를 기울여야 할 것이다.

1. 글로벌 가치사슬 재검토

글로벌 가치사슬은 지난 40년 동안 지배적인 생산 패러다임으로 등장했으나 빠른 변화, 글로벌 가치사슬 참여 둔화, 글로벌 리스크에 대한 취약성 등을 보면, 이제 세계화의 성격과 속도를 재고할 시점이 되었다.

① 빠른 변화

글로벌 가치사슬에 참여하는 국가들이 생산 현지에서 생산성을 높이고 임금과 소득을 지원하여 비교우위 분야를 전문화할 수 있었다. 하지만 30년의 지속된 성장 이후에 글로벌 가치사슬 참여가 줄어들었다. 글로벌 가치사슬은 매우 복잡하여, 유럽과 아시아 내에서 강한 지역적 차원을 유지하고 있다.

② 글로벌 가치사슬 참여 둔화

운송비용, 관세 및 비관세 장벽을 포함하는 무역 비용이 글로벌 금융위기 이후 증가하고 있다. 이 때문에 기업들은 서로 다른 관할권에 걸쳐 생산을 해외 위탁할 때 더 많은 비용을 들이게 되었다. 또한, 산업 4.0에 관련된 신기술의 확산도 글로벌 가치사슬에 영향을 미칠 것으로 예상된다.

③ 글로벌 리스크에 대한 취약성

코로나19 팬데믹과 같은 주요 사건이 글로벌 가치사슬 관련 세계무역의 감소를 약 25% 확대했을 것 같다. 글로벌 가치사슬은 중국에서의 봉쇄로 2020년 첫 몇 달 동안 큰 타격을 받았지만, 중간재 무역은 어느 정도의 회복력을 보이는 글로벌 가치사슬과 더불어, 하반기에 비교적 빠르게 회복되었다.

글로벌 공급망과 글로벌 가치사슬의 변화 대응

1991년 12월, 소비에트 연방이 해체되면서 동서냉전이 서서히 막을 내렸다. 그리고 1995년 1월, 세계 단일 경제블록의 실현을 위해 출범한 세계무역기구(world trade organization, WTO)의 영향력이 커졌다. 하지만 2015년 선진국들 간의 자유무역협정(free trade agreement, FTA) 체결이 활발히 진행되었고, FTA에서 벗어나 있는 개발도상국들이 점차 글로벌 무역 시장에서 입지가 좁아지자 사실상

WTO의 역할이 상당히 약화되고 있다.

이후 반도체, 통신, 인공지능 등의 첨단 전략 기술 · 산업 중심으로 미국과 중국 간의 패권경쟁이 지속되었으며, 코로나19 팬데믹에 러시아–우크라이나 전쟁까지 겹치게 되었다. 글로벌 공급망과 글로벌 가치사슬 관련 리스크 대응을 위해서는 중간재 수입 다변화, 경쟁력 있는 전략산업 육성, 생산기지 이동과 같은 중장기적 전략을 수립하여야 할 것이다.

① 중간재 수입 다변화

제품생산 활동에 필요한 중간재의 중국 의존도가 높아 중간재 생산에 차질(미국–중국 간 갈등 증폭, 기상이변 등)이 발생할 경우, 생산에 타격을 입을 수 있다. 따라서 중간재에 대한 국내 생산 또는 해외 공급선 다변화를 모색해야 한다.

② 경쟁력 있는 전략산업 육성

신냉전 시대의 흐름에 따라, 원전산업과 방위산업 같은 자본재 수출 대상 국가와의 협력을 강화할 뿐만 아니라 범국가적인 차원에서 관련 고급 핵심기술 인력 양성 등 전략적이고 장기적인 접근이 필요하다.

③ 생산기지 이동

글로벌 가치사슬 분업구조로서 생산기지를 상대적으로 노동력이 풍부하고 저렴한 곳(신흥공업국)으로 이전하는 오프쇼어링(offshoring) 즉, 중국에서 베트남으로, 다시 동남아시아로, 그 이후에는 인도 등으로 옮겨갈 가능성이 있다. 다른 한편으로는 산업 4.0의 디지털화 속도에 따라 자국(한국)으로 다시 회귀하는 리쇼어링(reshoring)도 동시에 고려할 필요가 있다.

04 협력사 상생전략을 통한 가치창출

우리나라는 산업화 초기에 자본력과 기술력이 부족하여 소재, 부품, 장비를 수입해서 조립 또는 제조하는 정도의 생산수준이었으나 경제가 발전하면서 점차 생산 규모가 커지고 어느 정도 기술력도 축적되어, 관련 소재와 부품의 국산화와 더불어 소위 협력사들이 생겨났다.

아마도 이때부터 원청업체인 대기업과 외주 형태의 협력사(하청업체)인 중소기업 간의 상생협력 관계로 발전하게 되었다고 할 수 있다. 대·중소기업 상생협력 촉진에 관한 법률(상생협력법) 제1조(목적)에 의하면, '이 법은 대기업과 중소기업 간 상생협력(相生協力) 관계를 공고히 하여 대기업과 중소기업의 경쟁력을 높이고 대기업과 중소기업의 양극화를 해소하여 동반성장을 달성함으로써 국민경제의 지속성장 기반을 마련함을 목적으로 한다.'라고 명시되어 있다.

대내외적인 사업 환경 또는 시장에서의 경쟁상황 변화가 있을 때면 종종 납품단가, 납기일정 또는 품질향상 문제로 대기업과 협력사

간에 상호 마찰을 빚기도 했지만, 서로 협력하여 가치를 창출하면서 성장해 왔다. 많은 글로벌 기업들은 거래비용 절감과 한층 강력한 경쟁우위 확보를 위해 다양한 협력사들과 공급망을 형성하고 장기적인 협업 관계를 유지한다(Sheu, C. Yen, H. R. & Chae, D., 2006).

협력사와 협업적 관계

협업적 관계(collaborative relationship)는 양측(대기업과 중소기업, 중소기업과 중소기업 또는 위탁기업과 수탁기업)이 제품과 서비스의 품질 개선과 비용 절감을 위해 함께 작업하는 두 조직 간의 사업관계로서, 한층 더 효율적인 공급망을 창출하는 데 도움이 되기 때문에 참여한 양측 모두에게 유리하다.

협업적 관계를 지속적으로 유지하기 위해 양측이 의사소통과 협업에 대한 공식적 의지 표명(formal commitment)을 할 필요가 있다. 이것은 빈도, 방향, 방식 및 영향의 전략적 측면에서 공급망 파트너 간에 연락을 취하고, 메시지를 전송하는 협업적 의사소통을 의미한다. 개방적이고, 빈번하며, 균형이 잡힌, 양방향(two-way), 다층적 의사소통(multilevel communications)은 기업 간의 긴밀한 관계를 나타낸다(Goffin, K. Lemke, F. & Szwejczewski, M., 2006).

1. 협업적 관계의 이점

사람에 따라서는 협업적 관계를 단순히 더 효율적이고 비용-효과적인 방식으로 협력사와 일하는 것으로 생각할 수 있으나, 가장 확실한 이점은 결과적으로 비용 절감의 효과를 발생시킨다는 것이다. 즉, 프로젝트에서 협력사와 협업을 함으로써 노력의 낭비 및 업무의 중복을 없앨 수 있으며 이에 따라 양측 모두 지출 비용을 줄일 수 있게 된다.

비용 절감 이외에도 협업적 관계는 제품과 서비스에 대한 개선된 품질과 납기로도 이어질 수 있다. 예컨대, 협력사가 처음부터 개발 프로세스에 참여한다면 니즈와 요구사항(needs and requirements)에 대한 이해도가 높아지므로 그만큼 그 니즈와 요구사항을 더 잘 충족시키는 제품을 설계하고 생산할 수 있다.

개선된 의사소통은 협업적 관계의 또 다른 주요 이점이다. 협력사와 긴밀하게 협업함으로써 그 협력사의 능력과 용량(capabilities and capacities)에 대한 이해도를 높일 수 있다. 이러한 정보를 토대로 생산 일정을 좀 더 효과적으로 계획하고, 잠정적인 중단을 방지하는 것이 가능해진다.

더 나아가, 협력사와의 정기적인 의사소통은 양측 간에 신뢰를 쌓고 상호 존중하는 문화를 구축할 수 있게 한다. 또한, 양측은 프로젝트에서 함께 작업을 하면서 새로운 것으로 유도할 수 있는 아이디어와 모범 관행을 상호 공유할 수 있다. 이는 추후 혁신을 위한 기회가 된다.

2. 협업적 관계의 리스크

이처럼 협업적 관계에 여러 가지 이점들이 있지만, 몇 가지 고려해야 할 리스크도 존재한다. 협업이 오히려 경쟁력을 저하시켜 혁신이 줄어들고 가격이 상승하는 경우도 있다.

기업이 단일 협력사에 지나치게 의존하면 여의찮은 경우에도 다른 공급처로 전환하기 어려운, 소위 발목 잡힌다고 말할 수 있는 상황에 놓일 수 있다. 또한 실제로는 협력사가 불만을 품고 제3의 다른 고객을 물색 중인 상황임에도 기업은 기존 협력사와 좋은 관계를 유지하고 있다고 생각하는 경우 그릇된 안정감에 빠질 우려가 있다. 그 외에도, 양측의 의사소통과 협업이 중단되어 공급의 지연 또는 오류로 이어질 가능성이 있다.

전략적 파트너십 관계

기업이 전략적 파트너십(strategic partnership) 관계를 구축하기 위해서는 전략적 리더십(strategic leadership)이 필요하다. 전략적 리더십은 단기적 재정 건전성을 유지하면서 조직의 장기적 성공 가능성을 높이는 의사결정을 자발적으로 내리도록 다른 사람들에게 영향을 미치는 능력이다. 전략적 리더십에는 3가지 원칙이 있다.

① 원칙 1. 책임 배분

최고의 리더는 조직 전반에 걸쳐 모든 계층의 사람들이 의사결정에 참여할 수 있도록 권한을 부여한다. 책임의 배분은 전통적인 의사결정 계층 밖에 있는 사람들의 지혜를 활용함으로써 시간이 지남에 따라 조직의 집단적 지능, 적응력 및 회복력을 증가시킨다.

② 원칙 2. 정보에 대한 정직성과 개방성

정보가 알 필요가 있는 것에 근거하여 특정한 개인들에게만 공개되면, 나머지 많은 사람들이 암암리에 의사결정을 하게 된다. 그들은 조직의 전략에 대해 어떤 요인들이 중요한지 정확하게 알 수 없어 자신들의 추측에 의존한다. 더 나아가, 정보의 부족은 리더가 선뜻 새로운 것에 도전하지 못하게 하고, 리더의 방식과 다른 아이디어를 제안하는 것도 어렵게 만든다.

③ 원칙 3. 아이디어 제시 및 테스트를 위한 다중경로(multiple paths)

조직이 가치를 창출하는 방식에 있어서 보다 중요한 것은 어떻게 사람들의 아이디어를 연결하여 수면 위로 나타나게 하느냐이다. 기존의 직계 관리자를 통해 이루어지는 전통적인 방식 대신 혁신적인 사고를 담아낼 수 있는 경로의 다양성을 보장할 필요가 있다. 예컨대, 사람들이 유사하거나 같은 생각을 가진 동료들에게 아이디어를 제시하고, 서로 그것에 대한 타당성을 테스트할 수 있는 횡적기능 포럼(cross-functional forums)을 가질 수 있다.

전략적 파트너십은 서로 직접적으로 경쟁하지 않는 두 개의 분리된 기업 간의 관계를 말한다. 즉, 사업계약에 의해 공식화되고, 양측이 서로 원하는 결과에 기반하며, 장기적으로 승-승(win-win)하는 수익성과 혁신을 달성하려는 관계이다. 이 파트너십은 사업계약의 체결 여부와 무관하게 양 파트너 사이에 신뢰-기반 형성이 필수적이다.

필요한 경우, 전략적 파트너십 활동은 기업 간의 공유된 연구개발 기능까지 포함할 수 있어 더욱 높은 수준에서의 지식과 기술 능력 공유를 요구할 수 있다. 그렇게 함으로써 혁신의 비용과 리스크를 양측으로 확산할 수 있다(Mowery, D. C. Oxley, J. E. & Silver, B. S., 1996). 이러한 전략적 파트너십 관계에서 두 기업은 마케팅, 공급, 기술 또는 이들의 조합 등과 같은 영역에서 공동으로 노력하게 된다.

전략적 파트너십은 마케팅 파트너십, 공급 파트너십, 기술 파트너십 등과 같이 다양한 부문에서 맺어질 수 있다.

1. 마케팅 파트너십

마케팅 파트너십은 관련 분야의 기업들이 서로 새로운 고객을 찾는 데 도움을 주는 것이다. 규모가 큰 제조업체들의 경우, 서로를 위해 독점적으로 제품을 제조 및 판매하는 것에 상호 동의하여, 제조된 제품들을 판매할 수 있는 기업군(business group)에서 파트너를 찾는다.

2. 공급 파트너십

공급 파트너십은 전략적 파트너십에서 가장 일반적인 유형이며,

기업이 필요로 하는 제품, 서비스 및 재료를 그 기업에 공급하는 공급업체와 제조업체 간의 파트너십이다. 이 유형은 가끔 독점적인 파트너십으로 될 수도 있다.

3. 기술 파트너십

전 세계적으로 기업들은 첨단 기술에 더 의존하게 되었다. 이처럼 관련 기술을 관리하는 데 필요한 자원 확보가 중요해진 만큼 제때 기술 파트너를 찾아 관련 부문들과 보조를 맞추면 사업을 원활하게 운영할 수 있다.

협력사와 상생협력 및 가치창출

상생협력법에서 정의하는 상생협력은 '대기업과 중소기업 간, 중소기업 상호 간 또는 위탁기업과 수탁기업(受託企業) 간에 기술, 인력, 자금, 구매, 판로 등의 부문에서 서로 이익을 증진하기 위하여 하는 공동의 활동을 말한다'로 되어 있어 상당히 포괄적이다.

실제 대기업들은 자사의 신제품 출시, 원가절감, 품질향상 등 필요에 따라 협력사들에게 자금지원, 기술지원, 경영 노하우 전수 등을 하는 동시에 수용하기 불편한 납품단가 인하, 기술개발 요구를 하기도 했다. 상호신뢰가 없었다면 이와 같은 상호협력을 지속하기 어려웠을 것이다.

1. 협력사와 상생협력

국내 많은 대기업들은 관련 협력사들과의 지속가능한 파트너십을 구축하기 위해 기술, 교육, 경영컨설팅, 판로개척 등 다양한 지원을 하고 있다. 〈표 3.5〉는 일부 대기업 홈페이지에서 수집한 상생협력 관련 주요 프로그램 또는 활동을 정리한 것이다. 국내 대기업들의 협력사 지원 프로그램에서와 같이 많은 중소기업들이 국내 글로벌 대기업들이 주도하는 공급망에의 참여를 통해 지식과 기술력 습득을 하고 있다(Park, S. W. and Park, S. T., 2013).

표 3.5 국내 대기업의 협력사 지원 프로그램

회사명	프로그램
삼성전자	• 기술협력 / 컨설팅 /교육지원 / 경영지원
SK	• 기술 공동개발 / 특허공유 / 세미나 및 교육(ESG 성과개선)
롯데	• 한국 중소기업 상품의 특별전시공간 상설 운영(해외 점포) / 중소기업 전용 판매관 운영(롯데백화점 주요 점포)
포스코	• 기술협력 / 교육 및 컨설팅 지원 / 경영안정 / 복리후생 지원
한화	• 상생펀드와 동반성장 사모펀드 조성 및 운영 / 사업 공동 참여 / 기술정보 교류
현대자동차	• 1, 2차 협력사 교육 제공 / 협력사 대상 세미나 및 신기술 전시회/협력사 자체 교육을 위한 교육시설 및 강사지원

2. 협력사와 가치창출

오늘날, 성공하는 기업들은 사업의 목적이 고객, 투자자, 직원 등과 같은 관련 이해관계자들에 대한 가치창출에 있다는 사실을 잘 이해한다. 가치창출은 노동과 자원을 투입해서 다른 개인 또는 조직의 니즈를 충족시키는 것으로 전환하는 프로세스이다. 기업에서의 가치창출은 고객의 니즈에 따라 그들에게 제품 또는 서비스를 제공하는 특정한 행위를 의미한다.

투자자들은 지속적으로 자신들의 자본에 대해 높은 수익(high returns)을 제공받고 싶어 하는바, 기업이 고객에게 지속적인 가치를 제공하는 경우에만 이를 받아들일 수 있거나 달성할 수 있을 것이다. 그 가치창출은 협력사와 함께 고객의 니즈 이해, 양질의 제품생산 및 프로세스 혁신을 통해서 가능하다.

특히 경제적 가치는 다른 조직(협력사)을 뒤로하고 어느 한 조직에만 제공되는 것이 아니라 양측 모두를 위해 창출되어야 한다. 그리고 경제적 가치창출에 이어 브랜드, 아이디어, 사람, 혁신과 같은 무형자산뿐만 아니라 ESG 가치창출도 중요해지고 있는바, 상호신뢰를 기반으로 협력사와 함께할 필요가 있다.

05 ESG 경영으로부터의 가치창출

오늘날 기업의 이해관계자들은 자원을 운용하여 창출하는 그 기업의 단기 재무적 성과뿐만 아니라 재무적 성과를 지속하기 위한 ESG 경영 관련 비재무적 성과도 중시한다. 즉, 기업은 장기적인 관점에서 재무적 책임과 비재무적 책임을 동시에 수행하여야 지속가능한 양질의 경영 성과를 달성할 수 있다는 것이다.

ESG 경영에 대한 평가 등급과 편익

기업이 중장기적인 ESG 경영전략을 수립하고 관련 프로그램 또는 활동을 실천함으로써 그 기업과 투자자 양측에 가시적인 편익을 가져올 수 있다. ESG 경영전략의 수립과 실천은 기업에게 더 큰 자본풀(capital pool)에 대한 접근을 열어둔다. 이에 따라 더 강력한 브랜드 정체성(brand identity)을 촉진하게 되고, 투자자가 스스로 자신의 가치를 증명할 수 있으며, 전통적인 접근방식보다 더 나은 수익을 얻을 수 있다.

하지만 비재무적 성과향상을 위한 기업의 ESG 경영 노력이 실제 재무적 성과에 어떠한 영향을 미치는지에 대해서는 의견이 분분하다. 또한 비재무적 성과의 효과는 시간 차이를 두고 발생할 수 있다.

1. ESG 경영에 대한 평가에서 등급이 높은 기업

ESG 경영에 노력을 기울이는 기업들은 다른 경쟁자들보다 상대적으로 경쟁적 우위를 점할 수 있다. 예컨대, 환경 부문에서 평가 등급이 상대적으로 높은 기업은 친환경 제품 개발을 위해 연구개발에 많은 투자를 하였고, 사회 부문의 경우 관련 협력사와의 상생을 위해 영업활동에 많은 노력을 기울여 평가 등급이 높았으며, 지배구조 부문에서는 재무구조가 건전하고 광고 및 프로모션 등을 통해 인지도 및 이미지 제고에 노력을 기울여 평가 등급이 높았다.

2. ESG 경영을 통한 편익 발생

기업의 ESG 경영 측면에서 노력과 재무적 성과의 선후행 관계에 대한 실증분석 결과, 환경 부문(E), 사회 부문(S) 및 지배구조 부문(G)의 성과개선을 위해 노력을 많이 기울인 기업일수록 협력사와의 원활한 거래 활동으로 전반적인 수익성과 현금 창출 능력은 개선되었고 재고관리에 소모되는 비용을 줄일 수 있었다(김범석, 민재형, 2016).

ESG 경영에 의한 가치창출 방식

기업은 강력한 환경, 사회 및 지배구조(ESG) 경영으로 매출 성장, 비용 절감, 규제 및 법적 개입, 직원 생산성 향상, 투자 및 자산 최적화와 같은 5가지 필수적 방식으로의 가치창출과 연결할 수 있다(Henisz, W. Koller, T. & Nuttall, R., 2019).

1. 매출 성장

강력한 ESG 경영으로 기업이 새로운 시장을 개척하고 기존 시장을 확장하는 데 도움을 준다. 정부 기관이 기업인을 신뢰하면 성장을 위한 기회를 제공하는 접근 권한, 승인 및 라이선스를 부여할 가능성이 커진다.

2. 비용 절감

ESG 경영의 효과적 실행은 원재료 비용과 물 또는 탄소의 실제적 비용 등 증가하는 운영비(operating costs)를 해결하는 데 도움을 줄 수 있다. 맥킨지 연구(McKinsey research)에 의하면 영업이익에 60%까지 영향을 미칠 수 있다.

3. 규제 및 법적 개입

강력한 외부적 가치의 제안은 기업에 더 큰 전략적 자유를 주어 규제 압력을 완화할 수 있게 한다. 실제로 ESG 경영의 강점은 부문과 지역에 걸쳐 불리한 정부 조치로 발생할지 모르는 기업의 리스크를 줄이는 데 도움을 줄 수 있다. 경우에 따라서는 정부의 지원도 받을 수 있다.

4. 직원 생산성 향상

강력한 ESG 경영은 우수한 직원들을 유치 및 유지하는 데 도움을 준다. 또한 그들에게 목적의식을 주입함으로써 직원들의 의욕을 북돋우어 전반적으로 생산성을 증가시킬 수 있다. 직원 만족도는 주주수익(shareholder return)과 긍정적으로 관련되어 있다.

5. 투자 및 자산 최적화

강력한 ESG 경영은 한층 유망하고, 지속가능한 기회(예: 재생에너지, 폐기물 감소)에 자본을 배정함으로써 투자수익을 높일 수 있다.

3장을 마무리하면서

전 세계에 걸쳐 가뭄, 홍수, 폭염 등 다양한 형태의 기상이변을 야기하는 기후변화에 대응할 필요가 높아지고 있다. 그러므로 국가 관련 행정부처, 산업부문 및 기업은 저탄소 경제 또는 탄소제로 경제로의 변환, 4차 산업 혁명 시대에 걸맞게 실시간 디지털 기술에 기반한 디지털 품질경영시스템 구축, 그리고 신냉전 시대 자국의 핵심기술과 산업을 보호하려는 글로벌 공급망의 변화에 대한 대응으로 중간재 수입 다변화, 경쟁력 있는 전략산업 육성 및 생산기지 이동 등을 함께 적극적으로 논의하여야 한다.

특히 기업은 비즈니스의 지속가능성을 위해 전략적 리더십을 발휘해야 한다. 또한 상생협력 관계에 있는 협력사들을 포함하는 공급망과 역량을 합쳐 위에서 언급한 과제들을 반영하는 ESG 경영 중·장기 가치창출 전략을 수립하고 구체적인 실행로드맵을 개발하여야 한다.

4장

새로운 산업 분야의 ESG 경영과 가치창출 전략

01 국제환경 변화와 신규 산업 분야

02 방위산업의 ESG 경영과 가치창출 전략

03 원전산업의 ESG 경영과 가치창출 전략

04 우주산업의 ESG 경영과 가치창출 전략

05 K-문화 산업의 ESG 경영과 가치창출 전략

06 데이터/소프트웨어 산업의 ESG 경영과 가치창출 전략

01 국제환경 변화와 신규 산업 분야

국제환경 변화

기후·환경문제가 현안이 되면서 세계 각국 정부의 정책과 협력 관계가 변화하고 있으며, 이는 산업 구조와 기업 전략의 변화를 초래할 것으로 예상된다. 일찍이 지속가능성, 지속가능 발전은 현재의 경제적 성장을 유지하면서 사회적, 환경적 문제를 해결하고자 하는 시도로서 1900년경 유럽을 시작으로 꾸준히 논의되어왔다.

지속가능성은 빈곤, 기아, 위생, 교육 등의 사회적 불평등, 에너지, 생물다양성 보호 등의 환경과 같은 다양한 요소들로 구성되었으며, 기후변동은 지속가능성의 주요 요소로 최근 더욱 현안이 되고 있다. 특히 기후변동으로 인한 위험을 실시간으로 체감할 수 있는 만큼 지속가능성은 더욱 강조되고 있다.

코로나19 발생 이후에도 기후·환경문제는 여전히 주요하게 다뤄야 할 문제로 지속적인 관심을 받고 있으며, 앞으로도 계속될 전망이다. 기후·환경문제는 기업에 '물리적 위험(physical risk)과 이행 과정의 위험(transition risk)'을 발생시키며 기업 활동에 영향을 미칠 것으로 예상된다.

여기에서 물리적 위험이란 기후변화(기온상승, 해수면상승, 이상기상 등)가 원인이 되어 발생하는 사업적 위험을 가리킨다. 다시 말하면, 기후변화로 인해 실물 부문에서 발생한 직접 또는 간접적인 물적 피해가 보험계약, 대출, 투자 등의 거래관계를 통해 금융 부문으로 파급되는 리스크를 의미한다. 예를 들면, 2021년 2월 16일 미국 텍사스주에서 발생한 이상저온현상으로 삼성전자 반도체 공장이 가동을 중단한 사례가 있다.

이행 위험이란 기후변화에 대응하기 위해 정부 차원에서 저탄소 경제로 이행하거나 탄소배출 자산가치에 대한 시장참가자의 인식이 급격히 변화하는 과정에서 발생하는 금융 리스크로서, 금융시스템 및 실물경제에 중대한 영향을 미칠 수 있다. 이행 위험이 현실화할 경우 화석연료 및 탄소배출 산업의 가치가 하락하면서 관련 기업들과 대출 등 거래관계를 맺고 있는 은행 부문의 손실이 확대될 수 있다.

연기금 및 자산운용 부문에서는 화석연료 및 탄소배출 산업에 대한 유가증권 투자 손실이 발생하는 가운데 손실 축소를 위한 포트폴리오 재조정 과정에서 금융 불안이 확산될 수 있다. 가령 저탄소사회로 이행함에 따라 정책 강화(규제, 우대정책 등), 시장변화, 기술혁신, 기업 평판 변화 등으로 발생하는 위험을 가리킨다. 물리적 위험과 이행 위험은 나라마다 다르며, 이행 위험은 CO_2 배출이 많은 인도 등 아시아 지역이 높게 나타나고 있다.

ESG 경영 사례

최근 들어 지속가능한 경영의 중요성이 부상하면서 ESG 경영 이념이 확산되고 있다. 투자자와 핵심 이해관계자들 또한 과거보다 기업 및 이사회에게 ESG 경영 이행을 강력하게 요구하기 시작하면서 ESG 가치 준수 여부가 기업의 투자, 신용도, 자금조달 등의 경영 성과 전반에 영향을 미치고 있다. 이에 따라 국내 주요 기업 역시 내부 이사회에 ESG 위원회를 설치하고 지속가능한 경영 기조를 강화하는 등 ESG 경영에 선제적으로 대응 중이다.

사업 분야의 지속가능성을 높이기 위해서는 경제적 수익성뿐만 아니라 비재무적 요소를 결합해 기업 가치를 높일 필요가 있다. 또한 빠르게 변화하는 경영 환경에 발맞춰 ESG 관점의 비즈니스 모델을 창출하고 경쟁력을 확보하기 위해 노력해야 한다. 나아가 재무적 · 비재무적 리스크가 발생할 수 있는 상황에서도 안정적이고 지속적인 경영 성과를 창출할 수 있도록 재무 리스크를 최소화하는 사전 예방적 방안을 마련하고 실행해야 하며, 리스크 발생 시 각 실행 부서는 신속하게 대처해야 한다.

국내에서 ESG 리스크를 제대로 보여주는 대표사례는 남양유업 사건이다. 2013년 지역 대리점에 물건을 강매하는 등의 갑질 사태는 남양유업에 대한 소비자 불매 운동을 펼치게 했으며, 이후에도 경쟁사 허위 비방, 오너 일가 일감 몰아주기 등의 사건이 이어지면서 기업 이미지가 곤두박질쳤다. 여기에 저배당으로 인해 국민연금공단과의 갈등도 불거졌다. 이 과정에서 '갑질 프레임'에 벗어나기 위한 남양유업의 노력은 빛을 발하지 못했다. 대리점에 제품을 떠넘기는 '밀어내기' 사태 후 남양유업은 공정거래위원회의 124억 원 과징금 부과가 과도하다며 처분 취소 소송을 제기하기도 했다.

2015년 대법원은 이에 남양유업의 일부 승소 판결을 내렸다. 124억 원 중 5억 원을 초과하는 부분을 취소하라는 대법원 판결을 받았다. 내부적으로는 2013년 유업계 최초로 대리점 상생회의를 도입했다. 현재까지 이어지고 있는 상생회의에는 남양유업 대표와 영업지점장을 비롯해 전국 지역을 대표하는 대리점주와 전국대리점협의회 집행부 등 40여 명이 참석한다. 사실상 갑질 사태는 남양유업이 경쟁사에 비해 앞서 상생에 힘을 싣게 된 동기로 작용했다.

그럼에도 남양유업을 바라보는 시각은 냉정했다. 한국기업지배구조원은 남양유업 사회 부문에 2018년 B등급을 매겼다. 이듬해부터 B+로 등급이 상향되기는 했지만, 남양유업이 상생경영에 공을 들인 정도에 비하면 사회적 시선을 의식해 낮은 점수를 매겼다는 평가다. 이를 딛고 남양유업은 2020년 새로운 출발을 예고했다. 공정위로부터 영업이익 공유·대리점 단체구성원 보장 등이 담긴 '자진시정 방안' 동의를 얻어냈고 국민연금의 공개 중점관리기업에서도 벗어났다.

표 4.1 남양유업 ESG 경영 추이

남양유업 ESG 등급 현황				
구분	통합등급	E(환경)	S(사회)	G(지배구조)
2018년	C	B	B	C
2019년	B	C	B+	B
2020년	B	C	B+	B+

출처: thebell.co.kr

이에 맞춰 2021년에는 전사적으로 ESG 추진위원회를 출범시켰다. 남양유업 측은 이번에 출범한 ESG 추진위원회가 친환경 활동을 비롯한 다양한 사회공헌을 기획해 시행할 계획이라고 전했다. 그동안 발목을 잡았던 갑질 프레임을 벗어나 이미지 개선을 꾀하고 실질적인 공헌 활동으로 ESG 등급을 상향시키겠다는 전략을 짰다.

신규 산업 분야

이와 같은 ESG 경영의 신규 산업 분야에 해당하는 것이 방위산업, 원전산업, 우주산업, 데이터산업 등이다. 특히 인명을 살상하는 무기를 생산하는 방위산업의 경우, 자금조달 측면에서 ESG 리스크가 부각되고 있다. 방산 포트폴리오를 보유하고 있다는 사실만으로도 ESG 경영 평가에서 부정적인 결과를 받을 가능성이 크기에 금융기관들이 방위산업에 대한 투자나 대출을 꺼리고 있기 때문이다.

버팀목이 되어야 할 국책금융기관 역시 상황이 여의찮다. 최근 국책은행은 석탄발전 수출에 대한 금융지원을 축소하는 등 기후금융에 속도를 내고 있는데, 이러한 소극적 대출 태도는 향후 방위산업으로 확산될 가능성이 크다. 국내 방산기업들이 선진국 기업 대비 제품·기업 경쟁력의 열위에 처한 상황에서 ESG 리스크로 인한 금융경색이 확산될 경우, 산업 기반이 잠식될 우려가 있다.

특히, 한국과 같이 ESG 평가가 체계화되지 않은 국가의 경우 방산기업이라는 이유로 대출을 거부당하면서 자금조달이 더욱 어려워질 수 있다. 또한, ESG 리스크를 의식한 해외 금융기관들이 방산기업에 대한 대출을 축소하면서 수출금융을 위한 해외 차입마저 난관에 봉착할 가능성이 크다. 향후 방산기업의 신규 투자를 위한 자금확보 및 수출금융의 활성화를 위해 체계적인 대응방안을 마련할 필요성이 높아지고 있다.

탈원전 정책을 추진했던 문재인 정부 당시 중단됐던 원자력발전 백서 발간이 6년 만에 재개됐다. 산업통상자원부와 한국수력원자력은 2023년 1월 11일 공동으로 지난해 원자력발전 백서를 발간했다면서 이렇게 밝혔다. 1990년부터 발간된 원자력발전 백서는 국내 원전 현황, 원전 정책 방향, 해외 원전 동향, 핵연료·폐기물 관리 실태 등의 내용이 담겼다. 이번에 발간된 2022년도 원자력발전 백서는 원자력발전 정책, 원자력발전소 운영·건설, 원전 수출 및 국제협력, 원전의 안전대책, 연구개발, 핵연료 및 방사성폐기물 관리, 국민 이해와 지역 협력, 품질보증 등 총 8편으로 구성됐다.

산업부와 한수원은 2000년부터 2016년까지 17년간 해마다 백서를 펴내 대외에 공개했지만, 탈원전 정책을 표방한 문재인 정부 집권

기간인 2017년부터 2021년까지 5년 동안은 발간이 중단됐다. 하지만 탈원전 정책 전면 폐기를 언급한 윤석열 정부가 출범하면서 2030년까지 원자력발전 10기 수출을 국정과제로 내세우는 등 원자력발전 정책 정상화로 방향을 선회하였고, 이에 따라 6년 만에 백서 발간이 재개되었다. 윤 대통령은 앞서 지난 2023년 1월 1일 신년사에서 원전을 수출 동력으로 육성하고 기술개발에 대한 지원을 아끼지 않겠다고 거듭 천명했다. 윤 대통령은 "'해외 수주 500억 달러 프로젝트'를 가동하고, 인프라 건설, 원전, 방산 분야를 새로운 수출 동력으로 육성할 것"이라면서 "미래세대가 새로운 기술과 산업에 도전해 꽃피울 수 있도록 모든 지원을 아끼지 않겠다. IT · 바이오산업뿐 아니라

그림 4.1 아랍에미리트(UAE)를 국빈 방문 중인 윤석열 대통령이 2023년 1월 16일(현지 시각) 바라카 원자력발전소에서 열린 바라카 원전 3호기 가동식에서 무함마드 빈 자예드 알 나흐얀 UAE 대통령 등 참석자들과 기념 촬영을 하고 있다.

출처: v.daum.net

원자력, 탄소중립, 엔터테인먼트까지 '스타트업 코리아'의 시대를 열겠다"고 강조했다.

한국수력원자력은 Clean Energy 중심의 사업 가치를 강화하고, ESG 친화적인 경영체계를 구축하기 위해 분산되어 있는 ESG 분야별 활동 가치를 ESG 경영 플랫폼에 연결, 확장하여 이해관계자와 투명하게 소통할 수 있는 체계를 마련하였다. 비재무적 성과까지 반영한 기업 가치를 이해관계자 대상으로 전파하여 향후 투자자금 조달, 신시장 진입의 추진 동력으로 활용하고자 하고 있다. 나아가 한국수력원자력은 ESG 관점의 성과관리체계를 확립하여 단기적 성과가 아닌 지속가능한 에너지산업을 선도하는 미래지향적인 종합에너지기업으로 발돋움할 계획이다.

위성통신 안테나 전문기업 인텔리안테크의 평택 본사의 한 임원은 흥미로운 이야기를 전한다. 북유럽에 한 투자사가 인텔리안테크에 관심이 있다며 만남을 요청했다고 한다. 만남은 성사됐고 이 임원은 회사에 대한 전반적인 정보를 설명할 요량이었다. 하지만 대화는 전혀 예상치 못한 방향으로 흘렀다고 한다. 투자사 직원이 "회사에 대해서는 이미 다 알고 있다"고 했기 때문이다. 대신 그 직원은 인텔리안테크의 'ESG 경영'에 대해 집중적으로 물었다고 한다. 당시를 회상하며 이 임원은 "투자 결정에 있어 ESG가 큰 고려 요소라는 느낌이 들었다"고 했다,

ESG는 최근 몇 년 사이에 기업의 투자가치를 평가하는 중요한 요소로 떠올랐다. 세계 최대 자산운용사 블랙록의 래리 핑크 회장은

이러한 흐름을 만든 주역 중 한 명이다. 그는 2020년 1월 주요 기업의 CEO에 보낸 연례 서한에서 "기후 위기는 투자의 위기"라며 블랙록은 석탄 생산기업을 포함해 환경 지속가능성과 관련해 "높은 위험"이 있는 기업에 대한 투자에서 발을 빼기 시작할 것이라고 했다. 그 후 전 세계에 많은 투자사들이 비슷한 투자정책을 도입했다.

사실 우주산업은 ESG 경영 측면에서 상대적으로 위험도가 높은 영역이다. 미국의 카멀라 해리스 부통령은 2021년 12월 1일 취임 후 첫 번째 국가우주위원회 전체 회의를 주재했는데 기후변화 대응이 핵심 논의 대상에 포함된 것으로 알려졌다. 빌 넬슨 NASA 국장은 최근 "기후변화 해결은 반드시 해야 할 일"이라며 NASA의 전폭적인 지원을 약속했다. 기후변화에 대응하기 위한 노력은 민간 우주기업에서도 한창이다. 특히 오염물질 배출이 적은 로켓 연료 개발이 유럽을 중심으로 활발히 진행되고 있다.

유럽의 최대 발사체 회사인 아리안그룹은 바이오매스를 이용해 만든 메탄을 추진제로 사용하는 로켓 '아리안 넥스트'를 2030년 실전배치를 목표로 개발하고 있다. 영국의 소형 발사체 회사 올벡스는 바이오 디젤 생산의 부산물인 바이오 프로판가스를 추진제로 사용하는 로켓 '프라임'을 개발하고 있다. 영국 엑서터대학교가 실시한 조사에 따르면 프라임 로켓은 화석연료를 사용하는 동급 로켓에 비해 탄소를 86% 덜 배출하는 것으로 나타났다. 독일 소형 발사체 회사 ISAR 에어로스페이스는 경질 탄산수소에 희망을 걸고 있고, 영국에 스카이로라는 재활용이 불가능한 플라스틱을 친환경 로켓 연료로 전환하

그림 4.2 우주산업, ESG에 주목해야 하는 이유

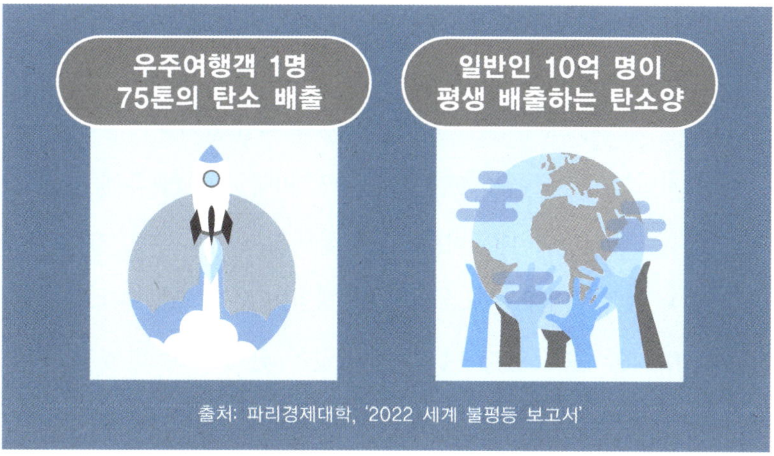

는 연구를 진행하고 있다.

최근 한국의 문화콘텐츠가 세계 시장에서 잇따라 호평받는 가운데 이들을 제작하는 이른바 K컬처 기업들도 ESG 경영을 강화해야 한다는 주장이 나왔다. 소비자의 신뢰를 더 확고히 얻어야 한류 산업도 지속가능할 수 있다는 관점에서다.

전국경제인연합회(전경련)가 2022년 9월 29일 서울 여의도 전경련 컨퍼런스 센터가 개최한 'K컬처 기업 ESG 경영의 현재와 미래' 세미나에서 참석자들은 문화 기업의 지속가능경영 필요성을 앞다퉈 설파했다. 먼저 권태신 전경련 상근부회장은 개회사에서 "반도체 시장(5,950억 달러)의 약 4배에 달하는 전 세계 콘텐츠 시장(2조 3,417억 달러)에서 K팝과 영화, 드라마, 음식이 세계인의 주목을 받는 것은 매우 고무적인 일이자 기회"라며 "한류 등 대한민국 소프트 파워를 더욱 강화하기 위해 K컬처 기업들이 ESG 경영을 통해 소비자들의 신뢰를 확보해야 한다"고 강조했다. 토론회 한 좌장은 "ESG는 글로벌 시대정신과도 같다"며 "K컬처의 세계화를 위해서는 ESG를 모든 문화 콘텐츠에 내재화할 필요가 있다"고 강조했다.

한편 지난 2022년 9월 19일(현지 시각) 미국 뉴욕의 유엔 총회 회의장에서는 케이팝을 대표하는 그룹 블랙핑크가 유튜브 영상 카메라 앞에 나선 뒤 "미래를 보호해야 할 책임이 우리 모두에게 있으니, 배움과 지식을 통해 함께 더 나은 내일을 만들자"고 말했다. 이들은 이날 유엔의 '지속가능발전목표(Sustainable Development Goals, SDGs)[1] 모먼트' 세션에서 기후위기의 심각성을 알리며 "배우고 행동하는 여정을 시작"한 자신들과 이에 대응하는 발걸음을 "함께하자"는 메시지를 전 세계를 향해 내놨다. 전 세계의 지속가능한 발전을 위해 2030년까지 '기후변화 대응' 등 17개 주요 목표와 169개 세부 목표를 정한 유엔의 SDG 홍보대사인 이들은 이날 "아름다운 자연과 에너지를 비롯한 우리의 삶을 지키기 위해 지금 당장 함께해야 한

1 지속가능개발목표 또는 지속가능발전목표(Sustainable Development Goals, SDGs)는 2000년부터 2015년까지 시행된 밀레니엄개발목표(MDGs)를 종료하고 2016년부터 2030년까지 새로 시행되는 유엔과 국제사회의 최대 공동목표다. 인류의 보편적 문제(빈곤, 질병, 교육, 성평등, 난민, 분쟁 등)와 지구 환경문제(기후변화, 에너지, 환경오염, 물, 생물다양성 등), 경제 사회문제(기술, 주거, 노사, 고용, 생산 소비, 사회구조, 법, 대내외 경제)를 2030년까지 17가지 주요 목표와 169개 세부 목표로 해결하고자 이행하는 국제사회 최대 공동목표다. 유엔에서는 공식적으로 'Global Goals'라는 다른 이름으로도 불리고 있다.

다"고 강조했다.

케이팝을 이끌어온 대표적 기획사 SM엔터테인먼트가 이수만 총괄프로듀서의 개인회사인 라이크기획과 맺은 프로듀싱 계약을 지난 2022년 12월 31일 종료하기로 했다. 라이크기획은 이 총괄프로듀서가 1997년 문을 연 회사로, SM엔터테인먼트의 음반 자문과 프로듀싱 외주를 맡아왔다. 이수만 총괄프로듀서는 1989년 SM엔터테인먼트를 설립한 뒤 보아, 그룹 H.O.T와 S.E.S, 동방신기, 슈퍼주니어, 샤이니, 엑소, 에스파 등 많은 스타들을 배출하며 케이팝의 '상징'처럼 불려왔다. 2010년 SM엔터테인먼트의 등기이사직을 내려놓았지만, 여전히 회사는 물론이고 케이팝 시장에까지 상당한 영향력을 발휘해왔다. 하지만 개인회사 라이크기획이 SM엔터테인먼트로부터 적지 않은 라이선스 금액을 받고 있다는 일부 주주들의 문제 제기에 맞닥뜨렸다. 라이크기획은 2021년에만 240억 원을 받은 것으로 알려졌다. 2022년에도 약 180억 원이 지급된 것으로 업계는 보고 있다. SM엔터테인먼트가 2022년 3분기 2,381억 원의 매출 및 298억 원의 영업이익을 기록했다는 점에서 상당한 규모라 할 만하다.

ESG 경영은 지속가능한 발전을 위한 기업의 책임을 가리킨다. 이는 결국 경제적 최전선에서 영향력을 발휘해온 각 기업이 환경과 사회적 책무라는 가치에 더욱 힘을 기울여 기업의 가치를 높이자는 것이다. 이를 통해 기업은 물론 투자자와 소비자들도 장기적으로 이익을 얻어 지속가능한 발전을 꾀해가려는 노력으로 비치며 글로벌 스탠다드로 자리 잡아가고 있다.

ESG 관점의 데이터란 기업이 경영활동을 수행하는 데 관련된 구매·제조·물류·파트너·고객관리 등의 내·외부 데이터를 글로벌 ESG 정보 기준으로 통합 및 재가공한 데이터이다. 성공적인 ESG 경영혁신을 위해서는 ESG 데이터의 체계적 관리가 반드시 필요하며, ESG 데이터 기반 디지털 ESG 경영환경 구축이 필요하다. 즉, 기업 활동 전반에 걸친 데이터/소프트웨어와 시스템을 ESG 관점으로 가치사슬(value chain) 및 이해관계자별로 데이터를 구조화하고 통합 및 재구성하여 선순환 경영환경 체계를 확보하고, ESG 이슈에 효과적으로 대응하며 혁신 활동을 지속적으로 추진하는 것이다.

2020년 유례없는 코로나19 대재앙을 경험하면서 환경, 보건, 안전 관리에 대한 중요성이 더욱 부각되었고, 상생과 공존을 무시하고 재무적 이익에만 집중하는 기업은 코로나19 이후 찾아온 새로운 현실에서 생존하기가 어려울 것이다. 이미 글로벌 선도업체는 지속가능한 비즈니스를 위해 환경을 보호하고, 사회적 안전망을 구축하는 등 비재무적 가치를 중시하는 ESG 경영을 추진하고 있다.

2020년 KPMG[2]의 전 세계 52개국 5,200개 기업 보고 동향에 대한 조사 결과에 따르면 국가별 매출 상위 100개 기업의 80%가 이미 지속가능 보고를 수행하는 중이다. 그러나 우리나라는 아직 ESG 경영 초기 단계이므로, 각 기업은 ESG 경영을 위해 준비해야 할 것이 무엇인지 철저히 고민하고 실행해야 한다. ESG 경영을 위해서는 기업의 경영활동 전반의 체계를 우선 ESG 기준에 맞춰 재정립해야 하며, 기업의 ESG 전략 및 비즈니스 모델의 변화와 목표를 수립하고, ESG

요구에 능동적이고 전략적으로 대응하기 위한 체계적인 관리가 필요하다.

기업은 전체 가치사슬에서 이해관계자들과의 경제·윤리·사회·환경적 책임을 고려한 ESG 관점의 데이터/소프트웨어 및 시스템을 재구성하고, ESG 정보관리 및 가시성 확보를 통해 ESG 이슈에 선제적으로 대응해야 한다. 그리고 신기술을 적용한 디지털 ESG 경영환경 구축을 통해 ESG 전략을 실현하고 혁신 활동을 추진할 때 비로소 고객과 투자자의 기업 가치에 대한 신뢰를 기반으로 한 지속적인 성장 및 미래의 생존이 가능해질 것이다.

2 KPMG는 1870년 영국에서 출범한 William Barclay Peat & Co.를 시작으로 154개국에 20만여 명의 전문가를 두고, 회계와 경영컨설팅을 주력으로 하는 다국적 기업이다. 딜로이트, 프라이스워터하우스쿠퍼스, 언스트엔 영과 함께 세계 4대 회계법인(Big Four)을 이루고 있다. 법률적인 구조는 회원사들이 독립체로 운영되는 스위스 협동조합이며, 주요 업무는 기업의 회계감사, 경영컨설팅, 세무 관련 서비스, 인수·합병과 구조조정을 비롯한 자문 서비스 등이다. 한국에서는 보통 삼정 KPMG로 표기한다. 한편 삼정회계법인은 2021년 기준 회계연도(2021년 4월 1일~2022년 3월 31일)에 7,610억 원의 매출을 기록했다. KPMG라는 이름은 KPMG로 합병된 회계법인을 설립하거나 재적했던 4명의 파트너의 이름을 따서 지었으며, 'Klynveld Peat Marwick Goerdeler'의 약자이다.

02 방위산업의 ESG 경영과 가치창출 전략

방위산업의 정의 및 내용

방위산업이란 국가 방위를 위하여 군사적으로 소요되는 물자의 생산과 개발에 기여하는 산업을 가리킨다. 넓은 뜻으로는 무기·탄약 등 직접적인 전투기구뿐만 아니라 피복·군량 등 비전투용 일반 군수물자까지도 포함하여 해석한다. 그러나 일반적으로는 국방력 형성에 중요한 요소가 되는 총·포·탄약·함정·항공기·전자기기·미사일 등 무기장비의 생산과 개발을 담당하는 산업의 총칭으로 그 범위를 한정하고 있다.

우리나라에서 방위산업 육성의 필요성이 제기된 배경에는 두 가지 이유가 있는데, 첫째는 미국의 대한정책 변화이며 둘째는 북한의 방위산업개발과 군사도발이다. 미국은 1950년대 초부터 6·25전쟁을 계기로 우리나라에 적극적인 군사지원정책을 펴왔으나, 1950년대 후반에 미국의 국제수지가 악화되어 대한군사원조를 점차 줄이기 시작했다. 그러다 1971년에는 대한대충자금원조(對韓對充資金援助)가 단절되고, 1974년부터는 대한군사원조가 무상원조(無償援助)에서 유상원조로 전환됨과 동시에 실질적인 군사원조가 급속히 감소하였다. 또한 1969년 7월 25일 미국의 대통령 닉슨이 괌도(Guam 島)에서 선언한 이른바 '닉슨 독트린'이 주한미군의 감축을 촉진하였다. 이 선언은 아시아 지역에서 재래식 전쟁이 발발하는 경우 그 방위의 일차 책임은 당사국 자신이 져야 하며, 미국은 동맹국가와 맺은 상호방위 조약의 테두리 안에서 원조에 대한 공약을 이행할 것이라는 내용이었다.

이러한 미국의 새로운 아시아 정책은 일차적으로 우리나라에 적용되어 1971년 3월 주한미군 제7사단 약 2만 명이 철수하였다. 이로써 주한미군은 6만 명에서 4만 명으로 감축되어 일선 방위에 불안을 가져왔다. 미국의 대한정책이 급격히 변화하자 우리나라는 미국에만 의존했던 기존의 관념에서 탈피하여 자주국방의 필요성을 절감하기 시작했다. 이와 함께 이전의 국방조달원(國防調達源)이었던 일반 수입, 유상 · 무상 원조를 자체 조달원으로 조속히 전환시켜야 한다는 목소리가 높아졌다.

정부는 뒤늦게 출발한 방위산업을 적극적으로 육성함으로써 조속한 시일 내에 자주국방태세를 확립하기 위해 다음과 같은 방위산업 육성 지원에 관한 기본 정책을 수립하였다. 그 내용은 다음과 같다. ① 자주국방의 조기 실현을 위한 병기 · 장비 등에 대한 국산화 사업의 적극 추진, ② 방위산업을 효율적으로 추진하기 위하여 경제개발 5개년계획 및 중화학공업과의 병행 육성, ③ 현재의 가용 자원과 국내 공업의 잠재력을 활용하기 위하여 가급적 민간 주도형으로 추진하되 현재 보유하고 있는 병기와 장비 유지에 대한 우선순위를 부여하는 것이다. ④ 민간기업 또는 연구기관의 자본 부족을 해소하고 관계 업체의 주도적인 참여의식을 고취시키기 위하여 각종 자금의 융자, 세제상의 특혜, 기술자 및 기능사에 대한 병역 특례 조치 등에 대한 지원, ⑤ 평시 군수업체를 유사시 신속하게 전시체제로 전환시켜 활용할 수 있는 전시 동원체제의 연구 발전, ⑥ 방위산업 업체의 적정 이윤 보장과 기존 시설의 유휴화(遊休化)를 방지하기 위하여 국내의 수요 충족 여력에 대해서는 기타 민수품을 최대한 생산한다는 것 등이었다.

우리나라의 방위산업은 앞으로도 급속히 성장하여 가까운 장래에는 북한을 능가하는 단계에 이를 것으로 전망된다. 그 이유는 첫째, 우리의 방위산업은 북한이 직면하고 있는 것과 달리 가중된 국방비에 부담을 느끼지 않고 재정적으로 뒷받침할 수 있기 때문이다. 이는 우리나라 국민총생산의 안정적인 성장, 국민 저축률의 증대 덕분이다. 그뿐만 아니라 국민의 정성 어린 방위세 증수로 민수산업에 지장을 초래하는 일 없이 계획대로 방위산업을 추진해 나갈 수 있을 것이다. 둘째, 제4차 경제개발 5개년계획의 중화학공업 기반 확충에 이어 제5차 경제사회발전 5개년계획의 첨단산업 개발 및 촉진 시책에 힘입어 방위산업의 저변 확대와 병기의 자주 개발 및 국산화의 범위가 급속히 확대되어 가고 있기 때문이다. 이리하여 1990년대에는 북한 공산주의자들이 외부의 지원 없이 단독으로 공격해 올 시 우방의 지원 없이도 독자적인 힘으로 이를 1 대 1로 격퇴할 수 있는 수준까지 우리의 군사력과 국방력이 강화될 것으로 전망된다.

문재인 정부는 지난 2019년 임기(2022년) 내 방산수출 100억 달러 달성 목표를 수립했다. 방위산업의 수출산업화와 경쟁력 강화, 일자리 창출을 위해서였다. 그러나 국내 방위산업 생산액 대비 수출 비중은 여전히 15%에 불과하다. 2020년엔 코로나19 팬데믹으로 수주 활동에 제약이 있었다.

방산업계는 포스트 코로나 시대에도 국내 방산업체의 수출이 쉽지 않을 것으로 전망한다. 우리나라의 주요 방산수출 시장인 신흥국의 경우 코로나19 장기화에 대응하기 위해 정부 예산을 복지와 내수경기 활성화에 집중하고 있기 때문이다. 이에 상대적으로 국방예산이

그림 4.3 국내 10대 방산기업의 방산수출액 추이

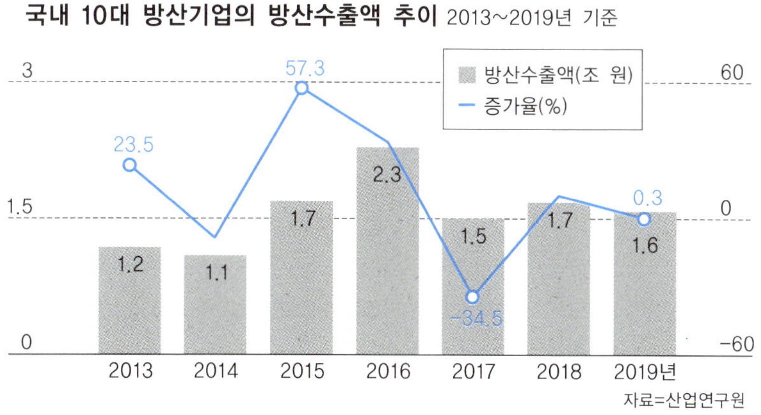

줄면서 수주 경쟁이 더욱 심화할 것으로 보인다.

한국의 주요 방산 수출 상대국은 '12~'16년 터키(28%), 인도네시아(27%), 이라크(23%)에서 '17~'21년 필리핀(16%), 인도네시아(14%), 영국(14%)으로 변화하고 있다.

표 4.2 '17~'21 국가별 주요 방산 수출 상대국 및 주요 수출 무기

수출국	주요 수출 상대국			주요 수출 무기		
미국	사우디아라비아 23%	호주 9%	한국 7%	항공기 62%	미사일 17%	기갑차량 10%
러시아	인도 28%	중국 21%	이집트 13%	항공기 48%	엔진 16%	미사일 12%
프랑스	인도 29%	카타르 16%	이집트 11%	항공기 56%	함정 15%	미사일 12%
중국	파키스탄 47%	방글라데시 16%	태국 5%	항공기 28%	함정 23%	기갑차량 21%
독일	한국 25%	이집트 14%	미국 6%	함정 38%	기갑차량 15%	엔진 13%
이탈리아	이집트 28%	터키 15%	카타르 9%	항공기 43%	함정 37%	기갑차량 6%
영국	오만 19%	사우디아라비아 19%	미국 19%	항공기 39%	기타 17%	미사일 14%
한국	필리핀 16%	인도네시아 14%	영국 14%	함정 68%	화포 19%	항공기 12%
스페인	호주 51%	터키 13%	벨기에 9%	함정 52%	항공기 44%	센서 3%
이스라엘	인도 37%	아제르바이잔 13%	베트남 11%	미사일 41%	센서 17%	방공시스템 16%

출처: SIPRI Arms Transfer Database

방위산업의 ESG 경영

방산업계도 ESG 경영 체제를 수립하기 위해 분주하게 움직이고 있다. 지난 2020년 ㈜한화가 비인도적 무기로 평가받는 분산탄 사업을 매각한 것은 하나의 상징적인 사건으로 받아들여졌다(김동현, 2022). 업계 전반의 노력으로 지난 2021년 한화 · 한화시스템 · 한국항공우주(KAI) · LIG넥스원 등 방산기업의 ESG 등급은 'A'를 기록했다. 현대로템도 지난해 A 등급을 받으며 그 행렬에 가세했다. 2021년 현대로템은 한국기업지배구조원(KCGS)의 상장기업 ESG 평가에서 통합등급 A를 받았다. 2015년 이후 B+를 받던 회사는 같은 해의 경우 부문별로 환경 A, 사회 A+, 지배구조 A로 평가받아 통합등급 A로 상향됐다.

각 지표가 개선된 모습을 보인 가운데 특히 환경 분야에서의 2단계 상향이 눈에 띈다. 현대로템은 2020년 환경 B, 사회 A, 지배구조 B+를 받아 통합등급 B+를 기록했다. 지난 2021년에는 사회와 지배구조 등급에서 한 단계 뛰었고, 환경 분야에서 두 단계 개선된 모습을 보였다. 현대로템은 기후변화 대응을 위한 탄소중립 정책을 수립하고 이를 투자에 반영하는 전략을 수립 중이다. ■자원순환성 향상(유효자원 재활용 등) ■에너지 절약(재생에너지 사용 등) ■지구 환경오염 감소(온실가스 배출 감소 등) 등 범주를 정하고 연구개발, 시설 투자 등을 진행하고 있다. 2019년 69억 원에 머물렀던 친환경 투자액도 2020년 120억 원, 2021년 165억 원으로 증액했다. 레일솔루션(철도)·디펜스솔루션(방산)·에코플랜트(플랜트) 등으로 구분되는 각 사업별로 친환경 제품·서비스 개발 추진 계획을 포함한다. 이중 디펜스솔루션은 전기동력시스템, 대용량 하이브리드 추진 시스템 등 개발을 추진하고 있다.

방위산업은 적의 공격·침략을 방어하기 위해 군이 필요로 하는 것을 획득하거나 획득할 여건을 경영한다는 의미이다. 목표는 방어이지만 일반 대중에게는 '살상무기'라는 이미지를 떠올리게 하는 산업으로 여겨지기 쉽다. 유럽 일부 국가에서는 민간인 피해 확률을 높이는 비인도적 무기를 생산하는 사업자에 대한 투자를 배제하기도 한다. ㈜한화가 2020년에 분산탄 사업을 매각한 이유다.

K2 전차, 차륜형 장갑차 등 지상무기체계를 개발·생산하는 현대로템은 탄을 생산하지 않는다. 다만 방산 사업의 지속가능성을 확보하기 위해 디펜스솔루션 신사업으로 레스큐 드론, 웨어러블 로봇 등 안전·보호 기술을 개발하고 있다. 레스큐 드론은 화재 진압이나 인명 구조 등 감시·정찰을 목적으로 개발된 무인 차량으로, 사람이 들어가기 어려운 곳에 대신 들어가 역할을 수행할 수 있다. 현대로템은 앞서 지난 2020년 11월 다목적 무인차량 신속시범획득사업을 수주해 2021년 일반전초(GOP), 비무장지대(DMZ) 등 야전에서 성능을 검증했다. 사람의 근력을 보조하는 웨어러블 로봇은 민간 공사·농업 현장에서 활용할 수 있다.

방산 수주심의 단계에서는 비재무 리스크 체크리스트를 적용해 지속가능경영과 관련한 리스크를 평가 중이다. 이를 기반으로 지난

2021년 지뢰살포장갑차 관련 방산 사업의 환경(공해 발생·삼림파괴)·사회(인권·안전) 리스크를 확인하고 불참을 결정했다. 현대로템 사장은 최근 발간한 지속가능경영보고서를 통해 "디펜스솔루션 사업의 기술혁신을 민간 부문까지 확대해 인명 구조와 화재 진압에 특화된 레스큐 드론과 육체노동 종사자의 신체를 보호하는 웨어러블 로봇을 개발하고 있다"고 밝혔다.

방위산업의 ESG 리스크

ESG 경영의 사각지대에 놓인 것이 무기, 담배, 알코올, 도박 등 소위 '죄악 산업'이다. 특히 인명을 살상하는 무기를 생산하는 방위산업의 경우, 자금조달 측면에서 ESG 리스크가 부각되고 있다. 금융기관들이 방산 포트폴리오를 보유하고 있다는 사실만으로 ESG 경영 평가에서 부정적인 결과를 받을 가능성이 커 방위산업에 대한 투자나 대출을 꺼리고 있기 때문이다. 버팀목이 되어야 할 국책금융기관 역시 상황이 여의찮다.

최근 국책은행은 석탄발전 수출에 대한 금융지원을 축소하는 등 기후금융에 속도를 내고 있으며, 이러한 소극적 대출 태도는 향후 방위산업으로 확산될 가능성이 크다. 국내 방산기업들이 선진국 기업 대비 제품·기업 경쟁력의 열위에 처한 상황에서 ESG 리스크로 인한 금융경색이 확산될 경우, 산업 기반이 잠식될 우려가 있다. 특히, 한국과 같이 ESG 평가가 체계화되지 않은 국가의 경우 방산기업이라는 이유로 대출을 거부당하면서 자금조달이 더욱 어려워질 수 있다.

또한, ESG 리스크를 의식한 해외 금융기관들이 방산기업에 대한 대출을 축소하면서 수출금융을 위한 해외 차입마저 난관에 봉착할 가능성이 크다. 향후 방산기업의 신규 투자를 위한 자금확보 및 수출금융의 활성화를 위해 체계적인 대응방안을 마련할 필요성이 높아지고 있다(심순형, 2022).

기업의 재무성과와 더불어 환경, 사회, 지배구조를 고려하는 ESG 투자 규모는 최근 들어 가파르게 상승하고 있다. 글로벌지속가능투자연합(Global Sustain able Investment Alliance, GSIA)에 따르면 2016~2020년 사이 ESG 투자 규모는 55% 증가하였다. 지역별 ESG 투자 추이를 살펴보면, 일본(506%), 캐나다(123%), 미국(96%), 아시아 · 대양주(76%) 등 유럽(-0.2%)을 제외한 모든 지역에서 가파르게 증가하고 있다. 유럽의 증가율이 마이너스를 기록한 이유 또한 최근 ESG 투자의 정의가 변경되면서 기존의 투자 상품 중 일부가 통계에서 제외되었기 때문이며, 실제 투자 규모는 크게 늘어난 것으로 추정된다.

한국 역시 ESG 투자 규모가 가파르게 늘고 있다. 2020년 기준 국민연금의 ESG 투자 규모는 약 85억 9,000만 달러로 2014년 대비 13.2배 증가하였다. 국민연금은 2019년 '국민연금 책임투자 활성화 방안'을 발표한 이래로 ESG 투자 비중을 확대하는 한편, ESG 정보공시 및 평가 체계의 강화 방안을 마련 중이다. 이외에도 한국은행 역시 ESG 논란 기업에 대한 투자중단을 선언하는 등 ESG 투자에 적극 나서고 있다.

ESG 리스크를 불식시키기 위한 방산기업들의 노력이 정당한 평가를 받지 못할 가능성 또한 우려된다. 이는 전 세계적으로 공신력을 인정받는 유일한 ESG 평가 기준이 사실상 없기 때문이다. 현재 기업에 대한 ESG 평가는 자체적인 평가 기준을 적용한 기관들이 난립하고 있을 뿐만 아니라, 평가 체계의 일관성과 객관성이 낮은 까닭에 평가의 신뢰성 측면에서 한계를 드러내고 있다. 일례로 대표적인 ESG 평가 지표인 FTSE ESG 지수와 MSCI ESG 지수[3]의 결과를 비교해 보면 뚜렷한 상관관계가 관찰되지 않는다. 이는 기관마다 ESG 평가 기준이 상이하며, 동일 평가 대상 기업이라 하더라도 평가 기관에 따라 전혀 다른 평가 결과를 받을 수 있음을 의미한다.[4]

3 FTSE ESG 지수는 영국의 주가지수 및 관련 데이터 서비스 제공기업인 FTSE 러셀(Financial Time Stock Exchange Russell)이 작성한 ESG 평가지표로서 담배, 무기, 석탄 등 일부 산업을 평가 대상에서 제외하는 것이 특징이며, 환경 · 사회 · 지배구조를 다시 300여 개의 세부 품목으로 나누어 ESG 평가를 실시한다. MSCI ESG 지수는 미국의 MSCI(Morgan Stanley Capital International)가 공표하는 ESG 지수로서 10개 영역, 35개 핵심 이슈를 평가하여 7개 등급을 부여하는 평가 체계이다.

4 일례로 테슬라는 MSCI의 ESG 평가에서 최상위 등급을 받은 반면, FTSE의 ESG 평가에서는 최하위 등급을 받았는데, 그 이유는 전기차 생산에 따른 탄소 배출량 증가로 알려져 있다(Wall Street Journal, 2018.9.17.).

그림 4.4 기업별 MSCI ESG 등급

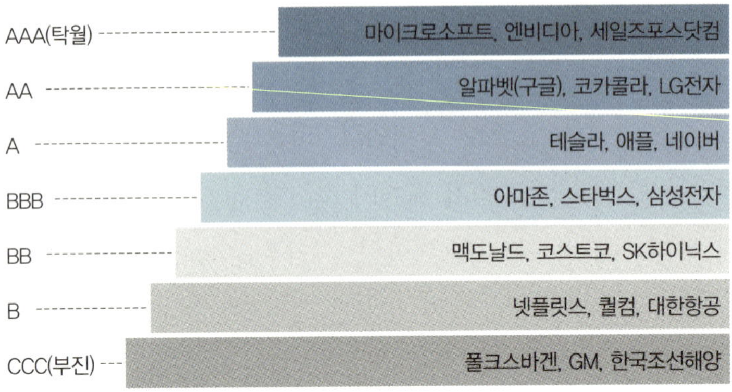

지수 개발 회사인 MSCI(모건스탠리캐피털인터내셔널)는 인터넷 홈페이지에 기업들의 ESG 등급을 공개하고 있다.

출처 : thebutterflyeffect.tistory.com

또한, 산업 특성을 제대로 반영하지 않은 평가 모델의 적용으로 인해 ESG 평가 결과가 업종별로 편중되는 결과를 초래하는 등 또 다른 측면에서의 객관성 문제가 제기되는 실정이다. 예를 들어 화석연료 등을 사용하는 전통적인 에너지 업종은 ESG 평가 등급을 낮게 받을 확률이 높으며, 무기를 생산하는 방위산업 또한 ESG 평가에서 상시적으로 불리한 결과를 받을 가능성이 있다.

특히 수출금융을 위한 ESG 평가에서 이러한 문제가 두드러질 가능성이 크다. 한국과 같이 ESG 평가가 체계화되지 않은 국가의 경우, 수출제품의 특성과 수출 대상 국가에 대한 정확한 이해도가 부재한 상태에서 수출금융에 대한 평가가 진행될 확률이 높기 때문이다. 따라서 방산 수출에 대한 자체적인 ESG 평가 기준의 마련이 시급하다.

방위산업의 ESG 리스크와 대응방안

1. 방위산업의 특성을 반영한 평가체계 마련

방위산업의 ESG 리스크 대응에서 가장 시급한 과제 중 하나는 자체적인 평가 기준의 마련이다. 현재 대부분의 ESG 평가 지표는 산업의 특수성을 반영하고 있지 못하며, 이에 따라 석탄, 방산 등 일부 산업들은 앞으로도 상시적 저평가를 받을 가능성이 크다. 이러한 구조에서는 ESG 저평가에 따른 방산기업들의 자구책 역시 정당한 평가를 받지 못할 가능성이 크다. 그뿐만 아니라, 일부 ESG 평가 기관들은 평가의 방법론 및 세부 항목의 평가 결과를 공개하지 않는 까닭에 평가 절차의 투명성 및 객관성에도 의문이 제기되고 있다. 따라서 방위산업의 특수성을 반영한 신뢰성 있는 ESG 평가 기준을 마련할 필요가 있다.

현재 대부분의 ESG 평가 지표는 기업을 대상으로 하고 있으나, 방위산업의 경우 기업 외에도 생산하는 제품과 거래상대방 또한 중요한 평가 요소로 고려해야 한다. 예를 들어 ESG 등급이 높은 기업이라도 대량살상무기를 테러 · 반정부 단체에 수출하는 경우, 낙제점을 줄 수 있는 평가 체계를 설계할 필요가 있다. 따라서 방위산업에 대한 ESG 평가는 기업보다는 개별 사업에 대한 평가 체계를 구축하는 것이 바람직할 것으로 판단된다. 예를 들어 개별 프로젝트에 대해 기업, 제품, 거래 대상 세 가지 측면에서 ESG 평가를 진행한 뒤, 대출을 결정하는 체계를 고려해 볼 수 있을 것이다.

현재 방위산업에서 이와 같은 ESG 평가 기준과 가장 유사한 성격을 갖는 평가 체계는 방위사업청의 무기 수출 승인·허가 절차라고 할 수 있다. 방사청은 무기 수출의 승인·허가 단계부터 수출 품목, 최종 사용자, 국제평화 및 안전 실현 여부, UN 가이드라인 준수 여부, 인권 침해 유무 등을 종합적으로 고려하여 허가 여부를 결정한다. 한국에서 공격용 살상무기 수출이 사실상 불가능한 이유가 여기에 있다. 특히 수출 품목, 인권, UN 가이드라인 등 방사청의 수출 승인 · 허가 기준이 ESG 평가 기준과 매우 유사한 까닭에 방사청의 수출 허가를 받은 프로젝트 또한 ESG 가치를 침해할 가능성이 매우 낮다고 할 수 있다. 그러므로 방위사업청의 무기 수출 승인·허가 절차를 체계적으로 지표화함으로써 방위산업의 ESG 평가 기준을 마련하는 방안을 고려할 수 있다.

2. ESG 리스크 대응을 위한 거버넌스 강화

방위산업의 ESG 리스크는 개별 기업이나 부처 단독으로 대응하기 어려운 측면이 있는 만큼, 기업과 범부처 간 협력 거버넌스를 강화할 필요가 있다. 이와 같은 상호협력 관계를 구축할 수 있는 적절한 분야 중 하나가 방산 수출이다. 최근 방산 수출사업에서 ESG 리스크로 인해 국내 금융기관의 수출금융이 위축될 우려가 크며, 기업-정부 간 유기적 협력을 통한 대응의 필요성이 제기되고 있기 때문이다. 따라서 수출금융 지원 당사자로 구성된 협의체의 기능을 강화·확대함으로써 국내 방위산업의 ESG 이슈 대응 역량을 제고할 필요가 있다.

특히, KODITS, 국책 · 민간 금융기관 등으로 구성된 범부처 협의체인 '수출금융지원협의회'의 역할을 확대함으로써 국내 방위산업의 ESG 이슈 대응 역량을 확보할 필요가 있다. 수출금융지원협의회 주도로 각 수출사업에 대한 면밀한 검토(case by case inspection)를 통해 해당 사업의 ESG 평가 기준 충족 여부 및 ESG 기준 위배 가능성에 대해 검토해야 할 것이다.

또한, 수출금융지원협의회에서 방산 수출 프로젝트에 대한 금융지원 여부를 결정 시, ESG 평가 기준을 적극 반영할 수 있도록 제도적 절차를 갖출 필요가 있다. 예를 들어 공신력·신뢰성을 갖춘 ESG 평가 지표를 개발하여 방산 수출 프로젝트 지원 과정에서 적극 활용하는 방안을 고려할 수 있다. 그뿐만 아니라 ESG 평가 지표에서 우수한 평가를 받은 프로젝트에 대해 수출금융지원 협의회에서 ESG 금

표 4.3 국내 방산물자·국방과학기술의 수출 허가 심사 기준 및 제출 서류

항목	세부 내용
심사 기준	• 국제평화 및 안전, 국가안보 저해 및 군사·외교적 민감성 • 수입국의 기술 수준 및 품목·기술의 유출 가능성 • 수입자, 최종 수하인, 최종 사용자 및 사용 목적의 신뢰 여부 • UN 등 국제체제에서의 제재 대상 여부 등
제출 서류	• 수출신용장, 수출계약서, 주문서, 수출가계약서 등 • 최종 사용자 증명서 • 수출 품목의 성능과 용도를 표시하는 자료 • 기타(E/L 허가서, 기술이전계약서, 국내외 파급 효과 등)

자료: 산업연구원

융지원 의결서를 발급함으로써 해당 기업의 ESG 리스크 완화에 기여하는 방안도 검토할 필요가 있다.

마지막으로 정책금융기관의 방산 수출 금융지원에 따른 ESG 리스크를 직접적으로 완화할 수 있는 수단들을 강구해야 한다. 예를 들어 정부 경영 평가에서 방산 부문에 대한 수출금융 지원 실적이 ESG 관련 평가 지표에서 제외되도록 조치하는 등 정책금융 기관의 ESG 리스크 대응의 부담을 덜어주는 조치들이 시행될 필요가 있을 것이다.

03 원전산업의 ESG 경영과 가치창출 전략

원전의 정의 및 내용

원자력발전소(原子力發電所, nuclear power plant)는 핵분열을 이용해서 발전하는 발전소를 말한다. 줄여서 원전(原電)이라고도 한다. 원자핵이 붕괴하거나 핵반응을 일으킬 때 방출되는 에너지를 이용하여 발전기를 돌려 전력을 생산하는 시설을 갖춘 곳이다. 현재 사용되는 연료로는 우라늄 235를 농축시킨 농축 우라늄과 천연 우라늄 등을 사용한다. 현재는 플루토늄을 우라늄과 같이 혼합한 혼합 산화물 연료(MOX 연료)가 시험 중이다.

19세기 들어서면서 원소의 주기율표와 원자모형에 대한 이론이 발전하면서 물질의 구조에 대한 과학적 지식이 축적됐다. 이와 더불어 핵분열 전후에 발생하는 원자핵의 무게 차이, 즉 결손된 질량만큼 에너지가 발생한다는 사실을 발견하였다. 핵분열 에너지의 원리가 밝혀지자 원자력 관련 기술개발에 불이 붙었다. 핵분열 방식을 이용한 전력 생산은 1948년 9월 미국 테네시주 오크리지에 설치된 X-10 흑연원자로에서 전구의 불을 밝히는 데에서 시작되었다. 1954년 6월에 구소련의 오브닌스크에 건설된 흑연감속 비등경수 압력관형 원전은 세계 최초로 대규모 전력 생산을 목적으로 하는 원전으로 지어졌으며, 최초의 상업용 원전은 영국 셀라필드 원자력 단지에 위치한 콜더 홀(Calder Hall) 원전으로 1956년 10월 17일 상업 운전을 시작하였다.

원전의 원리

원자로에서 중성자가 우라늄같이 무거운 원자와 충돌하여 원자핵이 분열되고 2~3개의 중성자가 방출된다. 이 방출된 중성자들이 다른 원자들과 충돌하고 원자들의 중성자가 방출되고 그 중성자들은 다시 더 많은 원자와 충돌한다. 이러한 과정을 연쇄반응이라고 하며 질량-에너지 동등성에 의해 우라늄 원소가 핵분열을 진행하면서 잃은 질량만큼 막대한 열에너지가 발생해 원자로가 가열된다. 냉각수가 엄청난 열에너지를 품으면서 고온고압의 수증기로 바뀌고, 이 수증기를 이용해 터빈을 돌려서 전기를 생산한다. 의외로 많은 사람이 착각하는 점이 있는데, 원자력을 바로 전기로 바꾸는 것이 아니다. 원자력에서 열에너지를 얻고 그 열로 증기를 만들고 그 증기로 생기는 운동에너지로 터빈을 돌려 전기를 만드는 것이다. 즉, 에너지전환이 여러 단계 이루어지며 그 과정에서 손실되는 에너지 또한 분명히 있다. 열에너지를 얻는 과정을 빼고는 화력발전과 원리가 똑같다. 차이점이라면 열에너지원이 불이 아니라 원자력이라는 것이다. 일반 화력발전소와 같이 열병합발전소로 운영하는 것도 가능하다. 국가에 따라 아예 열 전용 원자로를 개발하기도 한다.

원전사고

1979년 3월 28일 미국 펜실베이니아 스리마일섬 원전에서 운전원의 조작 부주의로 냉각수의 공급이 중단되는 바람에 노심용융 사고가 발생했다. 불행 중 다행히 원자로 주위에 두꺼운 차폐막과 격납용기가 둘러싸여 있었으며, 비상노심냉각장치가 자동으로 작동했기 때문에 체르노빌보다는 피해 규모가 적긴 했지만, 원자력 종주국으로서의 이미지에 먹칠한 꼴이 되고 말았다. 1986년 4월 26일 소비에트 연방의 체르노빌 원전의 경우, 가동 실험 중 원자로를 제어하지 못하는 상황이 발생하여 노심용융이 발생했다. 체르노빌 원전의 기종인 RBMK에는 스리마일 사고와는 달리 두꺼운 차폐막과 격납용기가 없었으며, 당시 운전원들이 실험을 위해 비상노심냉각장치를 일부러 꺼놓은 상태였기 때문에 스리마일 사고보다 피해가 훨씬 더 컸다. 당시 원자로 화재를 진압하기 위해 헬기를 동원하여 원자로 주위에 콘크리트를 쏟아붓거나 액체질소를 사용하는 등 갖은 수단과 방법을 모두 사용했음에도 불구하고 화재 진압에만 무려 14일이 걸렸다. 당시 사태 수습에 나선 공인근무요원들과 화재 진압에 나선 소방대원들 모두 핵물질에 피폭되어 사망하고 말았다. 게다가 화재 진압에 사용된 헬기나 군 장비 등은 핵물질에 오염되어 우크라이나 벌판에 방치되고 말았다.

이후 2011년 3월 11일 동일본 지역을 중심으로 발생한 대지진과 쓰나미로 7등급 후쿠시마 제1 원전 사고가 일어났다. 10만 명 이상의 피난 주민이 발생했으며, 발전소 반경 20km 이내 피난 구역에 살던 주민들은 이주했다. 2016년 11월을 기준으로 전 세계에는 448기의 발전로가 있고 58기의 발전로가 건설 중이며, 세계의 전력 공급량의 약 15%를 원자력이 담당하고 있다. 신규 원전건설 대상 노형도 대부분이 경수로형인 것으로 나타났으며 2030년까지도 경수로가 주력 원전으로서 역할을 지속할 것으로 전망된다.

원전산업의 ESG 경영

ESG 경영에는 공공과 민간의 차이가 없다. 공공부문인 한국수력원자력(한수원)에서 ESG 경영의 관점으로 경영혁신을 생각한다면 이는 새로운 기회이며 성장동력이 될 수 있다. 친환경성, 사회적책임, 투명성은 원자력발전을 주 사업으로 하는 종합에너지기업 한수원이 걸어온 길이며 또한 앞으로 나아가야 할 방향과 일치한다. 안전을 최고의 가치로 하는 친환경기업 한수원, 안전하고 고품질의 전력을 공급해야 하는 사회적책임을 가진 에너지 공기업 한수원, 국민의 재산인 공기업으로서의 투명성 등을 생각한다면, 이미 한수원의 존재 자체에 ESG가 기반이 되어 있다고 볼 수 있다.

ESG 경영은 CSR(Corporate Social Responsibility, 기업의 사회적책임) 경영이나 CSV(Creating Shared Value, 공유가치 창출) 경영 등 기업의 자발적인 윤리 경영과는 달리 재무제표와 같은 공시 의무화를 기반으로 한 재무적 투자에까지 영향을 미치고 있다는 점에서 경영 패러다임의 대전환이라고까지 할 수 있다. 이러한 상황에서 한수원에서는 글로벌 경영 차원에서의 ESG 경영을 '글로벌 ESG 경영'이라 정의하고, 이를 개도국을 중심으로 한 해외 사업에서의 글로벌 ESG 경영과 글로벌 공급망 관리 차원에서의 글로벌 ESG 경영으로 나누었다.

이러한 글로벌 ESG 경영의 관점에서 한수원에서는 자체 발표한 연도별 지속가능경영보고서와 관련 자료를 분석하고, 한수원 임직원에 대한 심층 인터뷰를 실시해 한수원의 글로벌 ESG 경영 사례를 분석했다(정무섭 외, 2022). 분석 결과 네팔 차멜리야 수력 사업에서 현지 주민들에게 교통이나 통신, 수도 등의 인프라를 제공하고, 기술 인력과 기능 인력의 인권과 노동환경 개선을 위해 노력한 사례는 글로벌 ESG 경영의 모델이 될 수 있음을 확인했다. 또한 한수원은 국내 ESG 경영 활동과 달리 해외 ESG 활동에서 주로 사회분야(S)에 집중되어 있어 향후 환경(E)과 거버넌스(G) 분야를 포함한 전체 ESG 분야에서 글로벌 경영을 추진할 필요성을 확인했다.

한수원의 글로벌 공급망 관리 차원에서의 ESG 경영 사례로 많은 중소 협력 업체와의 동반성장 혁신사업 실적 가운데 가장 최근의 대표적 사례 몇 개만 살펴보겠다. 2018년 한수원은 원전 기자재 중소기업의 해외 수출 지원을 위해 공동 시장개척단을 구성해 UAE 방문, 구매상담회를 개최하였다. 원전 기자재 해외 수출 전담법인인 KNP(Korea Nuclear Partners)를 중심으로 원전 기자재 공급사, 한수원 동반성장협의회 회원사, 여성 기업 등 30여 개 사가 참여한 가운데, 사우디전력청, UAE 원전운영사(Nawah Energy) 등 중동지역 주요 바이어와 구매상담회를 통해 약 3,500만 달러 규모의 수출 상담을 진행하였다.

2019년 한수원은 원전 기자재 공급사, 동반성장협의회 회원사 등 협력 중소기업과 함께 시장개척단을 꾸려 마드리드, 산탄데르 등지를 방문하여 다양한 에너지 기자재 시장 신규 수출 판로 개척 활동을 펼쳤다. 시장개척단은 스페인 EPC 사인 ENSA 및 주변 업체들을 방문하여 한-스페인 B2B 구매상담회를 통해 한국의 우수 기자재 및 기술을 적극 홍보하고 수출 역량을 극대화하였다. 한수원은 동반성장협의회 운영을 비롯한 각종 중소기업 지원 활동 및 상생 노력을 인정받아 중소벤처기업부 주관 '2020년 공공기관 동반성장 평가'에서 최우수 기관으로 선정됐다.

대다수 원전 기자재 중소기업들은 국내 원전산업 의존도가 높기 때문에 해외 시장으로 진출하기에는 수출 경험이 부족할 것이라는 지적이 있었다. 하지만 한수원은 협력 중소기업들의 수출 역량 배양을 위한 구조적 체질 개선을 목표로 '수출 활성화 혁신 파트너십 사업'을 시행하여 협력 중소기업의 해외 시장 진출을 적극 지원하였다.

한수원은 세계원자력전시회(World Nuclear Exhibition, WNE)와 연계하여 현지 바이어와의 네크워크를 구축하고 해외 EPC(Engineering, Procurement, Construction) 사와 B2B 미팅을 가져 해외 판로 개척을 시행하는 등 협력 중소기업의 수출 기회 창출 및 산업 생태계 활성화를 도모하고자 유럽 시장개척단 지원사업을 실시한다. 이를 통해 협력 중소기업과 동반성장하고 사회적가치 실현 및 동반성장 평가지표 고득점 달성에 기여하고자 한다. 한수원의 유럽 시장개척단 지원사업의 추진체계는 아래 〈그림 4.5〉와 같다. 기관별 주요 업무는 온라인 해외시장개척단 사업과 유사하다. 한수원은 대·중소기업 상생협력기금 출연 및 사업 기본계획을 수립하고, 대상 국가를 결정하고 참여기업을 선정하는 등 사업을 총괄한다. 대·중소기업·농어업협력재단은 출연기금을 관리하고 사업비 정산 업무를 시행한다. 사업수행기관은 참여기업 모집 및 사업 결과 보고 업무를 수행하고, 운영협력기관은 수출전략 컨설팅 및 해외 바이어 섭외 및 상담 주선 등의 업무를 수행하고 있다.

그림 4.5 유럽 시장개척단 지원사업 추진체계

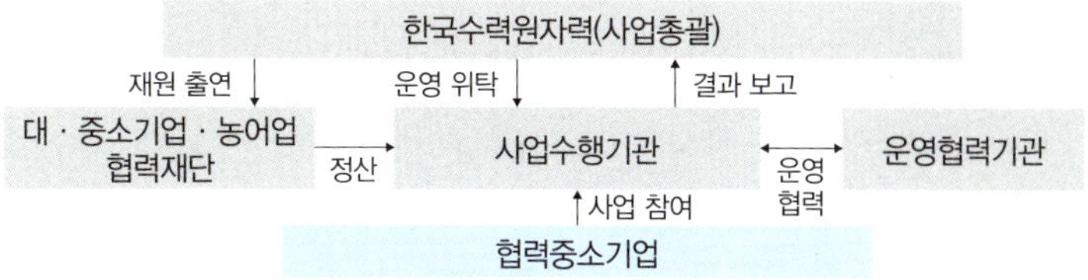

출처: 한국수력원자력 내부자료

한수원은 유럽 시장개척단 지원사업을 통해 WNE 2021(2021 세계 원자력전시회) 부스 방문 및 상담, WNE와 연계하여 유력 바이어와 B2B 비즈니스 미팅을 추진한다. 또한 프랑스 원전 전문가 설명 및 국내 우수 기자재를 소개하는 한 · 프 공동 세미나 및 현지 EPC, End User 방문, 수출 컨설팅을 추진하고 있다.

한국의 에너지 정책 평가

파티 비롤(Fatih Birol) 국제에너지기구(IEA) 사무총장은 원전을 중심에 세운 윤석열 신정부의 에너지 정책에 대해 적절하면서 완벽하다고 평가했다. 현재 에너지 위기를 극복할 수 있는 좋은 전략인 동시에 우리 경제가 탄소중립 세상을 준비할 수 있을 것으로 내다봤다.[5]

산업통상자원부는 에너지 분야 국내 최대규모 행사인 '2022 대한민국 에너지 대전'을 2022년 11월 2일부터 오는 4일까지 킨텍스(경기 고양시 소재)에서 '지속가능한 미래를 위한 저탄소·고효율 C-Tech(기후(Climate)·탄소(Carbon)·청정(Clean)) 혁신'을 주제로 개최했다.

비롤 사무총장은 첫날 열린 개회식에서 영상을 통해 러시아-우크라이나 전쟁은 심각한 에너지 위기를 촉발했으며 이는 1970년대 오일쇼크보다 훨씬 더 심각한 수준이라고 진단했다. 그동안 이보다 더

5 김진철, "韓 에너지 정책…IEA 사무총장 완벽하다 평가", 에너지타임즈, 2022.11.02.

심각하고 복잡한 에너지 위기는 없었다고 덧붙이기도 했다. 이어 그는 석유·가스·석탄 등 화석연료 최대 수출국인 러시아가 우크라이나를 침공하자 에너지 가격이 상승했고, 상승한 에너지 가격이 각국 경제에 부담을 주고 있으며 이로 인해 에너지 안보가 주요 정책과제로 부상했다고 설명했다. 그러면서 그는 "한국 정부는 굉장히 적절한 조치를 하고 있고, 지난 2022년 7월 한국의 새로운 에너지 정책은 가히 완벽하다고 볼 수 있을 것"으로 평가했다. 또 그는 우리의 새로운 에너지 정책에 대해 원전·수요관리·기술혁신 등을 기반으로 설정했고 지금의 에너지 위기를 극복할 수 있는 좋은 전략인 동시에 이를 통해 우리 경제는 탄소중립 세상을 준비할 수 있을 것으로 기대했다.

특히 비롤 사무총장은 2050년 탄소중립을 달성하기 위해 우리 정부에 두 가지 임무를 제시하면서 우리 산업에 상당히 유리한 투자 기회를 제공할 수 있고 이를 통해 한국 경제의 혁신력을 다시 한번 선보일 수 있을 것으로 내다봤다. 그는 2050년 탄소중립을 달성을 위해서는 첫째, 태양광·풍력발전·원전 등과 같은 기존 청정에너지를 대폭 확대해야 하는데, 이것만으로는 탄소중립을 달성하기는 어려우니 둘째로 수소와 청정바이오에너지 기술 등 에너지시스템에 적용할 수 있는 새로운 청정에너지 분야를 개척해야 한다고 밝혔다. 이어 그는 기존의 기술을 대폭 확대할 필요가 있으며 차세대 청정에너지 기술을 준비해야 한다고 강조했다.

04 우주산업의 ESG 경영과 가치창출 전략

우주산업의 전망

지난 2022년 12월 한국천문연구원은 독자적으로 개발한 인공위성 궤도 결정 및 예측, 조정 핵심 알고리즘을 포함한 인공위성 비행 역학 시스템을 한화시스템에 기술이전을 완료했다고 보고했다(김민재, 2023). 이는 마치 미항공우주국(NASA)이 미국의 민간 우주기업 스페이스엑스를 우주 개발 파트너로 선정하며 핵심 기술을 이전해준 상황과 비슷하다. 이처럼 국가 차원에서도 민간 우주기업의 성장은 매우 중요하다. 2022년 현재 우리나라를 비롯한 세계 곳곳에 건강하고 유능한 민간 우주기업들이 탄생하고 있으며 이를 기반으로 여러 우주 프로젝트들이 수행 중이다.

2023년은 정부 차원의 대규모 우주 프로젝트 이외에 민간 우주기업에도 매우 중요한 한 해가 될 것으로 예측된다. 2023년에 시작될 세계의 민간 우주기업 임무들은 어떤 것들이 있을까? 2021년 로켓 발사에 실패한 미국 민간 우주개발 업체 파이어플라이 에어로스페이스(Firefly Aerospace)는 2022년 1년 만의 재도전에서 성공을 맛보았다. 2022년 10월 파이어플라이 에어로스페이스의 알파(Alpha) 로켓은 미국 캘리포니아 반덴버그 우주군 기지에서 발사된 후 예정된 고도에 도달하며 2차 비행 테스트를 무사히 통과했다. 탑재되어있던 페이로드들도 모두 성공적으로 궤도에 안착하면서 임무의 대성공을 알렸다.

특히, 알파 로켓은 길이 약 29m, 지름 약 1.82m의 소형 2단 로켓으로, 이를 통해서 파이어플라이는 중소형 상업 로켓 시장에서의 우위를 점하기 시작했다. 저비용 고효율이라는 모토를 이어가고 있는 파이어플라이 에어로스페이스는 2023년 한층 더 바빠질 예정이다. 미국의 우주시스템 사령부(US Space Systems Command)는 2023년 지구 저궤도에 대한 신속한 우주 임무 대응 시연을 수행하기 위한 파트너로 소형 위성 제조업체 Firefly Space Transport Services(파이어플라이의 자회사)와 밀레니엄 스페이스 시스템(Millennium Space Systems, Boeing의 자회사)을 선택했기 때문이다. 이들은 2023년 TacRS(Tactically Responsive Space) 임무를 수행할 예정이며, 로켓의 발사가 필요한 때와 필요한 장소에 신속하게 궤도에 올려놓을 수 있는 작업이 수행될 전망이다.

1. 3D 프린터로 만든 로켓

로켓의 엔진은 지구중력을 벗어날 때 엄청난 출력을 내야 한다.

이 엔진은 고온에서 정교하게 작동하는 만큼 연소를 제어하는 것이 관건이다. 복잡한 부품을 제작하는 공정에 3D 프린팅 기술이 적용되면서 우주산업 전반에 혁신을 일으키고 있다. 3D 프린팅 기술의 도입은 우주산업 제조혁신에 대한 기대를 낳았다. 비용 · 시간 절감 및 부품일체화 · 경량화 및 복잡형상제작에 적합하다. 국내 소형발사체(3D 프린팅 기술 적용) 공간 효율성 12% 향상, 부품 27% 경량화가 가능하다. 미국 렐러티비티 스페이스에서는 3D 프린팅 기술을 활용하여 3개 부품으로 엔진을 제작했다. 또한 스페이스X 로켓 '팰컨9' 엔진밸브 주물 제작(수개월 공정)을 3D 프린터로 이틀 만에 제작하는 것이 가능해졌다.

2. 미항공우주국의 우주 발사 시스템을 뛰어넘는 스타십

2023년에는 중소 민간 우주개발 업체들뿐 아니라 대형 민간 우주개발 업체들도 매우 바쁠 예정이다. 특히, 민간 우주개발에서의 선두 주자로 평가받고 있는 스페이스엑스(SpaceX)는 가장 큰 기대를 모으고 있는 스타십(Starship) 로켓의 궤도 비행을 앞두고 있다. 스타십 로켓은 현존하는 가장 강력한 로켓인 미항공우주국의 우주 발사 시스템(SLS, Space Launch System)을 뛰어넘는 로켓으로 평가받고 있으며 재사용이 가능하다는 큰 장점이 있다. 발사당 비용도 소모성 로켓에 비하여 매우 저렴한 수준이다. 2022년 11월과 12월에 스페이스엑스는 로켓 엔진의 화재 테스트를 여러 번 성공적으로 수행한 바 있다.

3. 블루 오리진의 궤도 로켓

스페이스엑스 CEO 일론 머스크(Elon Musk)의 라이벌로 평가받고 있는 제프 베이조스(Jeff Bezos) 역시 민간 우주개발 업체 블루 오리진(Blue Origin)을 운영하고 있다. 하지만 로켓을 궤도에 올리고 발사체를 재사용할 수 있는 스페이스엑스와는 다르게 블루 오리진은 수직상승 후 탄도비행만 가능한 뉴 셰퍼드(New Shephard) 로켓을 보유하고 있다. 발사체의 착륙 여부로만 따지면 스페이스엑스보다 블루오리진이 빠르지만 현재는 격차가 한참 벌어진 상태이다. 제프 베이조스는 2023년 첫 궤도 로켓 뉴 글렌(New Glenn)[6]을 쏘아 올려 위 격차를 줄이고자 한다.

블루 오리진의 중형 로켓 개발은 10년 전에 이미 시작되었고 첫 발사는 이미 세 번이나 지연되었지만 뉴 글렌이 성공적으로 비행한다면 블루 오리진은 이제 스페이스엑스 및 유나이티드 런치 얼라이언스(United Launch Alliance, ULA, Lockheed Martin과 Boeing의 합작 투자 회사)와 경쟁을 시작할 수 있게 된다.

4. ULA, 차세대 로켓 벌컨 센타우르 공개 예정

ULA는 2006년에 12월에 설립되었으며 이미 수많은 Atlas V 및 Delta IV 로켓 등을 출시한 바 있다. ULA는 주 고객이 미항공우주국

6 블루 오리진이 개발한 미국 최초로 궤도 비행을 한 우주비행사 존 글렌의 이름을 딴 대형 발사체. 설계 작업은 2012년에 시작되었고, 차량의 일러스트레이션과 높은 수준의 사양은 2016년 9월에 처음 공개되었다.

과 미국 국방부인 만큼 맞춤 제작형에 특화된 로켓을 개발하고 있으며 미 우주군의 프로그램에 자주 참여하고 있다. 이미 로켓을 수차례 궤도에 올려놓은 바 있기에 스페이스엑스의 진정한 라이벌인 셈이다. 특히, ULA는 2023년 달 착륙선의 발사에 집중할 예정인데, 차세대 로켓인 벌컨 센타우르(Vulcan Centaur)[7]를 처음으로 공개하겠다고 밝혔다.

미국의 민간 우주기업 아스트로보틱(Astrobotic)[8]과 인튜이티브 머신스(Intuitive Machines)는 2023년 상반기에 달 착륙선을 발사시킬 계획이다. 인튜이티브 머신스는 스페이스엑스의 팰컨 9(Falcon 9)을 이용할 계획이지만 아스트로보틱은 ULA의 벌컨 센타우르를 이용할 계획이다. 두 로켓 모두 직선 궤도로 달을 향해 여행하기에 6일에서 14일 정도밖에 걸리지 않는다.

5. 호주의 하이브리드 로켓

호주의 민간 우주개발 업체 길모어 스페이스 테크놀로지(Gilmour

7 ULA(보잉과 락히드마틴이 합작 투자하여 만든 기업으로, 2006년 12월 1일 창립되어 NASA에 발사 로켓을 제공하는 회사)가 미국 정부의 지원을 받고 개발 중인 로켓이다. 보통 줄여서 벌컨 로켓이라고도 부른다. 2014년부터 개발을 시작하여 2022년에 발사했다. 발사체는 주로 미 우주군의 프로그램을 위해 사용될 예정이다.

8 달 탐사 스타트업인 아스트로보틱은 신발장 크기 정도인 달 탐사 로봇 큐브로버(CubeRover)용 초고속 무선 충전 기술을 개발하고 있다. 이 프로젝트는 미 항공우주국 나사(NASA) 티핑 포인트 프로그램(Tipping Point Program)을 통해 580만 달러의 자금을 지원받아 진행된다.

Space Technologies)[9]는 2023년 4월에 첫 번째 로켓인 에리스(Eris)를 발사할 계획이다. 에리스는 하나는 고체, 다른 하나는 기체 또는 액체의 두 가지 단계로 추진제를 사용하는 최초의 하이브리드 로켓이다. 하이브리드 로켓은 구조가 단순하며 비용도 적게 들지만, 한 번 점화하면 제어가 불가능한 순수 고체 로켓의 단점과 추력 제어가 가능하지만 매우 복잡한 순수 액체 로켓의 일부 단점을 피할 수 있다는 장점이 있다. 또한 순수 액체 로켓에 비하여 저렴하고 환경에 미치는 영향도 적을 것이라고 평가받고 있다. 길모어 스페이스 테크놀로지는 현재 퀸즐랜드 북부 애봇 포인트(Abbot Point)에 우주 공항 설립 승인 절차를 밟고 있으며, 2025년까지 유인 우주 비행이 가능한 로켓 발사체 개발 계획을 추진하고 있다.

위 로켓이 발사에 성공하면 호주는 자국에서 제작한 로켓을 우주에 쏘아 올린 12번째 국가(소련, 미국, 프랑스, 일본, 중국, 영국, 인도, 이스라엘, 이란, 북한, 우리나라 순)가 되며 잠재적으로 더 안전하고 더 저렴한 우주비행의 문을 열 수 있을 것으로 기대를 모으고 있다. 완성된 로켓은 위성 탑재체를 지구 저궤도에 쏘아 올려 신속한 산불 탐

9 호주 퀸즐랜드에 본사를 둔 벤처 투자 호주 우주 회사로 저비용 우주 발사체 개발을 지원하기 위해 하이브리드 엔진 로켓 및 관련 기술을 개발하고 있다. 2013년 이 회사의 첫 번째 프로젝트는 호주 최초의 우주비행사 훈련센터인 우주 비행 아카데미 골드 코스트(Spaceflight Academy Gold Coast)를 포함한 여러 우주 관련 전시물과 교육 센터를 위한 고화질 우주 비행 시뮬레이터 및 복제품을 설계 및 제조하는 것이었다. 2015년에 로켓 개발 프로그램을 시작했다.

지, 더욱 정확하고 수월한 농작 토지 관측 및 관리 등에 도움이 될 것으로 기대된다. 인공위성 기반 인터넷 기술 개발에 활용되면 바다 한가운데에서도 초고속 인터넷 사용이 가능해질 수 있다.

우주산업의 ESG 경영

위성통신 안테나 전문기업 인텔리안테크의 평택 본사의 한 임원은 기자와의 인터뷰에서 흥미로운 이야기를 전했다. 북유럽에 한 투자사가 인텔리안테크에 관심이 있다며 만남을 요청했다고 한다. 만남은 성사됐고 이 임원은 회사에 대한 전반적인 정보를 설명할 요량이었다. 하지만 대화는 전혀 예상치 못한 방향으로 흘러갔다고 한다. 투자사 직원이 "회사에 대해서는 이미 다 알고 있다."라고 했기 때문이다. 대신 그 직원은 인텔리안테크의 'ESG 경영'에 대해 집중적으로 물었다고 한다. 당시를 회상하며 이 임원은 "투자 결정에 있어 ESG가 큰 고려 요소라는 느낌이 들었다."라고 했다.

세계 최대 자산운용사 블랙록의 래리 핑크 회장은 이러한 흐름을 만든 주역 중 한 명이다. 그는 2020년 1월 주요 기업의 CEO에 보낸 연례 서한에서 "기후 위기는 투자의 위기"라며 블랙록은 석탄 생산 기업을 포함해 환경 지속가능성과 관련해 "높은 위험"이 있는 기업에 대한 투자에서 발을 빼기 시작할 것이라고 했다. 그 후 전 세계에 많은 투자자들이 비슷한 투자정책을 도입했다.

사실 우주산업은 ESG 경영 측면에서 상대적으로 위험도가 높은 영역이다. 특히 환경(E) 분야에서 그렇다. 로켓이 발사되는 과정에서 상당한 양의 대기오염 물질이 배출되기 때문이다. 이산화탄소와 '검댕이'라고 불리는 탄소 찌꺼기(soot)가 대표적인 배출물질이다. 스페이스엑스의 팰콘 9 로켓이 한번 발사될 때 배출하는 이산화탄소의 양이 일반적인 자동차 한 대가 200년간 배출하는 이산화탄소의 양과 비슷하다는 연구 결과도 있다. 케로신을 추진제로 사용하는 액체 로켓은 연소 후 남은 탄소 찌꺼기의 많은 부분을 대기 상층부에서 배출한다. 이 물질은 지구 복사열을 대기권 안에 가두는 역할을 하여 지구 온난화를 가속화하는 데 기여하는 것으로 알려져 있다.

하지만 아직 우려할 수준은 아니다. 한 해 동안 전 세계에서 발사되는 로켓이 100기를 조금 넘는 상황이기 때문이다. 매일 평균 약 10만 회 운항하는 비행기에 비하면 우주개발에 따른 대기오염은 아직 미미하다. 하지만 앞으로 그 숫자가 빠르게 증가할 것으로 전망되기 때문에 로켓 발사가 환경에 미치는 영향에 대해서는 지금부터 관심을 가질 필요가 있다.

아이러니한 점은 기후변화에 가장 효과적으로 대응하는 방법이 바로 우주를 활용하는 것에 있다는 사실이다. 기후변화에 효과적으로 대응하기 위해서는 우선 어떤 대기오염 물질이 어디서 언제 어떻게 배출되는지 정확히 파악해야 한다. 그래야 신속하고 종합적인 대책을 수립할 수 있기 때문이다. 그리고 전 지구를 대상으로 이런 관찰과 분석을 상시 진행할 수 있는 도구는 인공위성이 유일하다. NASA와 유럽우주국을 비롯한 많은 우주개발 기구가 인공위성을 이용한 대규모 지구관측 프로젝트를 추진하는 이유기도 하다. 이들이 제작한 다수의 온실가스 관측용 인공위성이 이미 궤도에 올라갔으며 앞으로 더 많은 위성이 올라갈 예정이다.

유럽의 최대 발사체 회사인 아리안그룹은 바이오매스를 이용해 만든 메탄을 추진제로 사용하는 로켓 '아리안 넥스트'를 2030년 실전배치를 목표로 개발하고 있다. 영국의 소형 발사체 회사 오벡스는 바이오 디젤 생산의 부산물인 바이오 프로판가스를 추진제로 사용하는 로켓 '프라임'을 개발하고 있다. 영국 엑서터대학교가 실시한 조사에 따르면 프라임 로켓은 화석연료를 사용하는 동급 로켓에 비해 탄소를 86% 덜 배출하는 것으로 나타났다. 독일 소형 발사체 회사 ISAR 에어로스페이스는 경질 탄산수소에 희망을 걸고 있으며, 영국의 스카이로라는 재활용이 불가능한 플라스틱을 친환경 로켓 연료로 전환하는 연구를 진행하고 있다.

10 유럽우주국(European Space Agency, ESA)은 유럽 각국이 공동으로 설립한 우주개발기구이다. 1975년 5월에 설립되었으며, 설립 참가국은 10개국이었으나 현재는 19개국이 참가하고 있다. ESA는 유럽연합(EU)과 밀접한 협력 관계를 맺고 있지만, 유럽연합에 속한 기관은 아니다.

05 K-문화 산업의 ESG 경영과 가치창출 전략

K-문화 정의

K-문화(K-Culture)라는 용어는 신(新)한류 3.0 시대 한류 다양화의 핵심 용어이다. 현 정부는 대중문화를 넘어 한국문화 전반을 아우르는 한류 3.0을 실현하기 위해 드라마, 영화, K-Pop 등의 대중문화뿐만 아니라 한글, 태권도, 한식, 문학, 패션 등 전통문화 콘텐츠를 K-Culture로 브랜드화를 진행하고 있다.[11] K-문화의 장르는 문화영역을 넘어서 전통문화, 문화예술, 문화콘텐츠의 토대이자 그로부터 도출되는 한국적인 것으로서, 한국을 표상하는 모든 것을 세계와 공유하고자 하는 취지이다.[12] 여기에서는 K-문화가 한류를 지향하는 우리나라의 전통문화, 문화예술, 문화콘텐츠를 의미하기 때문에 세계인의 공감과 호응을 이끌어낸 문화적 현상의 연속적인 개념으로

11 문화체육관광부, 2013년 주요업무계획, 2013.

12 한국문화산업교류재단, 2014 대한민국 한류백서, 2015.

정의하였다.

문화콘텐츠산업 정의

문화콘텐츠산업이란 문화를 소재로 생산, 유통되는 각종 상품이나 서비스를 광범위하게 지칭하는 개념이다. 문화콘텐츠를 대중이 소비하는 문화의 경제활동, 즉 문화산업(文化産業)이라는 초국적(超國籍) 자본과 기업에 의한 영화, 방송, 음악, 패션 등을 생산하는 것이라고 표현하기도 한다(Chris, B., 2004). 유네스코의 '문화적 표현의 다양성 보호와 증진 협약'에 따르면 문화콘텐츠(Cultural Content)를 문화적 정체성에서 비롯되거나 이를 표현하는 상징적 의미, 예술적 의미, 그리고 문화적 가치를 의미한다고 설명하고 있다. 문화콘텐츠산업이라는 용어는 국가마다 다르게 활용되고 있다. 우리나라는 2001년 문화콘텐츠진흥원을 설립하며 문화콘텐츠 산업(Cultural Contents Industry)이라는 명칭을 사용하기 시작했다.

여기에서는 현 정부의 문화융성 정책으로 시행하고 있는 K-문화콘텐츠 부분을 문화콘텐츠산업의 맥락과 동일시하며, 문화콘텐츠산업은 국가의 소프트 파워(Soft Power)를 구성하는 주요 요소 중 하나로 파악하였다. 즉, 인간의 감성, 창의력, 상상력을 원천으로 문화적 요소가 체화되어 경제적인 가치를 창출하는 부분으로 문화콘텐츠산업을 정의하였다.

K-문화 산업의 현황

K-문화 산업이 세계 콘텐츠[13] 시장 주인공으로 부상했다. K-문화 산업은 세계시민 공감과 연대를 끌어내며 글로벌 콘텐츠 시장 허브로 진화하고 있다.[14] 미국 일간지 월스트리트 저널은 2021년 12월 "'오징어게임' 대성공 이후 한국 문화산업을 둘러싼 세계 스트리밍 업계 쟁탈전이 치열해졌다"며 "'애플TV플러스' '디즈니플러스' 등이 한국에 진출해 콘텐츠 확보에 열을 올리고 있다"고 보도했다. 우리 영화감독과 배우가 세계적 권위의 영화제에서 수상하거나 한국 작가의 책이 해외 유수 문학상을 받는 일도 이제 우리 눈에 그리 낯설지 않다. 가히 'K-문화 산업 시대'다. 우리나라는 세계인에 스며들어 마음을 훔치는 '문화매력국가'로 성장하고 있다.

K-문화 산업의 세계적 확산은 한국 대중문화를 향한 관심을 넘어 음식, 언어, 생활문화, 역사, 관광 등 다양한 영역에서 한국을 향한 관심을 불러일으키고 있다. K-팝, K-드라마 열풍으로 세계 세종학당에 한국어를 배우려는 외국인 수요가 급증했다. 이집트 세종학당

13 콘텐츠(content)는 각종 매체가 인터넷과 컴퓨터 통신 등을 통해, 디지털 방식으로 청중(audience) 또는 최종 소비자(end-users)에게 제공하는 정보나 그 내용물이다. 저작물, 창작물의 의미로 쓰이기도 한다. 특히 언론 및 매체에 의해 제공되는 뉴스 등의 정보와 음악, 영화, 만화, 애니메이션, 게임 등에서의 각종 창작물을 의미한다. 책이나 웹페이지에서 제공되는 정보도 포함된다.

14 박종진, K-콘텐츠, 한류에 날개를 달다, 전자신문 etnews, 2022.07.17.

에서는 대기자가 3,000명에 달하기도 했다. 한국에 대한 세계적 관심은 경제적 가치창출뿐만 아니라 한국에 대한 우호적인 평가로 이어진다.

2020년 K-문화 산업 수출은 119억 2,000만 달러로 73억 달러 가전제품, 41억 달러 디스플레이 패널 수출액을 추월하며 우리나라 대표 수출 주력 품목으로 자리매김했다. 2022년 한국수출입은행 분석에 따르면 K-문화 산업 수출액이 1억 달러 늘어나면 관련 소비재 수출을 1억 8,000만 달러 증가시키는 경제적 효과를 지녔다고 한다. 2021년 문화체육관광부 해외문화홍보원이 실시한 국가이미지 조사에 따르면 외국인의 80.5%가 한국 이미지를 긍정적으로 평가했으며 국가이미지를 긍정적으로 평가하는 데 한국 현대문화(22.9%)가 가장 큰 영향을 미쳤다.

K-문화 산업 성장세를 지속하기 위해서는 민간 콘텐츠 기업에서 우수한 콘텐츠가 계속 창·제작되는 것이 중요하다. 드라마, 게임, 영화, 웹툰 등 콘텐츠 장르를 막론한 모든 창작물은 창작자가 창의력과 기량을 발휘한 열정의 산물이다. 풍성하고 수준 높은 문화콘텐츠를 꽃피우기 위해 창작자가 예술혼을 마음껏 펼칠 수 있는 장이 '자유'의 가치 위에 마련돼야 한다.

정부는 콘텐츠 기업 창의력이 마음껏 발휘될 수 있도록 '민간이 이끌고 정부가 뒤에서 밀어주는 정책'을 추진한다. 먼저 콘텐츠 기획·제작·유통·해외 진출에 필요한 정책금융을 지원한다. K-문화 산업의 글로벌 경쟁력이 입증됐음에도 불구하고 자금 부족으로 지식재산

(IP)의 해외 유출로 수익 창출이 어려운 경우가 많다. 아이디어와 상상력만으로는 재무제표와 담보를 중시하는 은행권 대출의 문턱을 넘기 힘든 콘텐츠 기업의 현실을 타개하고자 정부는 펀드, 보증 등 금융을 지원한다.

문체부는 2022년 1,388억 원을 출자해 민간 투자를 연계한 모태펀드를 조성한다. 또 영화, 게임, 애니메이션, 온라인동영상서비스(OTT) 등 분야별 전문인력과 콘텐츠 기획·제작 및 첨단기술 역량을 고루 갖춘 인재를 양성해 신기술 융합 콘텐츠 신시장 확장을 지원한다. 실감·가상 콘텐츠 관련 글로벌 시장의 폭발적 성장이 예상되는 만큼 우리나라 강점인 정보통신기술(ICT)과 콘텐츠 제작역량을 두루 갖춘 문화기술 전문인력을 양성해 콘텐츠 산업을 이끌 수 있도록 지원한다.

마지막으로 우리 문화 매력을 세계에 널리 알리고 세계시민이 함께 즐길 수 있도록 문체부는 K-문화 글로벌 진출을 돕는다. 국내 콘텐츠 기업 90%는 10인 이하, 연 매출액 10억 원 미만 영세기업이기 때문에 해외 지사를 두기 어렵다. 이에 문체부는 재외 공공기관 해외 지사 역할을 강화하고 K-문화 산업 열풍이 K-뷰티, K-푸드, K-패션 등 연관산업 성공으로 이어질 수 있도록 산업통상자원부, 중소벤처기업부 등 관계부처와 협력도 강화할 계획이다.

규제 혁신의 하나로 온라인동영상서비스(OTT)를 통해 유통되는 영상물에 대한 자체 등급 분류제도를 도입, K-문화 산업 경쟁력을 높인다. 현행 '영화 및 비디오물의 진흥에 관한 법률'에 따르면 영상물은 유료로 제공하기 전 영상물등급위원회로부터 등급분류를 받아야 한다. 코로나19 이후 OTT 산업은 비약적 성장세를 보이면서 이들 플랫폼을 통한 영상물 유통도 증가했다.

영상물등급위원회 조사 결과 연간 비디오물 등급 분류 건수는 넷플릭스가 국내 진출하기 전인 2015년에는 4,339건이었으나 2021년에는 1만 6,167건으로 4배 가까이 증가했다. 현재 영상물 등급 분류 심의 체계에서는 심의 결과가 나오기까지 10여 일이 소요된다. 문체부는 OTT 업계 현장에서 나오는 개선 요구 목소리를 청취, 자체 등급 분류제 도입을 선도적으로 추진한다. 일정 요건을 갖춘 지정 사업자는 자체 등급 분류를 할 수 있도록 하고 영상물등급위원회는 사후관리를 하도록 하는 방식이다. 이 같은 법 개정은 국내 OTT 콘텐츠 제작 · 유통 관련 산업 발전에 기폭제 역할을 할 것이다.

K-문화 산업의 ESG 경영전략

1. K-문화 산업의 ESG에 대한 접근

K-문화 산업은 C-P-N-D(Contents-Platform-Network-Device) 구조를 형성하기 때문에 다른 단일 산업과는 차이를 갖는다. 인프라나 다양한 콘텐츠, 통신 등 다양한 요소를 지니고 있기 때문에 ESG에 대한 파급효과가 클 수 있다. 그럼에도 불구하고 ESG에 대한 깊은 검토가 이뤄지지 않는 것은 문제라고 할 수 있다. 특히 K-문화 산업 기업들은 환경적 측면의 검토가 매우 부족하다. 예컨

대 최근 세계적으로 인기를 끌고 있는 넷플릭스의 한국 드라마 콘텐츠 '오징어 게임'을 살펴보자. 작품의 출연 배우, 시놉시스는 물론이고 흥행, 수익이라는 요소에도 관심이 많지만, 우리가 작품 한 회를 시청하면 얼마나 많은 탄소나 폐기물이 발생하는지에 대한 관심은 상대적으로 부족하다.

또한, 제작하면서 성별, 계층별, 인종별 다양성 등이 얼마나 있는지에 대한 고민 역시 상대적으로 부족하다. 플랫폼 사업자가 콘텐츠를 이용자에게 전달하는 과정에서 데이터를 저장하는 데이터센터, 전송망, 셋톱박스나 라우터, 이용자의 노트북이나 TV, 스마트폰 등을 구동하기 위해서는 많은 전력이 필요한데, 이때 많은 탄소가 배출된다. 그러나 이런 문제에 대해 논의하거나 측정하고자 하는 시도는 아직 부족한 실정이다. 개인정보보호 및 데이터 보안 등도 떠오르는 문제이다. 이러한 고민에 대해 해외 사업자들은 ESG를 재무적 · 비재무적 관점에서 접근하고 있다. 세계적인 투자회사들이나 연기금 등에서 투자를 받고자 하거나 ESG 주주제안 등으로 관련 활동에 대한 보고와 투자를 활성화하고 있다.

2. 국 · 내외 주요 K-문화 산업의 ESG 고민

K-문화 산업 기업은 사업 포트폴리오 전반에 걸친 위험에는 이용자의 개인 정보보호, 데이터 보안, 콘텐츠에 대한 규제, 소셜 미디어 활동 및 핵심 인력의 위험 등이 포함된다. 예를 들어, 타깃 광고 모델은 기밀로 유지되어야 하는 소비자 데이터를 수집하고 있다. 또

한, 요즘 많은 미디어 기업들이 고유한 IP를 개발하여 수익의 극대화를 꾀하고 있다. 소비자의 데이터 또는 IP의 침해는 미디어 사업자의 지속가능성 및 평판, 경쟁우위, 수익성에 부정적인 영향을 미친다. K-문화 산업 기업이 전통적인 콘텐츠가 아닌 도전적인 엔터테인먼트 전략을 추구함에 따라 문화적 충돌 등으로 일부 이용자들의 강한 반발이나 부정적인 반응이 미디어 기업에는 위협으로 다가올 수 있다. 이용자와 기업의 분쟁이 다양한 형태로 발현될 가능성이 높아진 것이다.

또한, K-문화 산업 기업에 대해 규제 당국이 벌금을 부과하거나 행정조치를 받을 수 있는 위험도 존재한다. 소셜 미디어 등에서 뒷광고 등 인플루언서의 비행이 이용자들이나 다른 이해관계자들에게 피해를 주거나 논란의 중심에 설 가능성이 크다. 콘텐츠를 제작하거나 유통하는 사업자는 뛰어난 재능과 카리스마적 영향력을 가진 핵심 인물에 의존하는 경우가 많은데, 핵심 인력에 따라 기업의 성과가 극단적으로 갈리는 위험에도 상당 부분 노출되어 있다.

ESG는 마법처럼 모든 문제를 해결해주는 만능열쇠가 아니다. 기업의 내부 전체 구성원, 외부 이해관계자들이 진정성과 구체성을 가지고 부단히 노력해야 한다. 모두가 연결된 시장이기 때문이다. 모두가 함께 준비해야 하는 시점이 도래했다. 협업과 협력을 통해서 말이다.

06 데이터/소프트웨어 산업의 ESG 경영과 가치창출 전략

데이터/소프트웨어 산업 정의

1. 데이터 산업 정의

데이터 산업은 '데이터의 생산, 수집, 처리, 분석, 유통, 활용 등을 통해 가치를 창출하는 상품과 서비스를 생산·제공하는 산업'으로 정의한다. 데이터의 생명주기(또는 가치사슬) 상에 나타난 데이터와 관련된 제반 활동을 포함해 데이터로부터 가치가 창출되는 일련의 모든 과정, 이와 연관된 활동을 포함한다. 이러한 정의에 따라 데이터 산업의 비즈니스 유형은 크게 데이터와 관련한 제품을 판매하거나 기술을 제공하는 데이터 처리 및 관리 솔루션 개발·공급업, 데이터 구축 및 컨설팅 서비스업과 데이터를 판매하거나 이를 기반으로 정보제공 및 분석 서비스를 제공하는 데이터 판매 및 제공 서비스업으로 구분해 볼 수 있다.[15]

15 2021 데이터산업 현황조사, 한국데이터산업진흥원.

그 외 데이터 기반 솔루션 구축과 서비스를 위해 반드시 필요한 서버, 스토리지, 네트워크 등을 바탕으로 데이터 인프라 서비스를 제공하는 데이터 인프라 서비스업이 있다. 빅데이터[16], 인공지능 등 관련 기술과 데이터가 밀접한 연관성이 있고, 이에 대용량의 데이터를 처리·분석하기 위한 데이터 저장·보관, 데이터 전송 등 인프라 구축 또한 매우 중요하다. 이에 데이터 클라우드, 서버, 네트워크 등의 데이터 인프라 또한 데이터 관련 비즈니스 영역으로 포함할 수 있다. 이에 2021년 조사에서는 데이터 인프라 서비스 부문의 시범 조사를 통해 사업체 유형을 특정한 후 추후 데이터 산업의 범위에 포함해 나가고자 한다.

2. 데이터 산업 분류

2021년 데이터 산업 분류체계는 3개 대분류, 10개 중분류로 구성되어 있다. 데이터 산업 분류체계는 대분류 및 중분류 명칭에서 구체적인 산업 내용이 나타나도록 구분하였다. 데이터 유통 및 활용 관련 비즈니스에 대한 산업의 변화와 업계 요구를 반영하기 위해 데이터 통합·연계, 교환·개방 관련 솔루션을 데이터 수집·연계 솔루

16 빅데이터(big data)란 기존 데이터베이스 관리도구의 능력을 넘어서는 대량(수십 테라바이트)의 정형 또는 심지어 데이터베이스 형태가 아닌 비정형의 데이터 집합조차 포함한 데이터로부터 가치를 추출하고 결과를 분석하는 기술이다. 즉, 데이터베이스 등 기존의 데이터 처리 응용 소프트웨어(data-processing application software)로는 수집·저장·분석·처리하기 어려울 정도로 방대한 양의 데이터를 의미한다.

션 중분류에 포함하고, 데이터 관리 솔루션 중분류에 데이터 모델 관리, 데이터 품질 관리 솔루션을 포함한다. 또한 데이터 보안 솔루션 중분류는 접근통제, 암호화 등 DB 보안과 데이터 자체에 대한 보안, 개인정보 익명화, 가명화 등 개인 데이터 보안 등을 포함하는 개념으로 분류되었다. 2021년 조사에 활용된 최종 데이터 산업 분류체계는 다음 표와 같다.

표 4.4 2021년 데이터 산업 분류

대분류	중분류	내용
1 데이터 처리 및 관리 솔루션 개발·공급업	11. 데이터 수집 · 연계 솔루션 개발 · 공급업	• 데이터 검색 솔루션, 데이터 수집 솔루션, 데이터 통합·연계 솔루션, 데이터 교환·개방 솔루션
	12. 데이터베이스 관리시스템 솔루션 개발·공급업	• 관계형 데이터베이스 관리 솔루션, 비관계형 데이터베이스 관리 솔루션, 인메모리 데이터베이스 관리 솔루션, 데이터베이스 어플라이언스 솔루션, 기타 데이터베이스 솔루션
	13. 데이터 분석 솔루션 개발·공급업	• 정형·비정형 데이터 분석 솔루션, 실시간 데이터 분석 솔루션, 데이터 시각화 분석 솔루션, 데이터 처리 솔루션
	14. 데이터 관리 솔루션 개발·공급업	• 데이터 모델 관리 솔루션, 데이터 표준 관리 솔루션, 데이터 품질 관리 솔루션, 데이터베이스 운영 · 성능관리 솔루션
	15. 데이터 보안 솔루션 개발·공급업	• 데이터 저장소 보안 솔루션, 개인 데이터 보안 솔루션
	16. 빅데이터 통합 플랫폼 솔루션 개발·공급업	• 빅데이터 플랫폼 솔루션

2 데이터구축 및 컨설팅 서비스업	21. 데이터 구축·가공 서비스업	• 데이터베이스 설계·구축 서비스, 데이터 이행 서비스, 데이터 가공 서비스
	22. 데이터 관련 컨설팅 서비스업	• 데이터 설계 컨설팅, 데이터 품질 컨설팅, 데이터베이스 성능개선 컨설팅, 데이터 거버넌스 컨설팅, 데이터 분석·활용 컨설팅
3 데이터 판매 및 제공 서비스업	31. 데이터 판매·중개 서비스업	• 데이터 판매 서비스, 데이터 중개 서비스, 분석 데이터 제공 서비스
	32. 정보제공 서비스업	• 포털·정보 매개 서비스, 정보제공 서비스

출처: 한국데이터산업진흥원

3. 소프트웨어 산업 정의 및 내용

소프트웨어 산업은 주로 라이선스/유지 보수 기반 모델 또는 클라우드 기반 모델과 같은 비즈니스 모델을 이용하는 소프트웨어의 개발, 유지 보수, 발행을 위한 사업들을 아우른다. 이 산업에는 훈련, 문서화, 컨설턴트와 같은 소프트웨어 서비스를 포함한다.

소프트웨어 산업은 대표적인 지식산업이면서 동시에 개인, 기업, 정부에 이르는 각 경제주체의 지식 창출과 활용 그리고 파급에 있어서 핵심적 역할을 하는 21세기 지식정보화 시대의 기간산업으로 다른 산업과 비교할 때 연구개발 및 지적 노동의 투입이 월등히 높은 지식집약적인 고부가가치산업이다.

데이터/소프트웨어 산업 현황 및 전망

1. 데이터 산업 현황 및 전망

국내 데이터 산업 시장 규모가 20조 원에 달하며, 최근 5년간 연평균 9.8%씩 성장했다는 조사 결과가 나왔다.[17] 과학기술정보통신부(과기정통부)와 한국데이터산업진흥원(K-DATA)이 2021년 12월 29일 공개한 '2021 데이터산업현황조사' 통계에 따르면, 2020년 데이터 산업의 시장 규모는 20조 원으로 2019년(16조9,000억 원) 대비 18.7%(3조1,000억 원) 성장했다. 2016년부터 2020년까지 연평균 성장률은 9.8%였으며, 최근 3년(2018~2020년)으로 범위를 좁히면 13.3%로 성장세는 점차 빨라지는 흐름이다.

부문별로는 ■데이터 처리 및 관리 솔루션(4,000억 원, 20.8%↑)이 가장 큰 규모로 증가했으며, 세부시장에선 ■데이터 판매·중개 서비스업(41.7%↑) ■데이터 관련 컨설팅(31.5%↑) ■데이터 보안 솔루션(29.5%↑) 분야의 성장이 돋보였다. 또 2021년 데이터 산업에 종사하는 전체인력은 39만 4,709명이었다. 특히 이중 데이터 직무 인력은 12만 2,431명으로 전년보다 20.1%(2만 명) 증가했다.

과기정통부는 2021년 조사 결과를 바탕으로 2022년 인공지능 학습용 데이터 310종 추가구축, 데이터바우처 2,680건 지원 등 데이터 댐 사업을 확대하기로 했다. 한편 2021년 조사는 데이터기업 8,740

17 변휘, 데이터산업 시장규모 '20조 원'…매년 '10%씩' 자랐다, 머니투데이, 2021.12.29.

개 중 표본 1,369개가 응답한 조사 결과를 토대로, 데이터 관련 시장 규모, 데이터직무 인력 등 현황을 분석한 결과다. 2016~2020년 데이터 산업 시장 규모는 〈그림 4.6〉과 같다.

이렇듯 향후 데이터 산업 시장은 지금까지의 성장률을 지속적으로 유지한다면 2026년(P)까지는 36조 원을 넘어설 것으로 전망된다. 데

그림 4.6 '2021 데이터산업현황조사' 주요 통계 발표

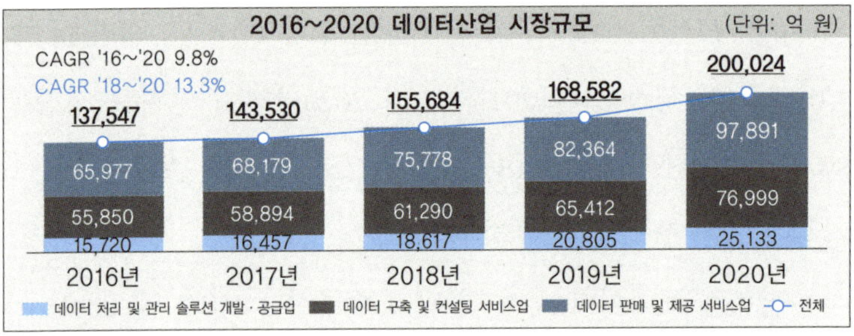

출처: 과기정통부

그림 4.7 2020(E)~2026(P) 데이터산업 시장 전망

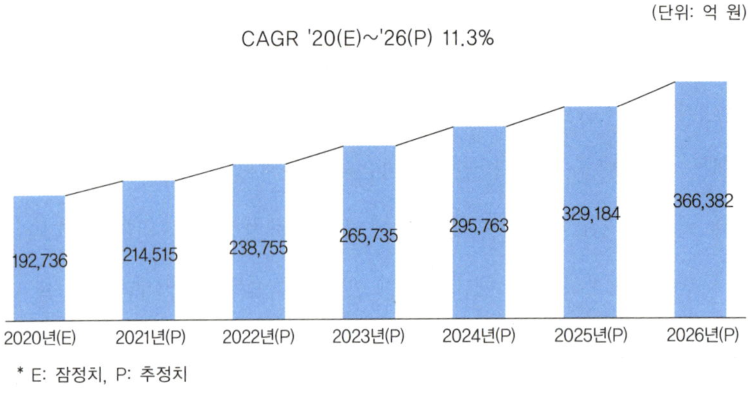

출처: KDATA, 2020년 데이터산업현황조사

이터 산업 시장 전망은 〈그림 4.7〉과 같다.

2. 소프트웨어 산업 현황 및 전망

국내 소프트웨어 시장이 5년간 연평균 6.5%의 성장률을 기록하며 2026년에는 9조 1천 37억 원 규모를 형성할 전망이다.[18] 한국 IDC는 최근 발간한 '국내 소프트웨어 시장 동향 및 미래 전망' 보고서에서 이 같은 전망을 포함해 2022년 국내 소프트웨어 시장이 7조 1천 489억 원의 시장 규모를 기록하며 전년 대비 7.8% 성장할 것으로 내다봤다. 또한 디지털 퍼스트 전략을 중심으로 기업의 하이브리드 업무 환경이 보편화되면서 유연한 접속 환경을 제공하고 데이터 활용 및 주권을 확보할 수 있는 소프트웨어 도입이 증가하며 해당 시장의 성장에 기여하고 있다고 분석했다.

이 보고서는 소프트웨어 시장을 애플리케이션(Application), AD&D(Application Development & Deployment), SIS(System Infrastructure Software)로 구분해 분석과 전망을 제공했다. 이에 따르면, 애플리케이션 시장은 비대면 업무 환경의 확산으로 팀 협업 애플리케이션, 콘텐츠 워크플로우 및 관리 애플리케이션과 HCM 애플리케이션의 수요 확대로 전년 대비 7.4% 성장할 것으로 보인다. SIS 시장은 클라우드 네이티브 환경이 확대되면서 가상화 컴퓨팅 소프트웨어에 대한 수요 확대 및 데이터 보안에 취약한 핀테크 스타트

18 김원정, 2022년 국내 소프트웨어 시장, 전년 대비 7.8% 성장 전망, 산업일보, 2022.10.25.

업 및 중소 규모 기업 중심으로 성장을 이룬 것으로 나타났다. 특히 데이터 유출, 해킹 등 사이버 보안 리스크를 방지하기 위해 보안 솔루션 도입이 확대되면서 해당 시장은 전년 대비 7.6% 성장을 이룰 것으로 예측했다.

보고서는 AD&D 시장이 제조, 유통을 중심으로 5G/클라우드/엣지 기술을 활용한 IoT 활용도가 높아짐과 동시에 RPA(Robotic Process Automation) 및 인공지능(AI) 가속기로 인한 데이터 처리 수요 증가 및 IT 환경을 관리하는 플랫폼에 대한 필요성이 부각되면서 전년 대비 10.4% 성장을 이룰 것으로 바라봤다. 또한 국내 소프트웨어 시장의 성장을 저해하는 방해 요인으로 경기 불확실성의 확대를 들었다. 또한 기업의 IT 환경 현대화가 다양한 클라우드 환경 및 애플리케이션을 통합하는 과정에서 오픈소스 활용의 활성화를 지원할 것으로 보인다. 이는 일부 소프트웨어를 대체하거나 축소하며 소프트웨어 시장 성장을 제한할 것으로 예상했다.

ESG 경영 실천을 위한 디지털 기술

사실 ESG 경영을 어떻게 실천하는 것이 좋은가라는 문제에는 정답이 없다. 각 기업이 속해 있는 산업과 사업 내용, 조직의 규모와 구조 등에 따라 수많은 실천 방안이 존재한다. 데이터/소프트웨어 산업 분야에서도 마찬가지이다. 그러나 한 가지 공통점이 있다. 바로 ESG 경영에는 최신 디지털 기술과 솔루션의 도입과 활용이 필수적이라는 것이다. 현재 많은 기업들이 ESG 경영을 선언하고 있지만, ICT 업체들의 최근 행보가 특히 돋보이는 이유도 바로 여기에 있다.[19]

먼저, 환경 측면은 디지털 기술이 그 잠재력을 보여줄 수 있는 영역이 상당히 많다. 현재 글로벌 ICT 업체들은 친환경 데이터센터를 특히 강조하고 있는데, 이는 온라인 서비스의 확산에 따라 그만큼 데이터센터의 규모도 커지고 사용 전력도 상당하기 때문이다. 특히 데이터센터에서는 서버들에게 엄청난 열이 발생하는데, 이를 냉각시키기 위해서도 엄청난 에너지가 필요하다.

전 세계의 데이터센터가 이용하는 전력 사용량은 200TWh 수준으로, 이는 글로벌 전력 사용량의 1% 수준이다. 또한 시장조사업체 IDC는 전 세계 데이터센터의 이산화탄소 배출량이 2002년 7,600만 톤에서 2020년에 2억 5,900만 톤으로 증가한 것으로 추정했다. 그러므로 ICT 업체들이 데이터센터의 전력 이용량을 줄이고 친환경 에너지원으로 전환하는 것 자체만으로 엄청난 환경개선 효과를 가져올 수 있다. 이에 따라 구글, 아마존, 마이크로소프트 등 주요 ICT 업체들은 이미 ESG 경영을 선언하고 데이터센터에서의 친환경 에너지 도입은 물론 다양한 방식으로 탄소배출을 최소화하기 위해 노력하고 있다.

대표적으로 마이크로소프트의 경우 해저에 데이터센터를 설치해

19 디지털 기술 없이는 ESG 경영도 실천 불가능하다, KT Enterprise, 2021.08.06.

냉각을 위한 에너지 소비를 줄이는 것뿐 아니라 수소 연료전지를 도입하는 시도를 하고 있다. 2025년까지 탄소배출을 '0'으로 만들겠다고 선언한 아마존도 풍력 및 태양광 발전을 적극 도입하는 중이다.

기업의 사무실과 공장에서 친환경 에너지를 도입하고 에너지 이용을 한층 효율화하기 위해서도 디지털 기술이 필요하다. 현재 국내외 기업들은 이른바 'RE100'을 선언하고 있는데, 이는 이용하는 전력의 100% 전체를 재생에너지(Renewable Energy)로 대체하겠다는 것을 의미한다. 이를 위해서는 ICT 기술을 이용해 전력망을 지능화 · 고도화하는 스마트 그리드 및 에너지관리솔루션(Energy Management Solution, EMS)이 필수이다.

제품 차원에서도 에너지 이용을 줄이거나 효율화하는 여러 기술들이 적용되고 있다. 예를 들어 삼성전자의 경우 태양전지를 이용하거나 소비전력을 크게 줄인 TV 리모컨을 공개했다. 삼성전자는 이런 리모컨을 통해 향후 7년간 약 9,900만 개의 일회용 배터리 사용을 줄여 14,000톤에 달하는 온실가스 저감을 이룰 수 있을 것으로 기대한다.

기업이 아닌 개인 영역에서도 스마트홈 서비스를 통해서 각 가정에서의 에너지 소비를 줄이거나 더욱 효율화할 수 있는데, 예를 들어 스마트 온도조절기를 이용할 경우 가정의 에너지 소비를 약 20~30% 절약할 수 있다. 스마트시티라는 좀 더 큰 시각에서 바라보아도 마찬가지다. 특히 지능형교통시스템(ITS)과 MaaS(Mobility-as-a- Service)를 통해 도심 내의 차량 흐름을 효과적으로 제어하고 배기가스 배출이 적은 교통수단 이용으로 유도하는 것은 대기오염을 줄여 환경문제 해결에 기여할 뿐 아니라 사고 발생도 줄여 사람들의 안전을 보장하는 사회적 효과도 가져올 수 있다. IEA에 따르면 2017년의 이산화탄소 배출량은 1990년 대비 약 60% 증가했는데, 수송 분야의 이산화탄소 배출은 같은 기간 75% 증가했고, 특히 도로 수송은 80% 증가했다(문진영 외, 2020). 2017년 기준으로 수송 분야는 전 세계의 이산화탄소 배출의 약 24.5%를 차지하고 있다. 따라서, 전기차 등 친환경 차량의 도입과 더불어 첨단 디지털 기술을 이용해 교통시스템 자체를 더욱 효율화하면 환경문제 해결에 크게 기여할 것으로 기대할 수 있다.

한편, 고객들의 사적인 데이터 유출을 방지하고 프라이버시 침해 문제를 원천적으로 차단하는 것은 소비자들의 안전을 높이는 기업들이 추진할 수 있는 사회적 활동의 일환으로 볼 수 있으며, 이를 위해서 첨단 보안 기술이 요구된다. 또한, 인터넷 이용이 삶의 필수 요소가 된 만큼 고품질의 초고속 인터넷과 이동통신 등의 서비스는 디지털 격차(digital divide)[20]와 같은 사회문제를 해결하는 중요한 방안이 될 수 있다. KT가 고령층이나 기저질환자 같은 취약계층에게 전용 인공지능 스피커를 제공하고 음성비서 '지니'를 이용한 돌봄 서비스를 제공하는 것도 사회문제 해결을 위한 사례이다.

20 정보를 쉽게 접할 수 있는 자와 그렇지 못한 자에게 경제적 차이나 사회적 차이가 일어나는 것을 칭한다. 정보 격차를 의미하는 digital divide라는 말은 20세기 말부터 미국에서 쓰이기 시작했다.

그림 4.8 디지털 격차

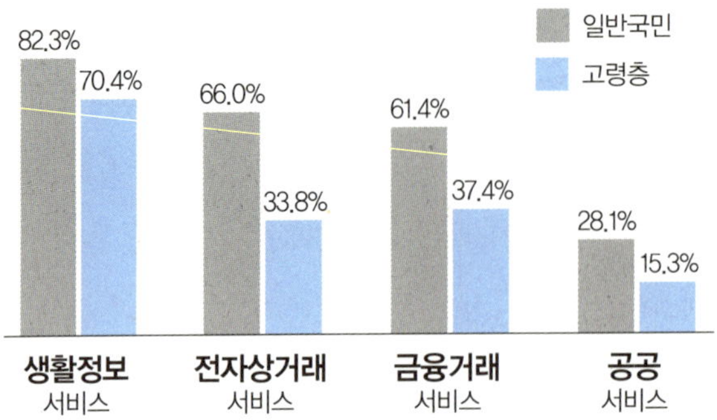

출처: 과학기술정보통신부

지배구조 부분은 환경이나 사회 부분에 비해 디지털 기술의 역할이 상대적으로 적어 보일 수 있다. 그러나 이 부분에서도 디지털 기술들은 중요한 역할을 할 수 있다. 특히 기업 지배구조에서는 투명성을 추구하고 고객들이 이에 대한 허위 정보가 아닌 정확한 정보를 얻을 수 있도록 하는 것이 중요한데, 이는 디지털 기술을 활용하여 이룰 수 있다. 이와 관련해 최근 주목을 받는 기술은 바로 블록체인이다. 블록체인은 위조나 변조가 불가능하고 누구나 확인 가능하므로, 기업활동에 블록체인 기술을 적용하면 지배구조의 투명성을 강화하고 신뢰도를 더욱 높일 수 있을 것이다.

5장

세계 G4 국가를 지향하는 대한민국의 미래

01 우리나라의 과거와 현재 상황

02 우리나라의 국가경쟁력 평가

03 주요 사회·경제·환경 인프라 분야의 취약상

04 디지털 인재 양성 전략

05 가치창출 전략을 통한 종합적 발전 전략

01 우리나라의 과거와 현재 상황

들어가며

유엔(UN) 산하의 유엔무역개발회의(UNCTAD)는 2021년 7월 2일 스위스 제네바에서 열린 제68차 무역개발이사회에서 한국의 지위를 개발도상국에서 선진국 그룹으로 변경했다. 이는 1964년 UNCTAD 설립 이래 한 나라를 개도국에서 선진국으로 이동시킨 첫 번째 사례이다. 이번 지위 변경으로 선진국 그룹은 기존 31개국에서 32개국으로 늘어나게 되었다. 선진국이란 '정치·경제·문화 등이 발달하여, 타국의 원조에 의존함이 없이 자립하는 나라'로, 국가의 발달 수준이나 삶의 질이 높은 국가를 말한다.

그러면 한국은 진정한 선진국인가? 한국은 선진국 수준에서 한발 더 나아가 세계 4강의 진정한 선진국가로 발전해 나갈 수 있는 잠재력을 가지고 있는가? 현재의 우리나라의 국가경쟁력은 어떤 수준인가? 국가경쟁력의 차원에서 한국이 가진 강점과 약점은 무엇인가?

우리나라가 가진 강점을 더욱 살리고, 약점을 보완하기 위해서는 무엇을 해야 하는가? 이런 질문들에 답하기 위해서 세계 4강 국가를 지향하는 대한민국에 대한 현재의 통찰(insights)과 미래에 대한 전망(prospects)을 해보는 것이 본 장의 목적이다.

과거에 관한 고찰

1. 최빈국에서 선진국으로

우리나라는 1945년에 일제로부터 해방되고 1948년에 대한민국이 건국되어 발전의 기반을 마련하였으나, 1950년에 발발한 6·25전쟁은 우리나라를 혹독한 시련 속에 몰아넣었고 가난에 허덕이게 했다. 그러나 한국 국민은 심기일전하여 1962년에 별다른 기반도 없이 실시한 박정희 정부 주도의 강력한 산업육성 정책인 '제1차 경제개발 5개년 계획'을 시작으로 30여 년간 고도성장을 경험하게 되었다.

〈그림 5.1〉은 1971년부터 2012년까지 한국의 경제성장률을 그래프로 그린 것이다. 1970년대에서 1990년대까지 매년 경제성장률이 5~15% 구간에 있는 고도의 경제성장률을 이어갔다. 단 1980년(오일쇼크)과 1998년(외환위기)만이 예외이다. 한국은 1980년대에 3저 호황(저유가, 저금리, 원저)을 만나 명실상부 신흥공업국으로서 입지를 다지게 되었다. 지금까지도 우리 경제의 큰 축을 담당하는 가전, 철강, 자동차, 석유화학, 조선, 기계, 방산 산업도 이 시기에 토대가 마련됐다. 1970년대 오일쇼크(1973년과 1979년)와 1990년대 외환위기

(1998년) 등 크고 작은 위기가 여러 번 있었지만, 산업정책의 성공과 그에 따른 기업의 성장으로 국부(國富)는 크게 신장했고 국민의 삶의 질은 대폭 개선되었다.

1980년대 후반부터 민주화 바람이 불었으며 1988년에 올림픽 게임, 2002년에 월드컵 게임 등을 개최하면서 국민 의식이 많이 깨어나고 세계에 한국이 널리 알려지기 시작하면서 한국은 중진국 수준의 발전을 이루게 되었다. 1962년 제1차 경제개발 5개년 계획이 시작될 때만 해도 우리나라의 1인당 국민총생산(GDP)은 89.9달러에 지나지 않았으나, 1977년에 1,000달러, 1994년에 1만 달러, 2006년에 2만 달러, 그리고 2017년에 3만 달러를 넘어서면서 한국은 처음으로 50-30클럽(인구 5천만 이상, 1인당 국민소득 3만 달러 이상인 국가)에 일곱 번째로 가입하게 되었다.

그림 5.1 한국의 1970~2012년 경제성장률(%) 추이

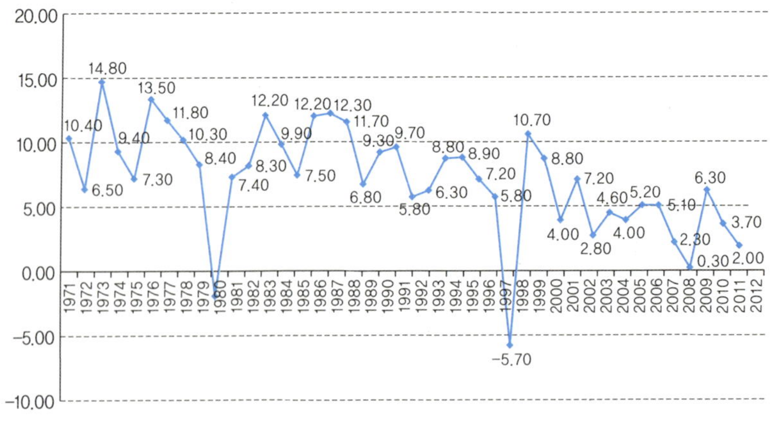

2021년에 1인당 국민총생산이 34,984달러로 1962년에 비해 390배가 증가하였으니 참으로 대단한 발전이 아닐 수 없다. 1960년대 세계 최빈국 수준에서 2021년에 선진국이 되었으니 명실공히 '한강의 기적'을 이룬 나라가 되었다. 우리나라 반만년 역사 속에서 아마도 현재가 가장 흥왕한 시기가 아닌가 싶다. 지금 우리가 국가 핵심 산업으로 자랑하는 반도체, 배터리, 조선, 철강, 가전, 석유화학, 방산 제품 등의 산업은 정부의 정책 지원도 있었지만, 그보다는 기업들이 위험을 무릅쓰고 과감히 투자해 기업가 정신으로 이룬 성과라고 보는 것이 타당할 것이다.

2. 경제 성장률 둔화

70~80년대의 산업화 시대에는 경제적인 측면에서 비약적인 성장을 보였으며, 90년대에는 민주화 바람이 불면서 자유 민주주의를 다지는 측면에서 크게 성장하였다. 그러나 정보화 바람이 세차게 불어닥친 2000년대에 들어서면서는 경제성장률이 둔화되기 시작하였다.

국민총생산을 기준으로 한 연평균 경제성장률은 70~80년대에 10% 수준이었으나, 90년대에 들어와서는 7% 수준으로 떨어지고, 2000년대에는 5% 수준으로 낮아졌으며 2010년대에는 3% 수준으로 떨어졌다. 최근에 문재인 정부가 들어선 2017년부터 2021년까지의 경제성장률은 각각 3.2%, 2.9%, 2.2%, −0.7%, 4.1%인데, 2020년에 마이너스 성장이 나타난 이유는 코로나19의 직격탄을 맞았기 때문이다. 문재인 정부 시절 5년간의 연평균 경제성장률은 2.34%로, 2000

년대에는 계속해서 떨어지는 추세를 보이고 있다.

3. 데이터 · AI 경제시대의 도래

2015년경부터 세계적으로 부상하는 4차 산업혁명 시대를 맞으면서 소위 말하는 '데이터 · AI 경제시대'가 열리기 시작하였다. 4차 산업혁명의 주요 기술들인 빅데이터, 인공지능(AI), 사물인터넷, 자율주행자동차, 메타버스 등의 기술들이 데이터 기반 기술들인데, 데이터를 활용한 AI 기술이 모든 생활 영역에 영향을 미치면서 양질의 데이터를 많이 확보하고 이를 잘 활용하는 나라가 모든 부분에서 경쟁력이 강해지는 시대가 되었다.

우리나라는 전반적으로 평가할 때 양질의 데이터가 충분히 많지만 이를 잘 활용하는 나라라고는 볼 수 없다. 데이터 중 큰 부분을 차지하는 공공 데이터는 우리나라가 가지고 있는 분산형 통계작성제도로 인하여 433개 통계작성기관에서 1,308종의 승인통계(2023년 1월 4일 현재)를 생산하고 있는데, 생산부처 간에 연계 통계 생산, 관련 통계의 표준화, 품질 관리 등에 단점이 노출되어 한 곳에 잘 정비해놓지 못한 실정이다.

또한 개인정보보호법, 원격의료 금지 등의 규제 등으로 데이터 활용에도 제약이 심하다. 이처럼 데이터 · AI 경제시대에 한국이 앞으로 치고 나가기 위해서는 해결해야 할 문제가 많다. 최근에 'Open AI' 회사에서 개발한 'Chat GPT' AI 소프트웨어가 모든 생활 영역에 영향을 주면서 선풍적인 인기를 끌고 있다. 우리나라도 이와 유사한 프로그램 개발에 적극적으로 나서야 할 때이다.

4. 현재의 엄중한 경제 상황

우리나라의 경제는 침체 위기를 맞고 있다. 2022년에는 세계 경제가 전반적으로 어려웠다. 우크라이나 전쟁, 코로나19, 미·중 갈등, 급격한 금리 인상, 고물가 등으로 산업의 세계적 공급망이 원활하지 못했고, 미국, 중국 등 주요 대국들이 자국우선주의를 내세우면서 수출을 주요 성장동력으로 삼는 한국은 어려움을 겪고 있다. 우리나라의 2022년 경제성장률은 낮은 수준인 2.6%이었고, 2023년도 정부의 경제성장률 전망도 1.6%(2022년 12월에 발표한 기획재정부의 '2023년 경제정책방향')로 그리 밝지 못하다.

2022년의 경제성장 둔화는 한국만이 아니라 전 세계가 마찬가지이다. 또한 2023년의 세계 경제 성장 전망치도 밝지 못하다. 2022년 11월에 경제협력개발기구(OECD)는 2023년 세계 경제 성장률을 2.2%로 발표했고, 세계은행(WB)은 최근(1월 10일)에 1.7%로 매우 낮게 발표했다. 미국과 유럽연합의 성장률 전망치는 각각 0.5%에 불과하다.

경제성장률의 가장 핵심 요인은 산업경쟁력이다. 특히 수출을 경제성장의 제일 동력으로 삼는 한국의 경우에는 그러하다. 지금 세계 각국은 새로운 산업정책에 고심하고 있다. 자유 시장을 옹호하고 정부 개입을 자제했던 미국도 2022년 8월에 '인플레이션 감축법(Inflation Reduction Act, IRA)'을 내놓으면서 미국 우선주의(America

First)를 내세워 한국과 유럽연합(EU) 등의 미국 동맹국들을 당황하게 하고 있다. 이 법은 미국 이외의 국가에서 조립한 전기차를 미국에서 판매할 때 보조금 혜택에서 제외하는 내용이 들어 있다.

미국은 또한 2022년 8월에 제정한 '반도체 및 과학법(CHIPS and Science Act)'을 통해 반도체 제조업 및 공급망 강화, 첨단기술에 대한 연구개발 확대로 자국의 첨단산업을 대놓고 보호하고 육성하겠다는 의지를 보이고 있다. EU와 영국도 미국과 유사한 전략으로 대응하고 있다. 미국의 이러한 자국우선주의 행동은 점점 덩치를 키우며 국제적 영향력을 행사하는 중국과의 기술패권 경쟁에서 이기기 위한 전략으로 해석된다. 그러나 한국은 미·중의 갈등 와중에서 지정학적인 위기를 맞을 수 있다. 따라서 한국은 국제통상 질서의 근본적인 변화에 대비해 적극적인 행동에 나서야 할 때라고 판단된다. 역사를 고찰하여 볼 때, 위기는 항상 기회를 잉태하고, 새로운 환경이 조성된다. 우리나라도 이런 세계 경제·통상 상황 속에서 새로운 돌파구를 모색할 때이다.

02 우리나라의 국가경쟁력 평가

과학기술 분야의 양호한 평가

1. 2022년 세계 디지털 경쟁력 평가

지금은 디지털 전환(digital transformation) 시대이므로, 디지털 경쟁력은 한 국가의 경쟁력에 매우 중요한 요소이다. 스위스 국제경영대학원(IMD)이 발표한 '2022 IMD 세계 디지털 경쟁력 평가'에서 한국은 64개국 중 8위를 차지했다. 이 평가는 한 국가의 적응력, 대응력, 기술개발 능력 등을 평가하며, 3대 분야(지식, 기술, 미래준비도), 9개 부문, 52개 세부지표로 나누어 평가하며, 주요 지표들에 대한 평가 결과는 〈표 5.1〉과 같다.

한국이 우수한 분야는 지식 분야에서 과학기술(3위)로 R&D 총액(2위), 1인당 총연구개발 인력(3위) 등이다. 미래준비도 분야에서 신기술 적응도(1위)로 전자 참여 지수(1위), 인터넷 소매업 매출액(1위) 등이다. 상대적으로 한국이 뒤처지는 부문은 인재(33위)로, 외국인 숙

표 5.1 한국의 2022년 세계 디지털 경쟁력 평가 결과(괄호 속은 우리나라의 순위)

<table>
<tr><th>3대 분야</th><th>9개 부문</th><th>특징적인 일부 세부 지표</th></tr>
<tr><td rowspan="3">지식
(knowledge)
16위</td><td>인재 (talent)
33위</td><td>• 디지털 기술 능력(46위)
• 외국인 숙련직 직원(49위)
• 국제 학생의 순 유입(38위)</td></tr>
<tr><td>교육훈련
(training & education)
16위</td><td>• 고등교육 성취도(4위)
• 대학 이상 전문교육 학생: 교수 비율(30위)
• 여성 학위 소지자(20위)</td></tr>
<tr><td>과학기술
(scientific concentration)
3위</td><td>• R&D 총액(2위)
• 1인당 총연구개발 인력(3위)
• 여성 연구원(53위)</td></tr>
<tr><td rowspan="3">기술
(technology)
13위</td><td>규제 여건
(regulatory framework)
23위</td><td>• 창업(19위)
• 지적재산권(37위)
• 기술 개발 및 적용(48위)</td></tr>
<tr><td>자본 여건 (capital)
15위</td><td>• IT&미디어 주식시장 자본화(4위)
• 벤처 자본(35위)</td></tr>
<tr><td>기술 여건
(technological framework)
7위</td><td>• 인터넷 대역폭 속도(12위)
• 고도기술 수출비중(%)(6위)
• 인터넷 사용자(8위)</td></tr>
<tr><td rowspan="3">미래준비도
(future
readiness)
2위</td><td>신기술 적응도
(adaptive attitudes)
1위</td><td>• 전자 참여 지수(1위)
• 인터넷 소매업 매출액(1위)
• 스마트폰 보유율(4위)
• 세계화에 대한 태도(11위)</td></tr>
<tr><td>사업 능력
(business agility)
2위</td><td>• 로봇 활용도(3위)
• 기업의 실패 두려움(2위)
• 빅데이터 및 분석 기술 활용(34위)
• 지식 전달(30위)</td></tr>
<tr><td>IT 통합
(IT integration)
14위</td><td>• 전자정부(2위)
• 서비스 보완 능력(6위)
• 소프트웨어 불법복제(20위)</td></tr>
</table>

련직 직원(49위)은 하위권이다. 또한 규제 여건(23위)이 안 좋은데, 특히 지적재산권 규제(37위), 기술 개발 및 적용 규제(48위) 등은 기술 발전의 발목을 잡고 있다.

2. 2022년 글로벌 AI 경쟁력 순위

영국의 토터스 인텔리전스(Tortoise Intelligence)가 발표한 '2022 글로벌 AI 지수'에서 62개국 중 7위를 차지했다. 한국보다 앞서있는 1~6위 국가는 미국, 중국, 영국, 캐나다, 이스라엘, 싱가포르이다. 7개 평가부문의 한국의 순위와 내용은 다음과 같으며, 1~10위까지의 국가들의 각 부문별 순위는 〈표 5.2〉와 같다.

- 인재(talent) 28위: AI 인재 양성 및 현황
- AI 인프라(infrastructure) 6위: 슈퍼컴퓨팅 역량과 인터넷 기반 시설 등
- 운영환경(operating environment) 32위: 정부의 규제 수준 지표
- 연구(research) 12위: AI 특허 건수와 인용 횟수 등의 평가지표
- 개발능력(development) 3위: AI 플랫폼과 알고리즘 등 기술 역량
- 정부전략(government strategy) 7위: 연구개발에 관여하고 투자하는 수준
- 산업화(commercial) 15위: AI 산업화 수준

표 5.2 '글로벌 AI 지수' 순위(국가별, 부문별 순위)

국가	부문							종합 순위
	인재	인프라	운영환경	연구	개발능력	정부전략	산업화	
미국	1	4	35	1	1	17	1	1
중국	24	1	6	2	2	2	2	2
영국	3	23	24	5	11	11	4	3
캐나다	7	15	5	10	10	1	6	4
이스라엘	5	29	14	7	9	45	3	5
싱가포르	4	8	55	4	14	15	5	6
한국	28	6	32	12	3	7	15	7
네덜란드	6	9	10	15	8	33	18	8
독일	11	13	30	6	12	10	8	9
프랑스	9	14	7	16	15	5	10	10

AI 정부전략과 관련하여 지난 문재인 정부에서는 혁신성장전략회의(2019년 1월 16일)를 통하여 '데이터·AI 경제 활성화 계획, 혁신성장 전략투자'를 발표하였고, 한국판 뉴딜 국민보고대회(2020년 7월 14일)에서 '한국판 뉴딜' 정책, 그리고 뒤이어 '디지털 뉴딜 2.0'을 발표하여 데이터와 AI 활용 생태계 지원정책을 펼쳐왔다. 또한 윤석열 정부에서도 국무회의(2022년 8월 22일)에서 관계부처합동으로 '디지털 인재 양성 종합 방안'을 발표했으며 이어서 비상경제민생회의(2022년 9월 28일)를 통해 '대한민국 디지털 전략'을 발표하는 등 새 정부의 미래먹거리의 하나로 AI 육성정책을 내 세우고 있다. 이는 무척 고무적인 일이며, AI 진흥이 기대된다.

총 7개 평가 부문 중 한국이 가장 높은 순위를 차지한 것은 AI 플랫폼과 알고리즘 등 기술역량을 담은 지표인 '개발능력' 부문으로 3

위였다. 다음으로 슈퍼컴퓨팅 역량과 인터넷 기반 시설을 말하는 'AI 인프라'는 6위로 평가받았고, 국가가 연구개발에 관여하고 투자하는 수준을 말하는 '정부전략'에서는 7위로 평가받았다. 2017년 이후 출원된 특허 건수와 인용 횟수 등을 담은 평가지표인 '연구' 부문은 12위에 머물렀다. 정부의 데이터 관련 규제 강도와 AI에 대한 사회적 신뢰도 수준을 말하는 '운영환경'은 32위로 낮은 평가를 받았고, AI 인재 양성 및 현황을 말하는 '인재' 부문에서도 28위로 나쁜 평가를 받았다. 또한 AI 산업화 수준을 말하는 '산업화' 부문도 15위로 높지 않은 평가를 받았다.

종합적으로 평가할 때, 개발능력, AI 인프라, 정부전략은 우수한 편이나, AI 경쟁력을 한 단계 더 끌어올리기 위해서는 정부의 규제를 완화하여 운영환경을 좋게 하고, 인재양성에 매진해야 한다. 또한 AI 산업화가 이루어지게 하고, AI 특허 건수와 인용 횟수 등을 끌어 올리는 것이 AI 경쟁력을 높이는 비결이 될 것이다. 한국보다는 AI 경쟁력에서 뒤져 있지만 호주(11위), 일본(16위), 인도(17위), 대만(24위) 등의 추격도 앞으로 주목해 보아야 할 것이다.

종합순위에서는 미국과 중국이 전반적으로 주도권을 잡고 있으며, 그 다음으로 영국과 캐나다로 2021년과 같은 순위이다. 미국은 인재, 연구, 개발능력, 산업화 등 4개 부문에서 1위를 하면서 종합순위 1위이다. 미국을 따라잡기 위한 중국의 추격도 거세다. 중국은 인프라에서 1위이고, 나머지 4개 부문(연구, 개발능력, 정부전략, 산업화)에서 2위를 달리는 등 기세가 대단하다. 특히 중국 정부의 전폭적인 지원(정부전략 2위)에 힘입어 최강국 미국과 함께 'AI 굴기'를 과시하고 있다. 만약 중국이 인재 부문(현재 24위)만 보강한다면 미국을 따라잡을 수도 있을 것이다. 국제무역통상연구원(IIT) 보고서에 따르면 중국의 AI 산업 규모는 2020년 1,500억 위안(약 25조 7,890억 원)에서 2025년 4,500억 위안(약 77조 3,640억 원)으로 성장할 전망이다.

AI가 4차 산업혁명 기술의 핵심인 만큼 주요국의 AI 경쟁이 한층 치열해지며, 한국도 속도를 더욱 높여야 하는 과제를 안게 되었다. 한국은 미국이나 중국에 비해 인구가 적고 시장 규모도 작으며, 연구진도 불충분하다. 한국은 AI 논문 수에서 세계 9위, 논문 편당 인용수 31위, 원천기술 연구자 규모가 미국의 4%에 지나지 않는다. 그러나 IT 환경이 잘 갖춰져 있고, AI 기술이 전 산업군에 확산하는 속도가 매우 빠른 장점이 있다. 또한 반도체와 5G 통신 등 한국이 우위를 점한 분야를 중심으로 AI를 빠르게 산업화하는 전략으로 AI 경쟁력을 높여나갈 수 있는 장점을 가지고 있다. 여기에 정부의 공공데이터와 개인정보를 활용하는 데이터 산업이 성장할 수 있는 잠재력을 가지고 있고, 또한 AI 학습데이터와 AI 연구의 산출물(학습모델, 소스코드 등)에 대하여 통합, 관리, 재현할 수 있는 통합적인 체계 구축에서 순발력을 가지고 있다. 이런 인프라를 잘 활용한다면 한국의 AI 경쟁력을 앞으로 더 강화될 여지가 충분하다.

3. US News & World Report 국력 순위

지난 2022년 12월 31일에 미국 US 뉴스앤드월드리포트(US News

& World Report, USNWR)가 '국력(the most powerful countries)' 및 '세계 최고 국가(the best countries)' 평가 조사 자료를 발표했다. 이 조사는 매년 글로벌 마케팅 커뮤니케이션 기업 BAV 그룹과 펜실베니아대 와튼스쿨이 전 세계 85개국 1만 7,000명을 대상으로 조사한 것이다.

국력(power) 평가는 6개 부문을 조사하였는데, 한국은 100점 만점(1위 국가를 100점으로 하고 2위부터는 상대 점수를 나타냄)에 경제적 영향력(economically influential, 79.8점), 군사력(strong military, 79.1점), 수출 호조(strong exports, 84점), 국제 외교(strong international alliance, 66.4점), 정치적 영향력(politically influential, 48.6점), 리더십 역량(leadership, 22.5점)을 받아 종합 점수 64.7점으로 세계 국력 순위 6위를 차지했다. 이번 조사에서 가장 강력한 국가 1위는 미국(100점)이고, 이어 중국(96.3점), 러시아(92.7점), 독일(81.6점), 영국(79.5점), 한국(64.7점), 프랑스(63.3점), 일본(63.2점), 아랍에미리트(53.8점), 이스라엘(53.8점)을 차지했다. 한국의 국력은 2021년의 8위에서 2022년에 6위로 상승하였다. 이와 반면에 일본은 2021년에 6위에서 2022년에 8위로 하락하였다.

〈표 5.3〉은 전 세계 국력 순위를 보여주고 있다. 한국이 프랑스와 일본을 제치고 6위에 오른 것은 대단한 일이다. USNWR은 "첨단기술과 서비스업에 기반을 둔 한국 경제는 외국인 투자 성공 사례"라며, 한국을 "경제협력개발기구(OECD) 피원조국에서 원조국으로 바뀐 첫 나라"라고 소개했다. 이어서 "1960년대 이후 꾸준한 성장과 빈

표 5.3 전 세계 국력 1~10위 순위

순위	국가명	전년 대비
1위	미국	–
2위	중국	–
3위	러시아	–
4위	독일	–
5위	영국	–
6위	한국	↑2
7위	프랑스	–
8위	일본	↓2
9위	아랍에미리트	↑1
10위	이스라엘	↑1

자료: US News & World Report

표 5.4 국가별 GDP, 인구, 면적 데이터

국력 순위	국가 명	1인당 GDP(US$) (구매력 PPT 기준)	GDP (US$)	인구(천명)	면적 (SQ.KM)
1	미국	69,288	23.0조	331,894	9,833,517
2	중국	19,338	17.7조	1,412,360	9,596,960
3	러시아	32,803	1.78조	143,446	17,098,242
4	독일	57,928	4.22조	83,129	357,022
5	영국	49,675	3.19조	67,327	243,610
6	한국	46,918	1.80조	51,745	99,720
7	프랑스	50,729	2.94조	67,499	643,801
8	일본	42,940	4.94조	125,682	377,915
9	아랍에미리트	66.766	3,590억	9,991	83,600
10	이스라엘	43,722	4,820억	9,364	21,937

자료: US News & World Report, 2022. 12.

곤 감소를 경험했으며 현재는 전체적으로 세계 최대 경제국 중 하나"라고 평가했다.

〈표 5.3〉의 1~10위 국가에 대한 구매력(PPT) 기준 1인당 GDP, 총GDP, 인구, 면적 데이터를 적어보면 〈표 5.4〉와 같다. 한국은 구매력 기준 1인당 GDP에서 46,918달러로 중국, 러시아, 일본, 이스라엘을 추월하고 있으며, GDP에서도 러시아를 추월하였다. 그러나 면적 측면에서는 한국은 작은 나라에 속한다.

4. 군사력 평가 순위

US 뉴스앤드월드리포트에서 발표한 2022 세계 국력 평가에 6개 부문이 들어 있고, 그 중 하나가 군사력이었다. 이 평가에서 한국은 79.1점이라는 높은 평가를 받았다. 군사력만을 조명하여 볼 때 미국의 군사력 평가 기관인 GFP(Global Fire Power)에서 평가한 상세 평가가 있다. GFP는 지난 2022년 4월 9일에 한 국가의 인구, 병력, 무기(전차, 전투기, 전투함정 등), 국방예산 등 총 48개 항목(핵무기는 제외)을 근거로 세계 142개국의 군사력을 점수화하여 순위를 매겨 발표했다.

〈표 5.5〉에 보면 1~10위까지의 국가와 기타 주요 국가(이란, 대만, 우크라이나, 북한)의 순위와 군사력 점수가 나와 있다. 점수는 적을수록 군사력이 강한 나라이다. 1위부터 5위까지는 미국, 러시아, 중국, 인도, 일본이고, 한국이 6위를 차지하여 높은 군사력을 가지고 있다. 한국은 최근 F35 전투기 도입이나 K9 자주포와 K-2 전차

표 5.5 세계 군사력 순위와 군사력 점수

순위	국가명	군사력 점수	총병력 (천명)	전차(대)	전투기 (기)	전투함정 (척)	핵보유
1	미국	0.0453	1,400	6,100	13,233	490	보유
2	러시아	0.0501	1,014	13,000	4,144	603	보유
3	중국	0.0511	2,185	4,750	3,260	777	보유
4	인도	0.0979	1,445	4,730	2,119	285	보유
5	일본	0.1195	250	1,004	1,480	155	
6	대한민국	0.1261	600	2,600	1,585	234	
7	프랑스	0.1283	270	406	1,057	180	보유
8	영국	0.1382	195	109	738	88	보유
9	파키스탄	0.1572	654	2,680	1,364	100	보유
10	브라질	0.1695	335	439	676	112	
14	이란	0.2104	525	3,709	516	398	보유?
21	대만	0.3215	165	1,160	739	117	
22	우크라이나	0.3266	255	2,430	285	25	
30	북한	0.4621	1,300	6,145	946	492	보유?

등의 성공적인 개발 등을 포함해 장갑차 및 경항공모함 사업을 추진하며 육해공에서 탄탄한 기반을 다지고 있다. 북한은 30위로 높지는 않지만 핵무기를 제외한 점수이므로 큰 의미는 없다.

5. 세계지적재산기구 세계혁신지수

세계지적재산기구(World Intellectual Property Organization, WIPO)는 전 세계 국가들의 혁신 수준을 측정하여 매년 '세계혁신지수(The Global Innovation Index, GII)'를 발표하는데, 지난 2022년 9월에 132개 국가의 혁신 투입 지표와 혁신 산출 지표를 종합하여 15차 세계혁신지수를 발표했다. 이 지수는 7개 부문, 21개 항목, 81개

개별지표를 통합하여 평가하고, 개별지표들은 0~100점으로 환산(전체 국가 내 상대수준)하며, 가중 평균하여 항목별, 부문별 및 혁신지수를 산출한다.

2022년 세계혁신지수 순위에서 한국은 6위를 차지하였으며, 1~5위 국가는 차례대로 스위스, 미국, 스웨덴, 영국, 네덜란드이다. 스위스는 최근 5년간('18~'22) 1위를 유지하고 있다. 한국은 2018년부터 순위변동을 보면 12위→11위→10위→5위→6위로 비교적 높은 혁신 수준을 보유하고 있다. 아시아권에서는 한국이 1위이며, 싱가포르가 7위, 중국이 11위, 일본이 13위, 홍콩이 14위이다. 최근 5년간 7개 부문별로 한국의 순위 추이를 살펴보면 〈표 5.6〉과 같다.

〈표 5.6〉을 보면 혁신 투입 지표 중 '인적자원 및 연구' 부문은 4년째 1위를 유지하고 있으나, '제도' 부문은 2022년에 유일하게 30위권

표 5.6 최근 5년간 한국의 세계혁신지수 7대 부문별 순위 추이(2018~2022년)

구분		순위				
		2018	2019	2020	2021	2022
종합순위		12	11	10	5	6
혁신 투입 지표	1. 제도	26	26	29	28	31
	2. 인적자원 및 연구	2	1	1	1	1
	3. 인프라	13	15	14	12	13
	4. 시장 성숙도	14	11	11	18	21
	5. 사업 성숙도	20	10	7	7	9
혁신 산출 지표	6. 지식 및 기술 성과	9	13	13	8	10
	7. 창의적 성과	17	17	17	8	4

자료: WIPO, 「The Global Innovation Index」, 각 연도 보고서

밖으로 가장 취약하다. '시장 성숙도'도 21위로 낮은 수준이다. 혁신 산출 지표 중에서 '창의적 성과'는 4위로 최근에 크게 향상되고 있어 고무적이다.

03 주요 사회·경제·환경 인프라 분야의 취약상

우리나라는 전반적으로 과학기술 분야에서 양호한 평가를 받고 있다. 앞에서 본 바와 같이 2022년에 디지털 경쟁력 순위 8위, 글로벌 AI 경쟁력 7위, 국력 순위 6위, 군사력 순위 6위, 세계 혁신지수 6위 등을 달성한 것은 자랑할 만하다. 그러나 기타 사회 · 경제 · 환경 등이 포함된 경쟁력에서는 취약한 부분이 많이 노출되고 있다. 이어서 한국 경쟁력의 취약한 부분들을 살펴보기로 한다.

2022년 IMD 세계경쟁력 순위

국가경쟁력을 평가할 때 많이 사용되는 지표는 국제경영개발대학원(IMD)이 매년 6월에 발표하는 세계경쟁력연감(The IMD World Competitiveness Yearbook)이다. 〈표 5.7〉에 실려 있는 바와 같이 IMD에서 발표한 '2022 IMD 세계경쟁력 순위(World Competitiveness Ranking)'를 보면, 우리나라는 조사대상국 63개국 중에서 27위이고, 최근 5년간(2018~2022년) 변화 추이는 27위→28위→23위→23위→27위로, 2021년 23위에서 2022년에 27위로 4계단 떨어지고 있다. 평가 기준은 4대 분야(경제적 성과, 정부효율, 기업효율, 인프라)와 각 분야에 5개 부문으로 총 20개 부문으로 나누어 평가한다. 이 세계경쟁력 순위에서 1~10위 나라들은 순서대로 꼽으면 덴마크, 스위

표 5.7 한국 세계경쟁력의 분야별, 부문별 순위

분야별	부문별	순위
경제적 성과 (economic performance) (22위)	국내 경제(domestic economy)	12
	국제 무역(international trade)	30
	국제 투자(international investment)	37
	고용(employment)	6
	물가(prices)	49
정부 효율 (government efficiency) (36위)	공공재정(public finance)	32
	조세정책(tax policy)	26
	제도적 여건(institutional framework)	31
	기업관련 법(business legislation)	48
	사회적 여건(social framework)	35
기업 효율 (business efficiency) (33위)	생산성 · 효율성(productivity & efficiency)	36
	노동시장(labor market)	42
	금융(finance)	23
	경영 활동(management practices)	38
	태도 및 가치관(attitudes and values)	23
인프라 (infrastructure) (16위)	기본 인프라(basic structure)	16
	기술 인프라(technological infrastructure)	19
	과학 인프라(scientific infrastructure)	3
	보건 및 환경(health and environment)	31
	교육(education)	29
종합(overall)		27

자료: '2022 IMD 세계경쟁력 순위', 기획재정부 홈페이지에도 수록되어 있음

스, 싱가포르, 스웨덴, 홍콩, 네덜란드, 대만, 핀란드, 노르웨이, 미국이다. 4대 분야, 20개 부문별로 2022년 한국의 순위를 적어보면 〈표 5.7〉과 같다.

4개의 각 분야별로 한국이 가장 경쟁력이 떨어지는 부문을 2개씩 적어보면, 경제적 성과에서는 물가(49위)와 국제투자(37위)이고, 정부 효율에서는 기업관련 법(48위)과 사회적 여건(35위)이고, 기업 효율에서는 노동시장(42위)과 경영 활동(38위)이고, 인프라에서는 보건 및 환경(31위)과 교육(29위)이다. 이런 부문별 낙후성이 한국이 진정한 선진국으로 발전하는 네 방해 요소가 되다. 그러나 부문별 순위에서 희망적인 것은 경제적 성과의 '고용'에서 6위에 올라 있고, 특히 인프라의 '과학 인프라'에서 3위로 높은 평가를 받고 있다는 점이다.

세계경쟁력 순위에 대하여 지난 5년간의 변화추이를 살펴보면 〈표 5.8〉과 같다. 2017년에 29위였다가 그 후 2021년에는 23위까지 상승하였으나, 2022년에 다시 27위로 떨어지고 있다. 떨어지는 분야와 부문에 대한 경쟁력 강화 방안이 심도 있게 논의되어야 할 것이다. 세계경쟁력의 제고를 위해서는 우리 사회의 모든 분야와 부문이 국정에서 다 중요하다. 그러나 가장 중요한 것은 '정부 효율성'을 높이는 것으로, 이는 '기업 효율성'과 '경제성과'를 견인할 수 있기 때문이다. 정부 효율성을 높이면서 인프라를 튼튼하게 한다면 국가경쟁력을 높이는 지름길이 될 것이다. 인프라에는 과학기술 관련 부문들이 대부분이다. 4차 산업혁명 시대인 지금, 무엇보다 중요한 분야는 과학기술 분야이다. 국가의 현명한 과학기술 전략은 국가경쟁력을 키

표 5.8 2017~2021년 한국의 IMD 세계경쟁력 변화 추이

구분		2017년	2018년	2019년	2020년	2021년
국가경쟁력		29	27	28	23	23
경제적 성과	국내 경제	17	9	16	11	5
	국제 무역	35	35	45	41	33
	국제 투자	40	35	30	30	34
	고용	7	6	10	12	5
	물가	47	54	53	48	51
정부 효율	공공재정	19	22	24	27	26
	조세정책	15	17	18	19	25
	제도적 여건	29	29	33	29	30
	기업관련 법	48	47	50	46	49
	사회적 여건	42	38	39	31	33
기업 효율	생산성·효율성	35	39	38	38	31
	노동시장	52	53	36	28	37
	금융	35	33	34	34	23
	경영활동	59	55	47	36	30
	태도 및 가치관	36	30	25	15	21
인프라	기본 인프라	27	22	23	20	18
	기술 인프라	17	14	22	13	17
	과학 인프라	8	7	3	3	2
	보건 및 환경	35	32	32	31	30
	교육	37	25	30	27	30

자료: KISTEP 통계브리프, 2021년 제9호

우고 과학기술 강국으로 가게 하며 국민을 잘 살게 하는 매우 중요한 요소이다. 앞으로의 시대는 과학기술이 국가경쟁력을 선도한다는 점을 유념하고 계획해야 우리의 국가경쟁력의 상승을 기대할 수 있을 것이다.

기술 인프라는 미래의 세계경쟁력을 견인하는 데 매우 중요하다.

4차 산업혁명의 주요 기술들인 빅데이터, AI, 사물인터넷 등의 기술 경쟁력과 관련이 깊은 기술 인프라에 대하여 좀 더 자세히 살펴보자. 우리나라의 기술 인프라는 2021년에 2020년보다 4계단 하락한 17위를 기록하여 높은 편은 아니다. 기술 인프라에 속한 지표들을 살펴보면 〈표 5.9〉와 같다. 강점으로는 첨단기술 제품의 수출액

표 5.9 한국의 기술인프라 지표현황

구분		순위		순위변화
		2020년	2021년	
기술 인프라		13	17	↓4
GDP 대비 통신분야 투자 비중	정량	42	44	↓2
모바일 브로드밴드 가입자 비중(4G&5G 기준)	정량	10	9	↑1
1인당 월평균 이동전화 요금	정량	55	57	↓2
기업의 요구에 대한 통신기술의 충족도	설문	10	12	↓2
전 세계 사용 컴퓨터수 대비 점유율	정량	11	12	↓1
인구 천 명당 컴퓨터 수	정량	17	26	↓9
인구 천 명당 인터넷 사용자 수	정량	16	7	↑9
인구 천 명당 브로드밴드 가입자 수	정량	27	26	↑1
평균 인터넷 대역폭 속도	정량	2	12	↓10
디지털 기술의 사용 용이성	설문	18	33	↓15
수준급 엔지니어 공급 정도	설문	25	37	↓12
공공 및 민간 부문의 벤처가 기술개발을 지원하는 정도	설문	29	38	↓9
법적 환경이 기술개발 및 응용을 지원하는 정도	설문	44	45	↓1
기술개발자금의 충분성	설문	38	34	↑4
첨단기술제품의 수출액	정량	4	6	↓2
제조업 수출액 중 첨단기술제품 비중	정량	6	7	↓1
서비스 수출액 중 ICT 서비스의 비중	정량	41	41	–
사이버보안이 기업에서 적절히 다루어지는 정도	설문	21	23	↓2

자료: KISTEP 통계브리프, 2021년 제9호

(6위), 인구 천 명당 인터넷 사용자 수(7위), 제조업 수출액 중 첨단기술 제품 비중(7위), 모바일 브로드밴드 가입자 비중(4G & 5G 기준, 9위) 등이고, 약점으로는 법적 환경이 기술개발 및 응용을 지원하는 정도(45위), 공공 및 민간 부문의 벤처 기술개발을 지원하는 정도(38위), 수준급 엔지니어 공급 정도(37위), 디지털 기술의 사용용이성(33위) 등에서 나쁜 평가를 받았다. 따라서 기술 인프라를 높이기 위해서는 법적 규제를 완화하고, 벤처 기술개발을 더 지원하고, 인재 양성을 서둘러야하고, 디지털 기술사용 용이성을 높여야 할 것이다.

2022년 교육 경쟁력 순위

앞의 〈표 5.7〉에는 '2022 IMD 세계경쟁력 순위(World Competitiveness Ranking)'가 있고, 인프라 분야에 한국의 교육 경쟁력 순위가 29위이고, 2021년의 30위에 비해 한 단계 상승하였다. 이 교육 경쟁력을 상세히 들여다보면 〈표 5.10〉과 같이 총 19개 지표가 있다. 이 중 15개 지표는 정량지표로 GDP 대비 교육 관련 공공지출, 초·중등교사 1인당 학생 수, 중등교육 취학률 및 25~34세 인구의 고등교육 이수율 등이다. 또한 4개 정성 지표로 초·중등·대학 교육의 경쟁사회 요구 부합 정도, 경영교육의 산업계 요구 부적합도 등이 있다.

정량적 지표로 10위 안에 드는 지표는 25~34세 인구의 고등교육 이수율(4위), 학업성취도(PISA2018)(6위), 성취 수준이 낮은 학생 비율(PISA2018)(7위), 15세 이상 문맹률(1위) 등이다. 그러나 정성적 지

표 5.10 2022년 IMD 교육경쟁력 지표별 한국의 순위

지표			순위		
구분	지표명	단위	2021	2022	증감(전년대비)
정량	4.5.01 GDP 대비 교육 관련 공공지출(전체 교육 단계)	%	38	42	↓4
	4.5.02 1인당 교육 관련 공공지출	US$/1인	27	26	↑1
	4.5.03 학생 1인당 교육 관련 공공지출(전체 교육 단계)	US$/1인	26	24	↑2
	4.5.04 초등학교 교사 1인당 학생 수	명	40	42	↓2
	4.5.05 중등학교 교사 1인당 학생 수	명	37	32	↑5
	4.5.06 중등학교 취학률	%	27	37	↓10
	4.5.07 25~34세 인구의 고등교육 이수율	%	4	4	=
	4.5.08 25~65세 여성의 고등교육 이수율	%	21	20	↑1
	4.5.09 인구 천 명당 고등교육 외국인 학생 수	명	41	40	↑1
	4.5.10 인구 천 명당 고등교육 유학생 수	명	22	24	↓2
	4.5.11 학업성취도(PISA 2018)	점	6	6	=
	4.5.12 성취수준이 낮지 않은 학생 비율(PISA 2018)	%	7	7	=
	4.5.13 영어숙달도(토플성적)	점	52	52	=
	4.5.17 대학교육 지수	점	20	20	=
	4.5.18 15세 이상 문맹률	%	1	1	=
정성	4.5.14 초등 및 중등교육(경쟁사회 요구에 부합 정도)	점	38	37	↑1
	4.5.15 대학교육(경쟁사회 요구에 부합 정도)	점	47	46	↑1
	4.5.16 경영교육(산업계 요구에 부합 정도)	점	46	46	=
	4.5.19 언어능력(기업 요구에 부합 정도)	점	35	45	↓10

자료: https://www.imd.org/centers/world-competitiveness-center/

※ 볼드체는 배경 지표로 순위산출에는 활용되지 않고, 해당 국가의 배경 정보를 확인하는 용도로만 사용

표로 10위 안에 드는 지표는 없다.

40위 이하로 평가된 지표로는 정량적 지표로는 GDP 대비 교육 관련 공공지출(42위), 초등학교 교사 1인당 학생 수(42위), 인구 천 명당 고등교육 외국인 학생 수(40위), 영어 숙달도(52위) 등이다. 정성적 지표로는 대학교육(46위), 경영교육(46위), 언어능력(45위)으로 이들 지표들이 우리나라의 교육경쟁력을 끌어내리고 있다.

2021년에 비해 2022년에 대표적으로 상승한 지표는 중등학교 교사 1인당 학생 수(37위→32위), 학생 1인당 교육 관련 공공지출(26위→24위) 등이고, 대표적으로 하락한 지표는 중등학교 취학률(27위→37위), 언어능력(35위→45위) 등이다. 종합적으로 교육 경쟁력 순위가 63개국 중 29위라는 것은 우리나라가 반성할 점이며, 특히 대학교육 경쟁력이 46위라는 것은 우리나라의 미래를 위하여 시급하게 개선해야 할 지표이다.

2022년 더 나은 삶의 지표 순위

다음으로 우리 국민의 삶의 질(quality of life)에 대하여 살펴보자. 한 국가의 산업이 일어나고 기술이 발전하더라도 국민 개개인이 느끼는 삶의 질이 나쁘면 국가경쟁력이 높다고 볼 수는 없다. 삶의 질은 국민이 얼마나 물질적으로 풍요롭고 정신적으로 행복한 삶을 영위하고 있는가를 경제·사회·문화·환경·교육·과학기술 등의 다양한 측면에서 포괄적으로 척도화한 지표라고 볼 수 있다.

삶의 질이 중요한 이슈로 등장한 것은 과거에 생존과 안전, 물질적인 풍요에 초점을 맞추던 생활방식에서 벗어나, 정신적으로 행복하고 만족스러운 인간다운 삶을 강조하는 추세가 강해지면서부터이다. 그러나 한국 사회는 산업화, 민주화와 정보화의 놀라운 진전에도 불구하고, 새로운 많은 사회문제에 봉착하고 있다. 낮은 출산율, 급속한 고령화, 높은 자살률, 이념적인 사회적 갈등, 빈부 격차의 심화 등 해결해야 할 과제가 많으며, 이에 따라 삶의 질도 높지 않다.

경제협력개발기구(OECD)는 2011년부터 회원국의 삶의 질의 수준과 그 개선 필요 분야를 진단하기 위하여 '더 나은 삶의 지표(Better Life Index, BLI)'를 개발하여 사용하고 있으며, 이 지표에 의하면 〈표 5.11〉에서 보는 바와 같이 한국은 'OECD 2022년도 BLI 지수'에 의하면, 41개 조사대상국 중에서 32위로 매우 낮다. BLI는 〈표 5.11〉과 같이 11개 영역으로 구성되고, 각 영역은 1~4개의 지표들을 가지고 있다.

한국은 영역별로 보면 조사대상국 41개국 중 중간 이상인 20위 안에 들어가는 영역이 5개 영역인데 상위 순으로부터는 시민 참여(2위), 주거(7위), 교육(11위), 안전(11위), 직업(19위)뿐이고, 30위 이하인 영역도 5개로 하위 순으로부터는 공동체(38위), 건강(37위), 삶의 만족(35위), 일과 삶의 균형(35위), 환경(28위)이다. 여기서 공동체란 지원관계망의 질로, 어려운 일이 발생했을 때 즉각적으로 도움을 요청할 수 있는 사람이 있는가에 대한 것이다. 공동체 질문에서 한국은 도움을 요청할 수 있는 사람이 있다고 답한 비율이 80%인데,

표 5.11 2022년 BLI(더 나은 삶의 질) 평가 결과: 조사대상국 41개국 중 한국 순위

분류	영역(topics)	한국의 순위	지표(indicators)(한국, OECD 평균)	한국의 순위
물질적 부문	주거	7	주거 관련 지출(15%, 20%)	1
			기본시설이 있는 가구(97.5%, 97%)	27
			개인당 방수(1.5개, 1.7개)	26
	소득	22	가계금융자산($362,340, $323,960)	13
			가계 순가처분 소득($24,590, $30,490)	27
	직업	19	직업안정성(2.9%, 5.1%)	13
			개인소득($41,960, $49,165)	19
			고용률(66%, 66%)	29
			장기 실업률(0%, 1.3%)	2
비물질적 부문	공동체	38	지원관계망의 질(80%, 91%)	38
	교육	11	기대교육기간(17.2년, 18년)	24
			학생들의 역량(520점, 488점)	2
			교육 성취(89%, 79%)	14
	환경	28	수질(82%, 84%)	24
			대기오염(27.3ug, 14ug)	40
	시민 참여	2	규칙 제정에의 참여(2.9 index, 2.1 index)	5
			투표 참여율(77%, 69%)	12
	건강	37	자기보고 건강상태(34%, 68%)	41
			기대수명(83세, 81세)	5
	삶의 만족	35	삶에 대한 만족도(5.8점, 6.7점)	35
	안전	11	살인율(0.8명, 2.6명)	19
			야간보행안전도(82%, 74%)	11
	일과 삶 균형	35	여가와 개인적 돌봄 시간(14.8시간, 15시간)	25
			장시간 근로자(19.7%, 10%)	37
종합 순위				32

OECD 평균은 91%로, 한국이 뒤떨어진다.

한국은 삶의 질에서 종합적으로는 41개국 중 32위로 세계 경제력 10위권 국가로는 어울리지 않으며, 이는 국가적으로 개혁해야 할

과제가 많다는 증거이다. 일과 삶의 균형 또한 35위로 낮다. 장시간 근로자의 비율이 OECD 평균은 10%에 지나지 않는 반면 한국은 19.7%에 달하기 때문이다. 일과 삶의 균형은 장시간 근로자 비율이 높을수록 나쁘다고 평가되기에 이러한 결과가 나온 것이다. 그러나 한국에서도 최근 '주 52시간 근무제' 도입 등으로 장시간 근로자의 비율이 줄어들어 가고 있다.

이 평가 결과가 약간 왜곡되어 있다는 주장도 있다. 우리 국민에게 직접 여론조사 하는 지표도 있는데, 우리 국민은 대부분 부정적으로 답변하여 결과가 안 좋다는 것이다. 예를 들면 건강 영역에서 '자기 보고 건강 상태'가 있는데, 우리 국민은 자기 건강 상태가 나쁘다고(좋다는 사람이 34%, OECD 평균은 68%) 얘기한다는 것이다. 또한 삶에 대한 만족도 평가에서도 우리 국민은 대부분 현재의 삶에 만족하지 않는다(평균 점수 5.8점, OECD 평균은 6.7점)고 답변하는 경향이 강하다. 이런 주관적인 평가를 객관적으로 보정한다면 우리나라의 BLI 순위가 32위 정도가 아니고 최소한 20위 정도는 된다고 하는 주장도 있다.

2022년 국가 청렴도 순위

국제투명성기구(Transparency International, TI)는 국제 사회에서 국가 활동의 책임을 확대하고 국제적·국가적 부패를 억제하기 위하여 1933년 설립된 비정부 기구로서 1995년부터 매년 국가 청렴도 지수

(Corruption Perceptions Index, CPI, 국가별 부패인식지수)를 발표한다. 최근 발표는 2023년 2월 2일에 발표한 것으로, 주요국 순위가 〈그림 5.2〉에 표시되어 있다. 한국은 조사 대상 180개국 중 31위(63점)를 차지했다. 1위는 덴마크(90점)이며, 이어 핀란드와 뉴질랜드(공동 2위), 노르웨이(4위), 싱가포르와 스웨덴(공동 5위), 스위스(7위), 네덜

그림 5.2 2022년 국가 청렴도 순위

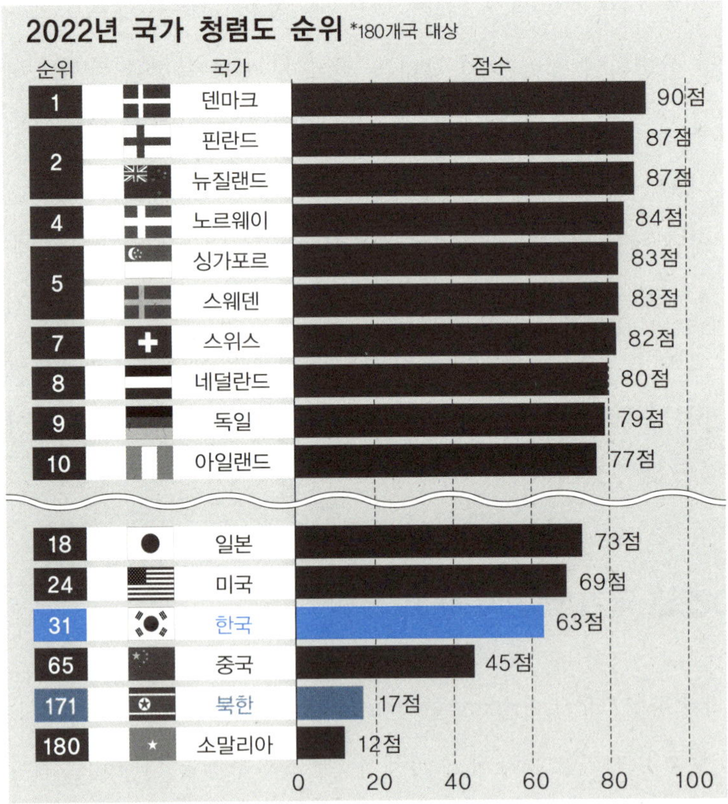

자료: 국제투명성기구(TI)

란드(8위), 독일(9위), 아일랜드(10위) 순으로 북유럽 국가들이 상위에 많이 포진되어 있다. 일본은 18위, 미국은 24위, 중국은 65위, 북한은 171위로 최하위권이다.

아시아 국가 중 가장 상위권을 차지한 국가는 싱가포르이다. 북한과 동일하게 171위를 기록한 국가는 부룬디, 적도기니, 아이티, 리비아 등 4개국이고, 북한보다 낮은 순위에 있는 국가들은 내전이나 분쟁을 겪는 예멘(176위), 베네수엘라(177위), 남수단 · 시리아(공동 178위), 소말리아(180위)이다. 한국의 순위는 31위로 아시아에서 싱가포르(5위), 홍콩(12위), 일본(18위)보다 뒤져 있다. 2018년부터 2022년까지 5년간 한국의 순위는 45위→39위→33위→32위→31위로 서서히 좋아지고 있으나, 31위는 만족스럽지 못한 수치이다. 국민들과 정부가 반부패를 위해 힘쓴 결과로 개선되는 중이나 우리의 경제성장에 비하면 낮은 상태이므로 더욱 큰 노력을 기울여야 한다. 이 지수가 10위권이 되어야 청렴도에서 실질적인 세계선도 국가 반열에 올라갈 수 있을 것이다. 반부패 법령의 준수와 실행, 그리고 청렴 가치, 청렴 리더십 확산을 통해서 더욱 청렴한 사회로 나아갈 수 있을 것이다.

2022년 세계 행복보고서 평가

유엔 산하 자문기구인 지속가능발전해법네트워크(Sustainable Development Solutions Network, SDSN)가 2022년 3월에 발표한 '2022 세계 행복보고서(World Happiness Report 2022)'에 의하면, 한국의 행복지수

는 조사 대상 146개국 중 59위이며 OECD 38개국 중에서는 36위로 최하위권으로 조사됐다. 이 보고서는 10점 만점 기준으로 점수를 주는데, 한국은 5.94점을 얻어 59위에 그쳤고, 146개국의 평균 점수는 5.60점이다. 이는 미국(16위), 일본(54위)보다 낮은 순위이다. 이 조사는 다음의 7개 항목으로 나누어 점수를 주고 평균 점수를 계산한다.

① 사회적 지원(social support)
② 기대수명(life expectancy)
③ 선택의 자유(freedom to make life choices)
④ 너그러움(generosity)
⑤ 1인당 GDP(GDP per capita)
⑥ 부정부패(perceptions of corruption)
⑦ 긍정과 부정 영향(positive and negative affects)

행복지수는 나라별로 1,000명의 시민들에게 삶의 만족도를 여론조사 기관인 갤럽(Gallop)의 월드 폴(world poll)을 바탕으로 위의 7개 항목의 3년 치 자료를 분석하여 3년 평균치로 산출한다. 따라서 2022년 결과는 2019~2021년 결과의 평균치이다. 위의 7개 항목 조사에서 기대수명과 1인당 GDP는 객관적 통계 수치로 나와 있지만, 기타 질문들은 모두 주관적으로 여론조사에서 응답자가 답한 것을 바탕으로 얻어진다. 응답자는 만 19~69세의 연령대이며, 통계치는 자신의 삶에 전반적으로 얼마나 만족하는지에 대해 '전혀 만족하지 않는다(0점)', '매우 만족한다(10점)'라고 응답한 사람들의 평균값이다. 행복지수의 1~10위 국가는 순서대로 핀란드(7.82점), 덴마크(7.64점), 아이슬란드(7.56점), 스위스(7.51점), 네덜란드(7.42점), 룩셈부르크(7.40점), 스웨덴(7.38점), 노르웨이(7.37점), 이스라엘(7.36점), 뉴질랜드(7.20점)이다.

핀란드는 5년 연속 1위 국가를 유지하고 있고, 10위 안에 북유럽의 국가 중 5개 국가(핀란드, 덴마크, 아이슬란드, 스웨덴, 노르웨이)가 들어 있다. 이들 국가들은 사회적 지원에서 모두 높은 점수를 받았다. 기타 주요 국가로는 미국이 16위로 6.98점, 대만이 26위로 6.51점, 일본이 54위로 5.95점, 중국은 72위로 5.59점이고, 최하위인 146위는 아프가니스탄으로 2.40점이다. 탈레반이 통치하고 있는 아프가니스탄에서 여성의 인권은 갈수록 악화되고 있다. 탈레반은 모든 여성이 공공장소에서 얼굴을 가리도록 한 조치를 2022년 5월 21일에 방송국으로까지 확대했다. 이 조치 이후 아프가니스탄 방송사 여성 앵커들은 눈만 내놓고 프로그램을 진행하고 있다. 이런 나라가 지구상에 있다니 믿기 어려운 현실이다. 북한은 이 조사에 포함되어 있지 않다. 동아시아에서는 대만(26위)이 가장 높은 순위로, 동양인들의 행복감이 상대적으로 떨어지는 것으로 조사되고 있다.

갤럽에서 행복도를 조사할 때 위의 7개 항목을 기준으로 하고 있지만, 세부적인 다수의 질문도 한다. 그동안은 행복연구에서 동양이 중시하는 균형과 조화에 대해서는 잘 다루지 않는 편이었다. 하지만

2020년 갤럽 조사부터는 다음과 같은 삶의 균형과 조화에 대해 어떻게 느끼는지를 질문에 포함하였다.

– 자신의 인생은 균형이 잡혀있나요?
– 자신의 인생에 편안함을 느끼나요?
– 하루의 대부분을 평온하게 보낼 수 있습니까?
– 자극적인 인생보다 온화한 인생을 선호하시나요?
– 타인이나 자신에 대한 배려를 소중하게 생각하십니까?

그리고 결과를 살펴보니 균형, 편안함, 온화함을 체험했다는 응답은 주로 만족도가 가장 높은 서구 국가에서 나왔고, 가난한 나라에서는 찾아보기 힘들었다. 거의 모든 국가 및 지역에서 대다수의 사람이 자극적인 삶보다 평온한 삶을 원하며, 균형과 편안함은 세계 어느 지역에서나 만족스러운 삶을 위한 주요 요소로 기여하고 있다.

세계 10위권의 경제 강국인 한국의 순위가 59로 낮은 이유는, 평가항목 중 기대수명과 1인당 GDP는 비교적 높은 편이지만 기타 5개 항목에서 낮은 평가를 받았기 때문이다. 낮은 점수를 받은 이유는 조사에 답한 한국 응답자들이 자신의 행복감에 대해 유럽인들보다 상대적으로 부정적인 자세를 취했기 때문으로 추측된다. 이런 현상은 일본도 동일하다. 지난 몇 년간의 한국의 순위는 2016년부터 2021년까지 58위→56위→57위→54위→62위로 대략적으로 50위권을 유지하고 있으며 한국인이 스스로 판단하는 행복지수는 낮은 수준이다.

04 디지털 인재 양성 전략

인생 양성은 교육으로 이루어지는데, 우리나라의 교육 인프라(5장 3절의 〈표 5.7〉 참조)는 '2022년 IMD 세계경쟁력 순위'에서 보면 63개국 중 29위로 낮은 편이다. 특히 〈표 5.10〉의 '2022년 교육 경쟁력 지표별 한국의 순위'를 살펴보았을 때 특별히 40위 밑으로 처지는 낮은 지표들은 다음과 같다.

- GDP 대비 교육 관련 공공지출(42위)
- 초등학교 교사 1인당 학생 수(42위)
- 인구 천 명당 고등교육 외국인 학생 수(40위)
- 영어 숙달도(52위)
- 대학교육(경쟁사회 요구에 부합 정도)(46위)
- 경영교육(산업계 요구에 부합 정도)(46위)
- 언어능력(기업 요구에 부합 정도)(45위)

인공지능(AI)은 국가경쟁력을 좌우할 핵심 요소이다. 영국의 토터스 인텔리전스가 발표한 '2022년 글로벌 AI 경쟁력 순위'를 보면 AI 관련 7개 부문 평가에서 한국은 62개국 중에서 종합순위 7위로 양호한 편이다. 그러나 7개 부문 중에서 인재 양성을 나타내는 인재(talent)는 28위(〈표 5.2〉 참조)에 그쳐 한국은 더 분발할 필요가 있겠다.

IMD가 발표한 '2022년 교육 경쟁력 순위'(〈표 5.7〉 참조)를 보면, 종합적인 교육경쟁력은 63개국 중 29위이나, 특히 떨어지는 지표는 대학교육(46위), 경영교육(46위), 영어 숙달도(52위), GDP 대비 교육 관련 공공지출(42위) 등이다(〈표 5.10〉 참조).

우리나라는 인재 양성 측면에서 세계 경쟁력을 가지고 있지 못하다. 미래 경쟁력을 더 확보하기 위해서는 좀 더 과감한 인재 양성 전략을 구사해야 할 것이다.

05 가치창출 전략을 통한 종합적 발전 전략

ESG 경영을 통한 지속가능발전과 가치창출 전략

ESG는 앞의 2장과 3장에서 설명한 바와 같이 ESG는 환경(Environment), 사회(Social), 지배구조(Government)의 앞 글자를 딴 용어로서, 기업의 지속가능성(sustainability)을 달성하기 위한 이 3가지 핵심요소를 의미한다. 그리고 기업경영에서 친환경, 사회적책임, 지배구조의 투명성과 윤리성을 강조하는 것이 ESG 경영이다. ESG 경영은 기업의 재무적 성과만을 판단하던 전통적 방식과 달리, 장기적 관점에서 기업 가치와 지속가능성에 영향을 주는 환경, 사회, 지배구조 등의 비재무적 성과도 기업 평가의 중요한 잣대가 된다. 즉, 기업은 재무적 성과와 비재무적 성과를 통합한 기업 가치의 새로운 패러다임으로 전환해야 한다. ESG의 주요 내용은 다음과 같다.

2020년 다보스포럼에서는 주주와 기업 이익을 우선시 해온 기존의 자본주의에서 탈피해 거미줄처럼 얽혀 있는 모든 이해관계자의 이익을 충족할 수 있는 '이해관계자 자본주의(stakeholder capitalism)'를 강조하기 시작했다. 따라서 기업은 다양한 이해관계자에게 더 많은 관심을 기울여야 하며 이를 위해서라도 글로벌 스탠다드에 부합하는 ESG 경영을 도입·실행해야만 한다. 이제 ESG 경영은 모든 조직에 선택이 아니라 필수과제가 된 셈이다.

현재까지 ESG 평가 기준이 완전히 정립되지는 않았지만, 항목별로 어떤 행동이 바람직한지에 대해서는 사회적 합의가 어느 정도 형성되어 있다고 할 수 있다. 환경 분야에서는 2050 탄소중립을 달성해야 한다는 목표가 있고, 사회적책임에 대해서는 다양성과 포용성이라는 대원칙 아래 산업 안전, 공급망 관리, 인권 보호 문제 등에 대한 국제적인 가이드라인이 만들어졌다. 그리고 지배구조에 대해서는 이해관계자를 배려하면서 주주가치를 극대화하는 방향으로 기업경영이 이루어져가고 있다.

ESG는 지속가능발전과 사회적책임 개념이 발전하고 지배구조 개념이 들어오면서 규범화·제도화된 것으로 이해할 수 있다. 이를 한마디로 요약했을 때 ESG를 관통하는 정신이자 ESG 경영의 본질은 '지속가능성(sustainability)'이라고 할 수 있다. 그리고 지속가능경영은 〈그림 5.3〉과 같이 '경제적 성과, 환경적 성과, 사회적 성과'의 세 범주로 정리되는데, 이것은 트리플 보텀라인(Triple Bottom Line, TBL)으로 설명할 수 있다.

흔히 기업이 이익극대화를 추구하는 것을 보텀라인(bottom line)을 추구한다고 말한다. 보텀라인이란 회계처리상 손익계산서의 마지

그림 5.3 지속가능경영의 세 범주(TBL)

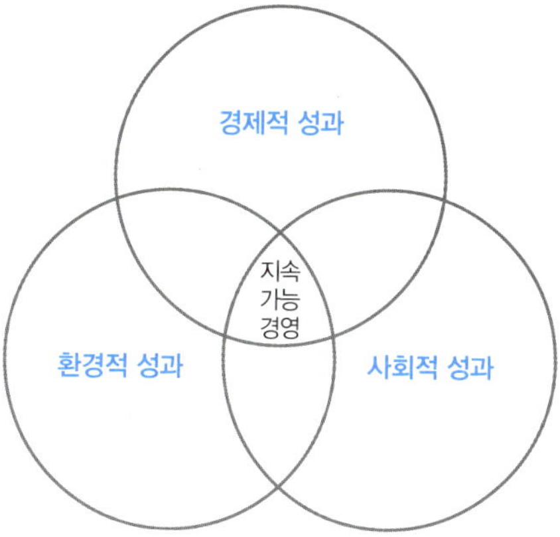

막 줄(bottom line)을 의미한다. 즉 세후 순이익을 말하는 것으로 이를 바탕으로 기업의 경제적 성과를 파악할 수 있다. 여기서 확장된 용어가 TBL이다. 1990년대 중반부터 회자되기 시작한 TBL은 기업의 경제적 성과뿐만 아니라 환경적 성과와 사회적 성과를 통칭한다.

지속가능발전의 개념은 TBL의 세 가지 범주인 경제, 환경, 사회적 요소가 균형을 이루며 발전하는 구조적 틀로서 설명된다. 즉 경제, 환경, 사회의 세 분야가 서로 독립되지 않고 상호 연관되어 영향을 주고받으면서 경제발전, 환경보전, 사회 안정과 통합이 인류의 발전 전략으로서 균형을 이루며 점차 확장되고 있으며, 지속가능발전 목표와 교육의 형식 및 내용을 결정하는 데도 중요한 역할을 한다. 이 TBL의 개념에서 경제가 안정적으로 지속되기 위해서는 환경과 사회를 해쳐서는 안 된다고 하는 주장이 등장했다. 이는 ESG의 이론적 기반이 되었으며, 기업의 가치창출 전략으로 자리매김하였다.

우리나라 국가경쟁력의 취약점

우리나라는 과학기술 기반 산업 부문에서 국제적 경쟁력을 가졌고, 현재 선진국으로 분류되고 있지만, 선진국으로 보기에는 어려울 정도로 국가경쟁력이 취약한 부분이 다수 있다. 이런 취약점들을 살펴보고 국가경쟁력을 강화하기 위한 새로운 가치창출 전략에 대하여 살펴보자.

1. 저조한 삶의 만족도와 높은 자살률

OECD가 조사하는 '더 나은 삶의 지표(Better Life Index, BLI)'에서 살펴보면, 한국인의 삶의 질의 수준이 41개 조사대상국 중에서 32위로 매우 낮다. 상세한 설명은 〈표 5.11〉에서 볼 수 있다. 특히 지원 관계망의 질인 공동체(38위), 수질 및 대기오염 환경(28위), 스스로 판단하는 건강 상태(37위), 삶의 만족도(35위), 일과 삶 균형(35위) 등으로 국가경쟁력이 있는 나라라고 보기 어렵다.

유엔 산하 자문기구인 지속가능발전해법네트워크(SDSN)에서 발표하는 '2022 세계 행복보고서'에 의하면 한국인의 행복지수는 146개국 중 59위이고, OECD 38개국 중에서는 36위로 최하위 수준이다. 한국인은 스스로 행복하다고 생각하지 않는 것이다. '더 나은 삶의 지표'나 '세계 행복보고서' 조사에서 반영되지 않은 한국의 또 다른 취약점은 자살률과 산재사고 사망자 비율이 높은 것 등이다.

한국생명존중희망재단이 발간한 '2021 자살예방백서'를 보면 2020년 대한민국 국민의 연간 자살자 수가 세계 최고 수준인 연간 1만 3,018명이다. 이는 국민 10만 명당 자살자 수가 27.3명으로 OECD 가입국 중에서 불명예스럽게도 12년 연속 1위를 차지하고 있다. 하루에 약 38명, 2시간마다 약 3명이 스스로 목숨을 끊고 있는 것이다. 또한 OECD 국가 중 산재사고 사망자가 하루 평균 7명이고, 연간 약 2,400명으로 1위를 차지하고 있다. 이런 현실은 우리나라가 아직 진정한 선진국에 진입하지 못했다는 데이터가 될 수도 있다.

한국은 선진국이 되었고 물질적으로 풍요로워졌는데, 왜 한국인들의 삶의 만족도와 행복도가 낮을까? 여러 가지 이유가 있을 것이지만, 부동산 가격 급등으로 인한 자산 가치(net worth)의 불균형, 한류 등과 더불어 돈을 최고로 치는 문화, 소셜미디어를 통한 과시욕, 사교육 시장 확대에 의한 교육 기회 불균형 등에서 오는 상대적인 박탈감, 출세하려는 경쟁의식 등으로 인해 많은 한국인들이 스트레스와 강박 관념에 시달리면서 본인의 삶이 만족스럽지 못하다고 생각하는 것이 아닌가 싶다.

2. 취약한 인재 교육

한국은 잘 나가는 산업 분야가 많아 고무적이나, 국가경쟁력 차원에서 보면 많은 약점을 가지고 있다. 대표적인 것 몇 개를 살펴보자. 우선 미래의 경쟁력이라고 볼 수 있는 교육 분야에서 취약하다. 예를 들면, 세계 종합적인 디지털 경쟁력에서는 8위이나 디지털 인재 (talent) 부문은 33위에 그치고 있고, 세계 혁신지수는 한국은 6위이나 혁신지수를 평가하는 21개 항목 중 고등교육은 18위이고, 81개 개별지표 중 교육 총지출 지표는 61위로 취약하다.

2022년 IMD 세계경쟁력 순위(〈표 5.7〉)에서 교육 부문은 29위에 그쳤으며, 교육경쟁력의 세부 지표를 보면 대학교육 경쟁력(46위), 경영교육 경쟁력(46위), 언어능력 경쟁력(45위)이 유독 하위에 처져 있어 미래의 우리나라 국가경쟁력에 마이너스 요인으로 작용할 것으로 보인다.

2021년에 전체 대학 입학 정원의 8.6%(4만 586명)가 미달했고, 전문대는 미달률이 15.6%에 달했다. 대학 교육의 가장 큰 문제는 대학에서 배출하는 인력이 산업 수요를 충족시키지 못한다는 것이다. 반도체, 인공지능, 빅데이터 등 첨단 분야에서 인재를 대학에서 충분히 배출하지 못해 대학 진학률은 세계 최고 수준이지만 기업들은 인력이 부족하다고 말한다. 지난 3월 전국경제인연합회에 따르면 올 상반기 매출액 500대 기업의 대졸 신규 채용 계획 인원의 61%가 이공 계열이었는데, 지난해 4년제 일반대학 졸업자 중 이공 계열은 38%로 미스매치(불일치)가 발생했다. 이는 대학교육의 큰 문제점이다. 수십 년간 이어져 온 정부 규제로 대학들이 스스로 개혁을 추진할 동력을 잃었고, 14년간 등록금 동결로 대학 발전 동력이 많이 떨어졌다는 것이다.

3. AI 인재와 운영환경에서 낙후됨

한국은 〈표 5.2〉에서 보는 바와 같이 '글로벌 AI 지수'에서 62개국 중 7위로 종합적으로 좋은 편이나, 조사 7개 부문 중에서 취약한 부문은 AI 인재 양성(28위), 정부의 규제 수준을 나타내는 운영환경(32위)이다. 증기기관이 산업혁명을 폭발시켰듯이 AI 혁명은 지금 인류 문명과 산업을 통째로 뒤흔들고 있다. 지난 10여 년간 AI 기술은 비약적으로 발전해 IT, 제조 산업, 의료, 제약, 식품 등 다양한 분야로 확산되고 있다. AI 분야에서 뒤지면 순식간에 선진국 대열에서 이탈할 수도 있다.

최근 떠오른 '챗GPT'는 AI가 우리 일상생활에 파고들었음을 보여주었다. 과거 컴퓨터, 인터넷, 스마트폰이 세상을 뒤흔들었던 것처럼 AI를 통한 대격변 시대가 도래하고 있다. 한국도 AI를 차세대 산업으로 육성한다는 전략이지만 낡은 논리에 발목 밟혀 인재 경쟁에서 뒤처지고 있는 실정이다. 반도체 등 첨단 인력 양성을 위한 수도권 대학 증원은 지역 균형 발전 논리에 밀려 법안에서 제외됐다. AI · 빅데이터 분야 인재를 키우는 대학원에 지원자는 몰리는데 규제에 묶여 소수의 제한된 숫자만 뽑는 실정이다. 한국은 낡은 규제에 묶여 AI 혁명에서 뒤처지고 있다.

4. 낮은 정부 효율과 국가 청렴도

〈표 5.7〉에 나와 있는 '2022년 IMD 세계경쟁력 순위'를 보면 한국은 종합적으로 조사대상국 64개국 중 27위이나, 특별히 경쟁력이 떨

어지는 분야는 정부 효율(36위)과 기업 효율(33위)이다. 정부 효율에서는 부문별로 볼 때 기업 관련 법(48위), 사회적 여건(35위), 제도적 여건(31위) 등이다. 기업 효율에서는 노동시장(42위), 경영 활동(38위), 생산성 · 효율성(36위) 등이다. 이런 부문들에서 향상되어야 세계선도 국가로 발돋움할 수 있을 것이다.

세계 4강 국가로 발전하기 위한 대한민국의 도전

한국은 현재 GDP 순위 10위, 많은 기간산업(반도체, 가전, 조선, 자동차, 석유화학, 철강 등)에서 세계 5위 이내, 수출액에서 세계 5위(한국보다 앞선 나라는 중국, 미국, 독일, 일본), 디지털 경쟁력 8위, AI 경쟁력 7위, 군사력 6위, 원자력 산업 6위, 항공우주산업 7위, 방위산업 8위 등 대단한 경쟁력을 가지고 있다.

그러나 OECD 디지털서비스 무역제한지수는 74개국 중 35위로 우리나라는 아직도 규제가 상당히 강하다는 것을 보여주고 있다. IMD 세계경쟁력 순위는 64개국 중 27위, 국가 청렴도 순위는 180개국 중 31위, OECD '더 나은 삶의 질' 순위는 41개국 중 32위, 자살률 1위, 교육경쟁력(〈표 5.10〉 참조)은 64개국 중 29위, AI 경쟁력은 7위이나 이 속에서도 인재 부문은 62개국 중 28위로 저조하다.

그러면 한국은 2040년에 진정한 세계 4강 국가 수준인 세계선도 국가로 발돋움할 수 있을까? 어려운 도전일 수는 있지만 불가능하다고 볼 수는 없다. 세계를 선도하는 국가로 발전하기 위해서는 다음과 같은 국가경쟁력 증진 방안들이 고려되어야 할 것이다.

1. 규제 완화

국가경제를 이끌어 가는 주요 부문은 기업이며, 기업들이 신명나게 뛸 수 있도록 기업 환경을 조성해 주는 것이 국가의 책무이다. 우리나라는 자유민주주의 시장경제 체제로 운영되는 나라이나, 최근에 시장경제 체제를 억압하려는 각종 규제가 상당히 많다는 지적이다. 앞에서 조사한 각종의 세계적인 평가지수들이 우리나라에 규제가 심하다고 언급하고 있다.

예를 들면, 디지털경쟁력(〈표 5.1〉)에서 떨어지는 요인은 규제 여건이 23위로 떨어져 있고, 이 속에서도 '기술 개발 및 적용(48위)'은 하위권으로, 이 규제 여건을 완화할 필요가 있다. 글로벌 AI 지수 순위(7위)는 높으나 한국이 가장 취약한 부문(〈표 5.2〉)은 운영환경(32위)으로 정부의 규제가 심하다는 것이다.

규제가 기업 운영환경을 억압하는 예를 들어보자. 한국은 아마존과 같은 글로벌 전자상거래(e-커머스) 기업의 아시아권 물류센터 유치 경쟁에서 홍콩, 싱가포르, 중국 등 경쟁국에 밀리고 있다. 그 이유는 글로벌 전자상거래 기업이 한국에 지은 글로벌권역물류센터(GDC)에서는 한국 소비자에게 상품을 배송할 수 없도록 한 '규제 대못' 때문이다. GDC는 인천공항, 부산항, 광양항 등 자유무역지역에만 설립할 수 있으며, GDC는 글로벌 전자상거래 기업의 제품을 반입 · 보관하고, 품목별로 분류 · 재포장해 소비자에게 배송하는 물류센터다. 이 규제는 관세청의 '자유무역지역 반출입 물품의 관리에 관한 고시'에 의해 정해진 것으로, 자유무역지역에 지어진 GDC로 반입된 상품은 국내 소비자에게 배송할 수 없다. 이런 고시가 생긴 이유는 GDC를 통해 직구 제품이 무분별하게 국내에 들어오면 국민 건강과 안전을 해칠 수 있고, 기존의 유통 질서가 무너질 것이라는 우려 때문이다.

그러나 초(超) 국경 택배 활성화라는 시대적 흐름에 역행하는 규제는 완화되어야 할 것이다. 이 때문에 한국이 120조 원 규모로 추산되는 '초 국경 택배' 경쟁에서 뒤처진다는 지적이 나온다(한국경제신문 2023년 1월 26일자).

2. 미래를 위한 인재 양성

미래를 위한 인재 양성에 좀 더 과감하게 혁신하고 투자해야 한다. IMD 디지털 경쟁력 순위(〈표 5.1〉)에서 보면 인재 부문이 33위, 그 안의 세부 지표에서 디지털 기술 능력(46위), 외국인 숙련직 직원(49위), 국제 학생 순 유입(38위) 등으로 개선할 점이 많다. 또한 글로벌 AI 지수(〈표 5.2〉)에서도 인재 부문이 28위로 낮다.

또한 2022 IMD 세계경쟁력(〈표 5.7〉)을 보면 인프라 분야에서 교육 부문이 29위이고, 대학교육 경쟁력은 46위(〈표 5.10〉)로 선진국답지 못하다. 우리나라는 대학 등록금이 14년째 동결되어 있다. 이 때문에 대학 재정이 악화일로에 있고, 대학 경쟁력이 떨어져 가고 있는 것이 현실이다. 대학 등록금은 대학에 따라 상당히 자율권을 주어야 하고, 대학 교육 경쟁력을 각 대학이 자율적으로 키우도록 교육 환경을 조성해 주어야 한다.

현재 우리나라의 초·중·고등학교 교육정책은 1973년에 발표된 혁명적인 '교육평준화' 정책을 따르고 있다. 이 정책을 발표할 당시 내세운 이유는 학생들의 공교육 내실화, 사교육비 감축, 학력 격차 해소였다. 그러나 그 이후 50년 동안 지속적으로 추진되어온 이 정책은 우리 사회의 공교육 하향 평준화, 사교육비 급증, 학력 격차 심화 등을 초래함으로써 소기의 목적을 달성하지 못한 정책이다.

교육부가 2022년 6월에 '2021년 국가수준 학업성취도 평가' 결과를 보면 고2 수학 과목에서 기초학력 미달자 비율이 14.2%로, 고2 학생의 7명 중 1명이 수포자(수학을 포기한 학생)라고 한다. 매우 심각한 결과이다. 또한 통계청이 2022년 3월에 발표한 '2021년 초중고 사교육비 조사' 결과를 보면 초중고 학생의 사교육 참여율이 75.5%이며, 참여 학생의 1인당 월평균 사교육비가 무려 48.5만 원으로 엄청난 비용을 들이고 있다. 실질적으로 공교육 붕괴 현상이 발생하는 것이다. 국가의 교육정책을 바로 잡아서 '공교육 살리기'에 총력을 경주해야 할 필요가 있다.

3. 빅데이터, AI 등 디지털 전환 시대의 기술 혁신

4차 산업 혁명시대인 지금은 빅데이터, AI 등 디지털 전환 기술에서 앞서가야 한다. 〈표 5.1〉의 디지털 경쟁력 현황을 보면, 세부 지표인 '빅데이터 및 분석 기술 활용'이 34위로 뒤떨어져 있다. 또한 〈표

5.2〉에서 글로벌 AI 경쟁력 지수에서 한국이 약한 부분은 운영환경(정부의 규제 수준 지표)이 32위로 낙후되어 있고, 인재가 28위, 산업화가 15위로 개선이 필수적이다.

〈표 5.7〉에서 보면 세계혁신지수는 한국이 6위로 높은 편이나, 혁신 투입 지표로서의 제도가 31위로 낮고, 시장 성숙도가 21위로 아직 불충분하다. 제도, 시장 성숙도 등 혁신 투입 지표에서 과감한 개혁이 필요하다.

4. 삶의 질과 행복도 향상

한국은 세계 국력 6위, 군사력 6위, 디지털 경쟁력 8위, AI 경쟁력 7위, 혁신지수 6위 등 높은 순위에 비해 국민의 삶의 질이 떨어져 있는 것으로 평가된다. 〈표 5.11〉에 있는 더 나은 삶의 질(BLI) 평가에서 보면 조사 대상 OECD국 41개국 중에서 32위로 많이 떨어지고 있다. 특히 공동체(38위), 환경(28위), 건강(37위), 삶의 만족도(35위) 등에서 삶의 질이 떨어지고 있다. 이들 떨어져 있는 지표들에 대하여 국가적인 향상대책이 필요하다.

한국인의 행복지수는 조사 대상 146개국 중에서 59위이고, OECD 38개국 중에서는 36위로 최하위권에 속한다. 이 조사는 갤럽이 실시하는 여론조사로, 우리 국민은 스스로 행복하다고 느끼는 사람이 많지 않다는 것을 증명한다. 국민이 행복감을 느낄 수 있도록 사회적 지원을 늘리고, 사회의 부정부패를 줄이고, 국민이 긍정적으로 살 수 있는 사회 환경을 조성하는 것이 필요하다.

5. 남북한 긴장 상태 완화와 남북통일

한국은 1945년 일제로부터 해방 이후 78년이 지나면서도 아직 남북한 대립으로 지속적인 긴장 상태에 놓여 있다. 남북한 간에 긴장 상태가 완전히 완화되든가, 아니면 궁극적으로 대한민국의 미래를 위하여 남북통일이 되어야 한다. 당장은 어렵더라도 2030년대에는 자유민주주의 시장경제 체제로 통일이 되어 세계 속으로 약진하는 대한민국의 모습이 나오기를 고대한다.

남북한이 통일될 경우에 인구는 7,700만 명이 넘어가고, 경제가 순항할 경우 한국은 GDP에서 세계 5~6위권까지 약진할 수 있을 것이며, 세계를 선도하는 선진국으로 진입할 수 있을 것이다.

6. 저출산율 극복

한국은 2022년에 합계출산율이 0.78로 세계 최하위권이며, 인구 감소가 한국의 미래에 부정적인 요소로 작용하고 있다. OECD 국가 중 저출산율 1위, 자살률 1위 등은 선도국가가 가질 모습은 아니다. 이를 극복할 수 있는 방안을 연구하여 국가적으로 대처해 나가야 한다.

7. 소프트파워 강국으로 부상

한국은 단일 민족이라고 자랑하지만 정치적 분열, 세대 간 갈등, 북한 리스크 등 다양한 갈등에 직면해 있다. 눈에 보이는 하드파워(국토 면적, 천연자원, 군사력, 경제력, 인구 등)는 아직 세계선도 국가로

부상하기는 역부족이다. 그러나 소프트파워에서 세계를 선도할 능력이 있다. 한국의 대표적인 4대 소프트파워는 자유민주주의 시장경제 체제, 산업의 역동성과 기업가 정신, K팝 등 한류 문화, 그리고 과학기술자들의 자율성, 다양성과 미래 준비 역량이다.

〈표 5.1〉의 디지털 경쟁력에서 보여주듯이 한국은 지식 분야의 과학기술에서 3위, 미래 준비도 분야에서 신기술 적응도(1위)와 사업능력(2위)에서 탁월하다. 또한 AI 경쟁력에서 한국은 개발능력에서 3위로 탁월하다. 이는 한국의 소프트파워가 세계를 선도할 능력이 있음을 보여준다.

우리나라가 소프트파워를 잘 살려가면서 하드파워를 슬기롭게 조화시켜서 소위 '스마트파워'로 발전시킨다면, 2040년에는 대한민국이 세계를 선도하는 G4 국가에 진입할 수 있을 것이다. 미래에 대한 비전을 세우고 우리 국민과 정치권이 단합하여 매진한다면 불가능한 목표도 아니다.

참고문헌

1장

- 홍기영(2020), 플랫폼 승자의 법칙(매일경제신문사)
- IRS 글로벌(2020), 디지털 트랜스포메이션과 핵심기술의 기술개발 트렌드와 전망
- 정대형(2019), 디지털전환을 위한 암묵적 지식의 전략적가치, 산은조사월보766호
- 이성열, 양주성(2019), 플랫폼 비즈니스의 미래, 리더스북
- 이지평, 류상운(2018), 우리는 왜 일본을 닮아 가는가?, LG경제연구원
- 대한민국 디지털 전략, 기획재정부 기업환경과, 2022. 11
- 초속도(fast time), 디지털 전환 불변의 법칙, 2021. 9, 아룬 아로라 외
- ESG 경영과 미래발전전략, 사회적책임경영품질원 ESG경영연구회, 2022.9, 민영사
- 대한민국 정책브리핑(www.korea.kr)
- 과학기술정보통신부 보도자료
- 세일즈포스닷컴, 네이버 지식백과, 정보통신신문 등

2장

- 조신(2021), '넥스트 자본주의, ESG', (주)사회평론 발행, 2021.7
- 문지웅(2020), 매일경제 & mk.co.kr, '2021 신년기획 Rebuild 자본시장

①', 2020.12
- 사회적책임경영품질원(2022), 'ESG 경영과 미래발전전략', 민영사, 2022.9
- 뉴시스(2022), 'ESG 경영 글로벌 경영 트렌드', 2022.12
- 조신(2022), '백년 후 미래를 준비하는 ESG', [조신의 ESG 바로 읽기], 2022.1
- 한경비즈니스(2022), '2022 올해의 ESG 10대 뉴스', 2022.12
- 박란희(2023), '2023년 5가지 ESG 주제별 전망과 시각', 2023.1
- 이신형(2022), ESG경제, "2022년 결산, ESG의 제도화 뚜렷... 일시적 유행 아니다", 2022.12
- 김국현(2021), ESG Digital Transformation, "세계는 지금 ESG 혁신 중, 다양한 사례를 통해 알아본 ESG 경영", 2021.2
  https://ec.europa.eu/info/strategy/priorities-2019-2024/european-green-deal_en
- 류영재(2023), '2023년 글로벌 ESG 트렌드 전망과 우리의 대응', 뉴스웨이, 전문가 칼럼, 2023.1
  https://www.newsway.co.kr/news/viewprint?ud=2023012515590493308
- 최준영(2022), 'ESG 경영의 미래', 아시아경제, 2022.7
- 김재필(2021), 'ESG 혁명이 온다', 한스미디어 발행, 2021.5
- 이상일(2021),"[ESG 경영과 ICT] 기업화두가 된 ESG 경영… 인공지능, 그린 IT 본격 시동", 디지털데일리, 2021.2

3장

- 김범석, 민재형(2016), '기업의 ESG 노력과 재무성과의 선후행 관계: 탐색적 연구', 한국생산관리학회지, 제27권, 제4호, pp. 513-538.
- 외교부, '기후변화 · 환경' https://www.mofa.go.kr/
- 한국경영자총협회(2021), '탄소중립사회로의 전환, 기업의 위기와 기회', 월간 KEFe 매거진, Vol. 83, Sep.
- Aleksandrova, S. V. Vasiliev, V. A. & Alexandrov, M. N.(2019),

'Integration of Quality Management and Digital Technologies', 2019 International Conference of Quality Management, Transport and Information Technologies, IEEE, pp. 20-22, Sept.

- Carbon Brief(2020), 'Analysis: When might the world exceed 1.5C and 2C of global warming?', Carbon Brief, 4 Dec. https://www.carbonbrief.org/analysis-when-might-the-world-exceed-1-5c-and- 2c-of-global-warming/
- Carvalho, A. V. Enrique, D. V. Chouchene, A. & Charrua-Santos, F.(2021), 'Quality 4.0: An Overview', Procedia Computer Science, Vol. 181, pp. 341-346.
- Dragulanescu, I-V. and Popescu, D.(2015), 'Quality and competitiveness: a lean six'
- EESC,(2004), 'Solar Radiation and the Earth's Energy Balance', Columbia University, Nov. http://eesc.columbia.edu/courses/ees/climate/lectures/radiation
- Elg, M. Gremyr, I. Hellström, A. & Witell, L.(2011), 'The role of quality managers in contemporary organizations', Total Quality Management & Business Excellence, Vol. 22, No. 8, pp. 795-806.
- GEP, 'The Advantages and Disadvantages of Global Supply Chains'. https://www.gep.com/blog/strategy/advanteges-and-disadvantages-of-global-supply-chains
- Goffin, K. Lemke, F. & Szwejczewski, M.(2006), 'An exploratory study of close supplier-manufacturer relationships', Journal of Operations Management, Vol, 24, No. 2, pp. 189-209.
- Gőlzer, P. and Fritzche, A.(2017), 'Data-Driven Operations Management: Organizational Implications of the Digital Transformation in Industrial Practice', Production Planning & Control, Vol.28, No. 16, pp. 1332-1343.
- Henisz, W. Koller, T. & Nuttall, R.(2019), 'Five ways that ESG creates

value', Mckinsey Quarterly, November.

- Hogan, K. B. Hoffman, J. S. & Thompson, A. M.(1991), 'Methane on the greenhouse agenda', Nature, 354, pp. 181–182.
- Ibrahim, R.(2019), 'Digital Quality Management Systems: Benefits and Challenges', 13th International Quality Conference, Proceedings on Engineering Sciences, Vol. 1, No. 2, pp. 163–172, Jun.
- IEA,(2021), 'Net Zero by 2050 A Roadmap for the Global Energy Sector', May. https://www.iea.org/topics/net-zero-emissions
- IPCC,(2021) Climate Change 2021: 'The Physical Science Basis', the Working Group 1 contribution to the Sixth Assessment Report on 6 Aug. https://www.ipcc.ch/report/sixth-assessment-report-working-group-i/
- Kumar, P. Maiti, J. & Gunasekaran, A.(2018), 'Impact of quality management systems on firm performance', International Journal of Quality & Reliability Management, Vol. 35, No. 5, pp. 1034–1059.
- Mowery, D. C. Oxley, J. E. & Silver, B. S.(1996), 'Strategic alliances and interfirm knowledge transfer', Strategic Management Journal, Vol. 17, pp. 77–91, 1996.
- NASA, 'The Causes of Climate Change'. https://climate.nasa.gov/causes/
- NOAA,(2022), 'Carbon dioxide now more than 50% higher than pre-industrial levels', National Oceanic and Atmospheric Administration, 3 June. https://coast.noaa.gov/news-release/carbon-dioxide-now-more-than-50-higher-than-pre-industrial-levels
- Nunez-Merino, M. Maqueira-marin, J. M. Moyano-Fuentes, J. and Martinez-Jurado, P. J.(2020), 'Information and digital technologies of Industry 4.0 and lean supply chain management: a systematic literature review', International Journal of Production Research, Vol. 58, No. 16,

pp. 5034–5061.
- Park, S. W. and Park, S. T.(2013), 'A Study on the Impact of Supply Chain Partnership on Performance of Suppliers', The Journal of Digital Policy & Management, Vol. 11, No. 10, pp. 169–179.
- Phan, A. C. Abdallah, A. B. & Matsui, Y.(2011), 'Quality management practices and competitive performance: Empirical evidence from Japanese manufacturing companies', International Journal of Production Economics, Vol. 133, No. 2, pp. 518–529.
- Ramaswamy, V. and Ozcan, K.(2018), 'What is Co-Creation? An Interactional Creation Framework and its Implications for Value Creation', Journal of Business Research, Vol. 84, pp. 196–205.
- Sheu, C. Yen, H. R. & Chae, D. 'Determinants of Supplier-Retailer Collaboration: Evidence From an International Study', International Journal of Operations & Production Management, Vol. 26, No 1, pp. 24–49.
- UNFCCC, https://unfccc.int/process-and-meetings/the-paris-agreement
- UNFCCC, https://unfccc.int/the-kyoto-protocol/mechanisms/emissions-trading
- WEF,(2022),' 5 challenges facing global supply chains', Sep.7. https://www.weforum.org/agenda/2022/09/5-challenges-global-supply-chains-trade

4장

- 김동현(2022), 현대로템의 ESG 전환, 이제는 무기도 ESG, thebell, 2022.07.05.
- 김민재(2023), 더욱 활발해질 2023년 민간 우주 산업, 과학기술, 2023.01.09.
- 김원정(2022), 2022년 국내 소프트웨어 시장, 전년 대비 7.8% 성장 전망,

산업일보, 2022.10.25.
- 김진철(2022), "韓 에너지 정책…IEA 사무총장 완벽하다 평가", 에너지타임즈, 2022.11.02.
- 디지털 기술 없이는 ESG 경영도 실천 불가능하다(2021), KT Enterprise, 2021.08.06.
- 문진영 외 3인(2020), 그린뉴딜 관련 국제사회의 대응과 시사점, KIEP, 2020. 08.31.
- 문화체육관광부(2013), 2013년 주요업무계획, 2013.
- 박종진(2022), K-콘텐츠, 한류에 날개를 달다, 전자신문 etnews, 2022.07.17.
- 변휘(2021), 데이터산업 시장규모 '20조 원'…매년 '10%씩' 자랐다, 머니투데이, 2021.12.29.
- 심순형(2022), 방위산업의 ESG 리스크와 대응방안, KIET 산업경제, 2022.
- 정무섭 외 6인(2022), "한국수력원자력의 해외진출 관련 ESG 경영 사례연구", 국제경영연구 33권1호, 2022년 02월, pp. 27-53.
- 한국문화산업교류재단(2015), 2014 대한민국 한류백서, 2015.
- 2021 데이터산업현황조사, 한국데이터산업진흥원.
- Chris, B.(2004), The SAGE Dictionary of cultural Studies, 2004.

5장

- 경제협력개발기구(2022); 경제협력개발기구(OECD) 발표 '더 나은 삶의 지표(The Better Life Index)', https://www.oecdbetterlifeindex.org/countries/korea/
- 국제경영대학원(2022a); 국제경영대학원(IMD, International Institute for Management Development)이 발표한 '2022 IMD 세계 디지털 경쟁력 평가(2022 IMD World Digital Competitiveness Ranking)', https://static.poder360.com.br/2022/09/Digital-Ranking-IMD-2022.pdf.
- 국제경영개발대학원(2022b); IMD 발표 2022 세계경쟁력연감(2022

The IMD World Competitiveness Yearbook, World Competitiveness Ranking), https://www.imd.org/centers/wcc/world-competitiveness-center/rankings/world-competitiveness-ranking/

- 국제투명성기구(2022); 국제투명성기구(TI; Transparency International) 발표 '2022 부패인식지수, 2022 TI Corruption Perceptions Index(CPI), https://www.transparency.org/en/cpi/2022
- 뉴스앤드월드리포트(2022); US News & World Report (USNWR), '국력(the most powerful countries)' 순위 발표, https://www.usnews.com/news/best-coountries/rankings/power.
- 세계지적재산기구(2022); 세계지적재산기구(WIPO; World Intellectual Property Organization) 세계혁신지수(GII; The Global Innovation Index) 발표, https://www.wipo.int/global_innovation_index/en/2022/
- 지속가능발전해법네트워크(2022); 지속가능발전해법네트워크(SDSN; Sustainable Development Solutions Network) 발표, '2022 세계 행복보고서(World Happiness Report 2022)', https://worldhappiness.report/ed/2022/
- 토터스 인텔리전스(2022); 토터스 인텔리전스(Tortoise Intelligence)가 발표한 '2022 글로벌 AI 지수(2022 The Global AI Index)', https:/www.tortoisemedia.com/intelligence/global-ai/
- 통계청(2022); 통계청 발표 '한국의 사회동향 2022', https://kostat.go.kr.

디지털 ESG 경영과 가치창출 전략

저　　자 (사)사회적책임경영품질원 · ESG경영연구회
발 행 인 김지영
발 행 처 자유아카데미
주　　소 경기도 파주시 회동길 37-42
파주출판도시
전　　화 031-955-1321
팩　　스 031-955-1322
홈페이지 www.freeaca.com
전자우편 main@freeaca.com(대표)
editor@freeaca.com(편집)
crm@freeaca.com(영업)
등　　록 제406-2003-017호, 1980. 7. 12
제1판1쇄 2023년 10월 1일 발행

ISBN 979-11-5808-516-2 93320